폐쇄성 해역의
환경 회복

이문옥(李文沃)

1952년 10월 경남 사천에서 출생
1976년 2월 부산수산대학 어업학과 졸업
1982년 2월 부산수산대학 대학원 수산물리학과 수료(수산학석사)
1988년 3월 일본 오사카대학 대학원 공학연구과 박사과정 토목공학전공(수공학) 수료(공학박사)

1978년 4월~1981년 6월 부산해양고등학교 항해과 교사
1981년 6월~1983년 9월 부산수산대학 해양공학과 조교
1983년 10월~2006년 2월 여수대학교 해양토목공학과 및 해양공학과 교수
1991년 6월~1992년 7월 영국 University of Bradford(Water Engineering Laboratory Roger A. Falconer 교수) 방문교수
2002년 9월~2003년 9월 스코틀랜드 University of Strathclyde(Environmental Hydraulics Laboratory Graham A. Copeland 교수) 방문 교수
2006년 3월~2018년 8월 전남대학교 수산해양대학 해양기술학부 조선해양공학전공 교수
2018년 9월 현재 전남대학교 명예교수

폐쇄성 해역의 환경 회복

인쇄 2018년 11월 10일
발행 2018년 11월 15일

역 자_이문옥
발행인_정병석
발행처_전남대학교출판문화원
등 록_1981. 5. 21. 제53호
주 소_61186 광주광역시 북구 용봉로 77
전 화_(062) 530-0571~2
마케팅부_(062) 530-0573
팩 스_(062) 530-0579
홈페이지_http://www.cnup.co.kr
이메일_cnup0571@hanmail.net

값 13,000 원

ISBN 978-89-6849-556-4 (93450)

이 도서의 국립중앙도서관 출판예정도서목록(CIP)은 e-CIP홈페이지(http://www.nl.go.kr/ecip)와
국가자료공동목록시스템(http://www.nl.go.kr/kolisnet)에서 이용하실 수 있습니다.
(CIP제어번호: CIP2018035564)

폐쇄성 해역의 환경 회복

이문옥 역

Environmental restoration for closed sea

해역의 환경을 평가하고, 수복·재생 목표를 설정하기 위한 척도나 기준은 다양하다. 그러나 목표를 설정하기 위한 통일적인 방법은 없다. 지금까지 해역의 환경평가는 인간의 개발행위로 인한 생태계에의 영향을 평가하는 것으로서, 이것은 환경이 악화하는 것을 전제로 한 하나의 절차라고 말할 수 있다. 금후는 악화한 환경을 수복·재생하기 위하여 예측평가를 행하는 이른바 "재생assessment"가 의론되어야 할 것이다.

전남대학교출판문화원

머리말

일반적으로 폐쇄성 해역(또는 수역)은 계외와의 물질교환이 나빠서 계내로 들어 온 물질의 체류시간이 길다는 특징을 가지고 있다. 따라서 폐쇄성 해역에서 물질의 부하가 증가하면 그만큼 부영양화가 발생하기 쉽다.

본서는 일본에서 폐쇄성이 강하여 수질은 물론 저질 오염이 심각한 토쿄만, 오사카만, 히로시마만 등 3개 주요 내만을 비롯하여 적조와 빈산소수괴 발생으로 인한 어업피해를 일으키고 있는 아라아케해, 야요이해(八代海), 하마나호(浜名湖), 신지코(宍道湖), 아고만(英虞湾) 등 주요 내만 또는 호수에 있어서의 환경문제를 다루고 있다. 특히, 오사카만에 대해서는 수질과 유동현상에 관한 보다 상세한 정보를 파악하기 위해 大阪湾 − 環境の変遷と創造(生態系工学研究会編, 恒星社厚生閣, 1987)를 추가로 참고하였다. 그래서 물리적·생물적·화학적·사회적 조사자료를 바탕으로 이러한 환경문제를 과학적으로 진단하고 여기에 필요한 개선대책의 수립과 실제 적용사례를 체계적으로 기술하고 있다. 예를 들면 저질이 니질인가 사질인가에 따라 거기에 적용해야 할 생태계의 수치모형이 달라야 함을 역설하고 있다.

한편, 본서는 해역의 환경회복을 생각할 경우 어느 선까지 환경회복을 할 것인가 하는 목표를 명확히 할 것을 제안하고 있다. 이를 테면 단지 투명하고 맑은 바다를 환경회복의 목표로 할 것인지 아니면 어느 정도의 오염은 수용하되 유용수산생물이 서식할 수 있을 정도의 수질을 환경회복의 목표로 할 것인지가 문제가 된다. 즉, 폐쇄성 해역의 환경보전은 수질의 개선에 머무르지 않고, 거기에 서식하는 생물, 특히 유용 수산 생물의 서식환경 보전이라고 하는 관점이 필요하다. 이때 또 하나 중요한 것은 환경회복의 목표를 정할 경우 반드시 지역주민의 적극적인 참여와 수요가 반영되어야 한다는 점이다.

따라서 본서는 우리나라 남해안의 적조발생의 예방과 대처방안의 마련은 물론 서해안에서의 매립이나 간척으로 인해 수질정화능력을 상실한 해역의 환경회복방안을 수립함에 있어 매우 유용한 참고자료가 될 수 있을 것으로 확신한다.

2018년 11월

역자 이문옥

■ 차 례

제3부 그 밖의 해만

PART 1

제1부 총 론

제1장 환경재생에 대한 사고방식과 대처

제1장__환경재생에 대한 사고방식과 대처

1.1. 폐쇄성 해역의 특징과 일본의 대책

폐쇄성 해역은 해수교환이 나쁘기 때문에 계내에서의 물질의 체류시간이 긴 것이 특징이다. 따라서 폐쇄성 해역에 대한 물질의 부하가 증가하면, 용이하게 부영양화한다. 폐쇄성 해역에 있어서의 일반적인 물질순환 패턴을 그림 1.1에 나타내었다. 그림 중의 직접적 손실은 하천수가 해역에 나오는 하구역에 있어서, 입자상의 물질 등의 침강이나, 전기적 응집에 의해 인 등이 floc화하여 침강하는 것을 나타낸다. 유지는 만내에 있어서의 retention 이며, 주로 저니로의 퇴적을 나타낸다. 순유출이란 만외부와의 경계역에 있어서 그림에도 나타난 바와 같이 조석이나 하구순환 등이 있기 때문에, 그들을 뺀 실질적인 유출을 의미한다. 생활이나 산업에 물이 필요하기 때문에 많은 도시는 하천 하류역에 발달하고, 부영양화를 일으키는 원인물질인 인이나 질소 등의 부하는 대도시를 배후로 가진 폐쇄성 해역에서 크다. 어느 정도의 폐쇄성과 어느 정도의 영양염 부하는 생태계를 부유하게 하고, 어업생산의 향상에 연결되는데, 과도한 물질부하에 의해 적조가 빈발하는 경우도 드물지 않다.

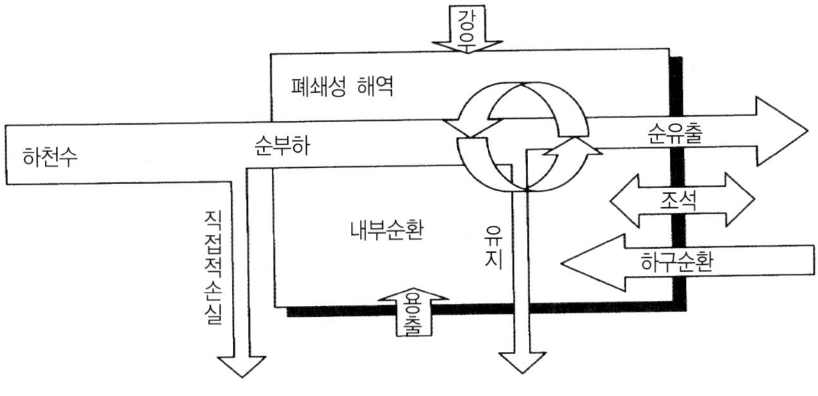

그림 1.1. 폐쇄성 해역에 있어서의 P, N 등의 물질의 순환을 나타내는 개념도.

하천수가 유입하여 염분저하가 나타나는 폐쇄성 해역을 하구라고 부르지만, 하구에서는 하천수 유입에 동반한 상출하입(上出下入)의 연직순환, 하구순환이 생기며, 해수교환이 촉진된다. 그러나 한편으로, 담수와 해수의 염분차에 의한 밀도약층의 발달에 의해 하층으로의 산소공급이 방해를 받아 빈산소가 되는 경우도 많다. 빈산소수괴의 형성이나 그에 따른 유화수소(황화수소)의 발생은 저생생물의 서식을 위기로 몰아넣는다. 천해역의 생태계는 부유계와 저서계가 먹이연쇄를 통하여 밀접하게 관계하여 기능하고 있는 것은 의문의 여지가 없고 저서생태계의 붕괴는 폐쇄성 해역 생태계 전체의 붕괴로 이어지는 것은 용이하게 상상할 수 있다.

일본의 환경성(1970년대 당시는 환경청)은 대도시를 안고 있는 대 폐쇄성 해역(토쿄만, 이세만, 오사카만을 포함하는 세토내해)을 겨냥하여 수질오탁방지법(이에 더하여 세토내해에 대하여는 일련의 세토내법)에 의해 유입부하의 삭감을 중심으로 한 대책을 취하여 왔다. 이들 해역에서는 아직 오탁상황이 개선되지 않은 경우도 많은데, 후술하는 바와 같이 오사카만을 제외한 세토내해 서부해역에서는 빈영양화 현상이 나타나, 어획량의 저하에 현저히 반영되고 있다. 이와 같은 상황을 감안하여, 중앙환경심의회는 제6차 수질총량규제의 답신에서 질소나 인도 적당하면 어획에 득이며, 투명한 바다와 어류가 풍부한 바다는 반드시 동시에 성립하지는 않는다는 사실을 인식하고 오사카만을 제외한 세토내해에서의 규제는 보류하였다.

그런데, 환경성은 1993년의 수질오탁방지법의 일부 개정에 있어서 폐쇄도 지표를 제안하여(그림 1.2), 이것이 1.0이상의 해역을 폐쇄성 해역으로 정의하였다.

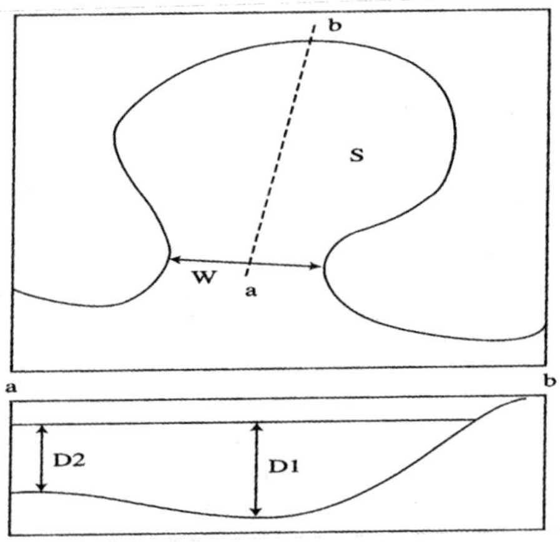

그림 1.2. 폐쇄도 지표의 개념 ($\sqrt{S} \cdot D1/W \cdot D2$를 폐쇄도지표로 정의하고, 해역의 면적($km^2$), W: 당해 해역과 다른 해역과의 경계선의 길이(km), $D1$: 당해 해역의 최심부의 수심(m), $D2$: 당해 해역과 다른 해역과의 경계에 있어서의 최심부의 수심(m), 위 그림: 평면도, 아래 그림: 위 그림 $a-b$의 단면도).

이것에 의해 88개 해역이 폐쇄성 해역으로서 지정되었다. 예를 들면 2000년의 겨울에 김의 대흉작이 이사하야만(諫早湾) 간척과의 관계가 있을까 어떨까로 문제가 된 아리아케해 등도 시마바라만(島原湾)과 함께, 이 중에 들어갔다. 이들 새롭게 지정된 88개 해역의 다수는 수질오탁방지법에 따른 조직적인 모니터링이 행해져 오지 않고 예를 들면 아리아케, 야쯔시로(八代)특별조치법은 2002년에 시행되어 앞의 3대 폐쇄성 해역에 비하면 약 30년의 늦음이 있다. 88개 폐쇄성 해역의 환경의 특징은 일본의 폐쇄성 해역(88개 해역)환경 가이드북에 정리되어 있다. 더욱이 폐쇄성 해역의 환경상태를 진단하기 위한 가이드라인으로서 바다의 건강진단이 제시되어 있기 때문에 참고가 된다.

한편, 국토교통성은 도시재생계획의 일환으로서 전국 바다의 재생프로젝트를 전개하고 있다. 이미 토쿄만과 오사카만에 대하여는 2003년과 2004년에 각각 행동계획을 책정하였다. 이들에 이어서 이세만과 히로시마만의 재생행동계획이 2007년 3월 발표되었다. 행동계획 중에는 각각의 만의 환경재생의 목표(슬로건)가 열거되어 있고, 어필 포인트 또는 어필 영역을 여러 점 설치하여 주민참가에 의한 모니터링을 행하고, 중간 평가도 서로 조직하여 10년 후의 목표달성을 겨냥하고 있다.

폐쇄성 해역에 공통적인 특징과 일본 국내의 대책은 이상과 같은데, 이하에서는 폐쇄성 해역에 대하여 지금까지 밝혀진 모습과 무엇을 해야 할까에 대하여 학술적인 면에서 요점을 정리해 갈 것이다.

1.2. 부영양화와 빈영양화

폐쇄성 해역에서는 물질의 체류시간이 길기 때문에 인이나 질소 등 친생물원소의 부하량이 증가하면 부영영화한다. 이들에 대하여는 이미 많은 연구가 축적되어 있다. 한편, 빈영양화의 프로세스에 대하여는 충분히 이해되어 있지 않기 때문에 이하에 기술한다.

생태계 중에서의 물질순환에 있어서의 stock와 flow라고 하는 가장 기본적인 개념으로부터 설명해 보자. 그림 1.3에 나타내듯이 같은 용적의 만을 생각하고 한쪽(a)은 영양염 부하가 작고 해수교환이 작은, 또 한쪽(b)은 영양염 부하가 많고 해수교환도 큰 경우를 상정한다. 우선, 이 만 중에 생물이 없는 경우는 후자(b)의 쪽이 만내의 영양염 농도가 높은 것은 용이하게 이해될 것이다.

그런데 이들 만 중에서 식물플랑크톤이 존재하는 경우는 (a)와 (b)의 어느 쪽이 부영양화할까? 여기서 식물플랑크톤이 늘어서 탁도가 증가한 상태를 부영양인 상태라고 생각하면 영양염의 부하는 (b)의 쪽이 많기는 하지만 식물플랑크톤의 증식속도에는 한계가 있기 때문에 해수교환이 그 이상으로 커지면 만 밖으로 흘러나가 버린다. 이와 같은 상황에서는 (b)는 영양염 농도가 높아지기는 하지만 탁도가 없기 때문에 부영양적인 인상은 받지 않는

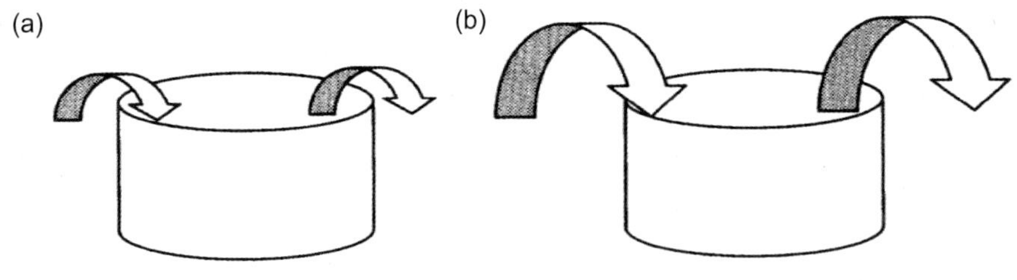

그림 1.3. stock와 flow의 개념 (같은 용적의 두 개의 내만을 상정한다. (a)는 영양염 부하가 작고, 해수교환이 작다. (b)는 영양염 부하기 크고 해수교환이 크다. 단순히 영양염 부하와 해수교환만을 생각하면, 어느 쪽이 부영양인가는 상상할 수 없지만, 계내에 식물플랑크톤이나 그밖에 고차의 생물이 서식하고 있어서 먹이연쇄가 성립하고 있는 경우는 (a)와 (b)의 어느 쪽이 부영양이 되는가는 간단히는 모른다.)

다. (a)에서는 역으로 영양염 부하는 작지만, 식물플랑크톤의 증식에 필요한 시간이 충분하기 때문에 적조에 이를 가능성이 있으며, 부영양적인 상황으로 간주되는 경우가 있다.

그런데, stock와 flow에 대하여 모니터링에 관련하여, 별도의 관점으로부터 더욱 설명을 더하고자 한다. 그림 1.4는 세토내해에 대한 TP와 TN의 발생 부하량과 해수 중의 그들의 농도의 연변동이다. 세토내해에서는 1980년부터 인의 삭감지도가 이루어져 1994년에는 질소도 삭감지도대상이 되어, 2001년의 제5차 수질총량규제에 있어서 인, 질소 모두 총량규제의 대상이 되었다. 이들의 조치를 반영하여, 인에 대하여는 1980년 이후, 질소에 대하여는 1994년 이후의 발생 부하량이 분명히 감소하고 있다 (그림 1.4a, b). 그럼에도 불구하고 그림 1.4c에 나타나 있듯이 해역의 TP, TN 농도에는 거의 변화가 없다. 지금까지 환경행정에 연계해 온 사람들이나 해역 환경을 전문으로 하는 연구자로부터 "이렇게 노력해서 육역으로부터의 부하량을 삭감하고 있는데도 어째서 바다는 깨끗하게 안되는가"라고 하는 말을 반복해서 들어왔다.

stock와 flow의 사고방식은 물질순환의 연구에 있어서 가장 기본적인 개념이지만, 그만큼 간단히 이해할 수 있는 것은 아닐 것이다. stock와 flow는 편의점의 재고의 양과 매입(구입)에 각각 상당한다. 예를 들면, 편의점에서는 팔린 상품이 곧 보충되기 때문에 선반에는 언제나 같은 수(또는 양)의 상품이 놓여 있다. 이것을 보고 상품이 팔리지 않고 있다고 판단하는 것은 잘못이라는 것은 누구나 알 것이다. 편의점에서는 무엇이 팔리고 있는가는 컴퓨터로 관리되고 있으며, 곧 보충되기 때문에 언제나 상품이 선반에서 없어지지 않도록 노력하기 때문이다. 이것과 마찬가지로, 해수중의 TP, TN의 모니터링 자료는 재고의 양을 재고 있기 때문에 부하된 TP나 TN이 계의 외측과 교환되는 비율이나 계내에 있어서의 다른 형태와의 변화량을 모르면 해수중의 TP, TN의 농도가 변화하지 않는 이유는 모른다.

세토내해의 TP, TN의 농도에 대하여는 계의 외측(태평양측)으로부터의 유입량이 크기 때문에 육역으로부터의 유입부하가 줄어도 TP, TN의 농도의 변화에 이어지지 않는다는

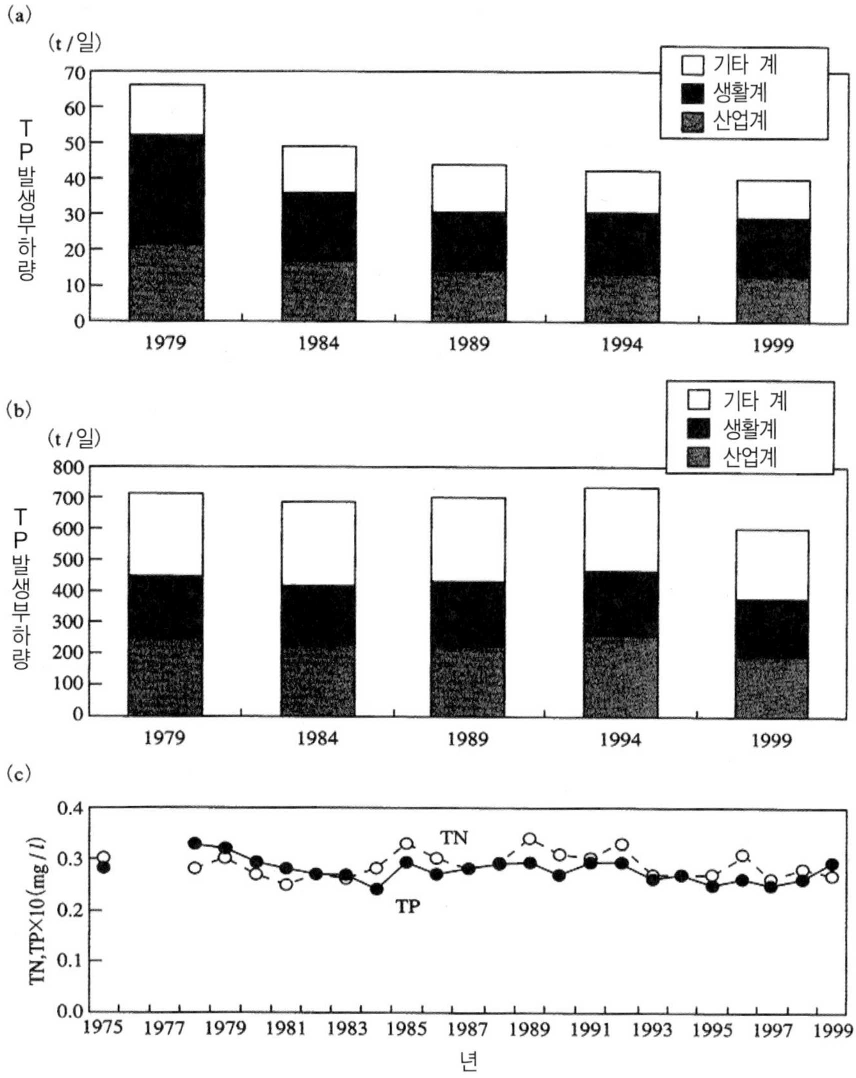

그림 1.4. 세토내해에 대한 (a)TP 및 (b)TN의 발생부하량과 (c)해수 중에서의 그들의 농도변화.

보고가 있다. 그러나 적조발생건수가 피크시의 약 300건에서 1/3인 약 100건 정도로까지 감소한 것에서도 알 수 있듯이, 육역으로부터의 유입부하의 삭감효과는 충분히 나타나고 있다. 이 경우 계의 외측으로 나가는 양이 감소하는 특별한 이유는 생각되지 않기 때문에 stock이 같고 유입량이 줄어든다고 하는 점에서 한 가지는 어디에선가 들어오는 양이 늘어났다고 하는 점이 생각된다. 가장 그럴듯한 것은 저니로부터의 용출이다. 수중의 물질농도가 저하하면 상대적으로 저질중과의 농도가 커지기 때문에 그만큼 저니로부터 용출하는 양이 커질 것이다.

또 한 가지 중요한 것은 이와 같은 육역으로부터의 물질부하의 감소 과정에서는 계내의 생물에 대한 P나 N의 전환량을 작게 해 버리고 마는 점이다. 적조발생건수의 감소도 그 하나이다. 그림 1.5에는 세토내해 전체의 어획량, 히로시마만의 굴생산량, 슈오나다(周防灘)

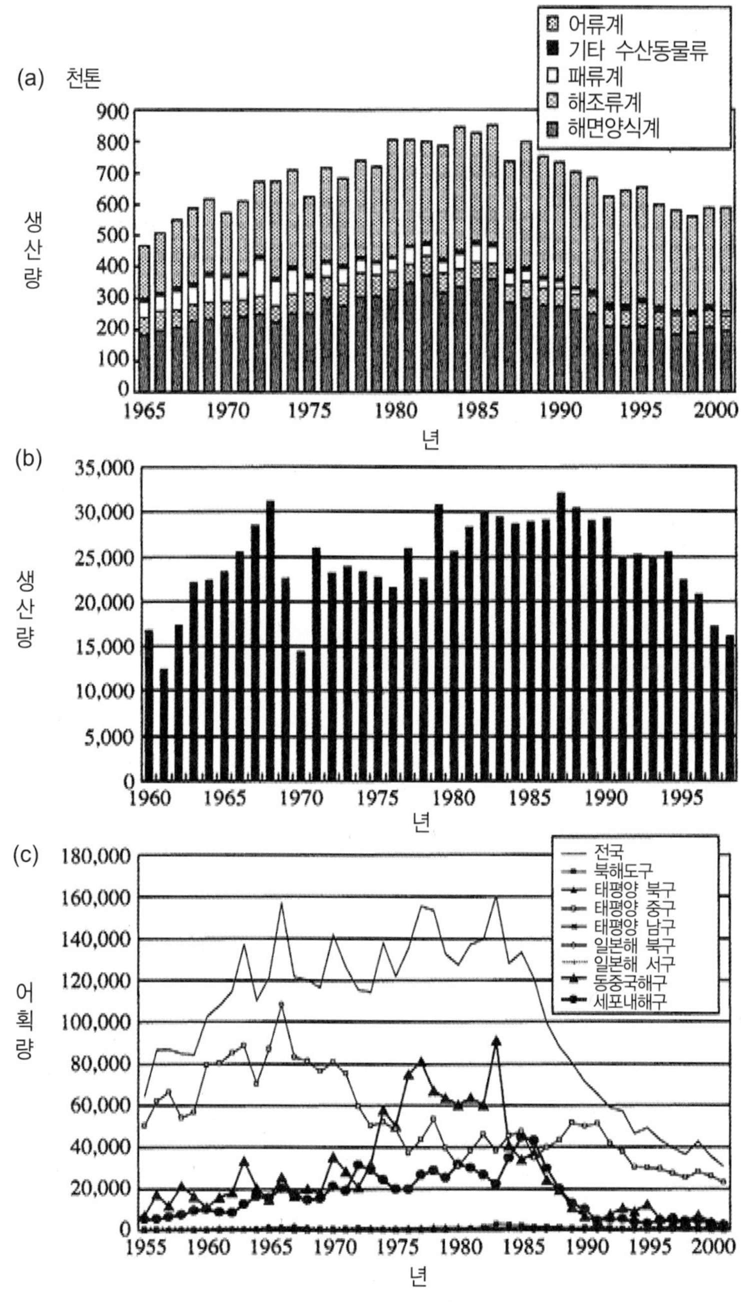

그림 1.5. (a) 세토내해에 있어서의 어업생산량의 추이, (b) 히로시마만에 있어서의 굴 생산량의 추이, 및 (c) 해역별 바지락 어획량의 추이 (어느 경우도 1985년당을 정점으로 하여 급감). (c)에 대하여는 세토내해구 이외에 동중국해구에서도 감소가 보인다.

의 바지락 어획량의 추이를 나타내었다. 이들은 어느 쪽도 급격한 감소를 나타내고 있어서, 상당히 위기적 상황에 있는 것으로 보인다. 앞서도 논하였듯이 stock으로서 측정되고 있는 것은 TP, TN이며, 이 중에는 육안으로 인식할 수 있는 크기의 생물 등은 포함되어 있지 않다. 계에 들어오는 물질량이 감소하고, 계내의 TP나 TN의 stock은 변하지 않기 때문에 계내에 서식하는 생물에 대한 flow가 작아지는 것은 당연하다. 부영양화의 진행에 대하여 부하의 삭감이 이루어져, 유입 flow가 계속적으로 감소해 가는 과정에서는 계 내부의 순환량의 감소가 일어난다. 유입부하가 증가해 가는 과정을 부영양화라고 부르는 것에 대하여 유입부하가 감소해 가는 과정을 빈영양화라고 부른다. 부영양화 또는 빈양영화라고 하는 경향을 나타내는 말과 부영양, 빈영양이라고 하는 상태를 나타내는 말은 다른 것을 이해하고 명확히 구별하여 사용할 필요가 있다.

그림 1.6(a)에는 부영양화와 빈영양화의 과정에 있어서의 생태계의 응답으로서 어류의 서식밀도를 나타내고 있다. 이것을 보아 알 수 있는 것은 부영양화의 과정과 빈영양화의

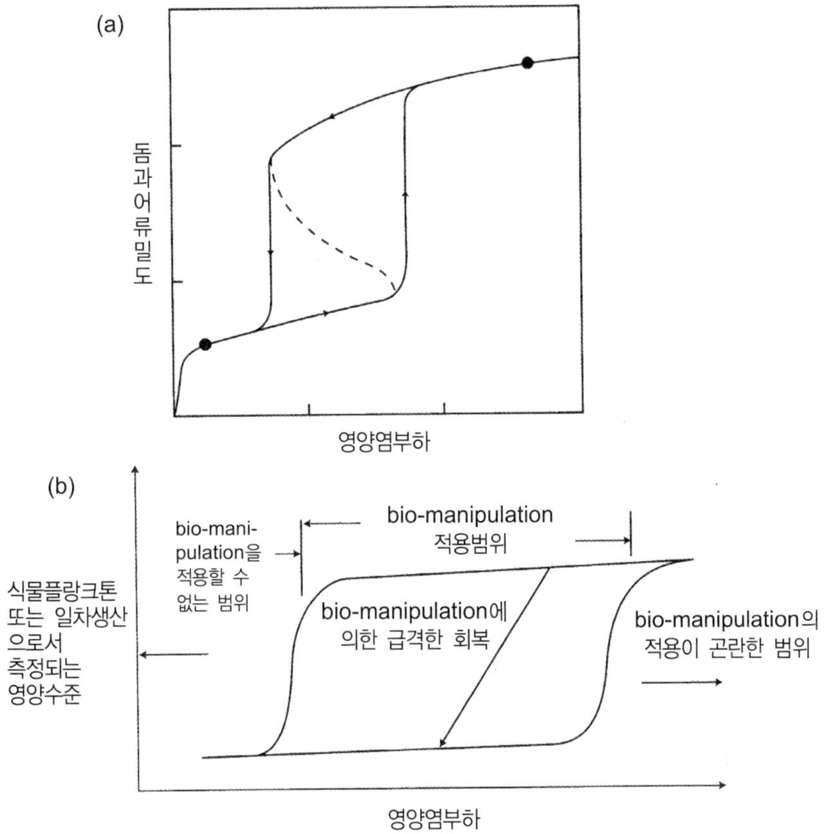

그림 1.6. (a) 부영양화의 과정으로부터 빈영양화의 과정으로 이행하는 때에 나타나는 hysteresis, (b) 부영영화와 빈영양화의 과정에 있어서의 생물학적 생태계조작(biomanipulation)적용의 효과의 차이.

과정에서는 기어오르는 길이 다르다는 점이다. 즉, 영양염부하가 커져서, 어느 정도를 넘으면 급히 어류밀도가 높아지고, 빈영양화의 과정에서도 영양염부하가 어느 정도이하가 되면 급히 어류밀도가 저하하는 것으로, 양자 모두 상당히 대변동적인 현상이다. 이러한 현상을 hysteresis(履歷現象)라고 하며, 이미 생태학에서는 잘 알려져 있다. 또한 세토내해에서는 언제나 최대한의 어획압이 걸려 있다고 생각되면, 어획은 특정의 어종을 잡는다는 점에서 생태학적 생태계조작(biomanipulation)과 같기 때문에 그림 1.6(b)에 나타내듯이 hysteresis는 대단히 강조된 형으로 나타난다고 생각된다. 세토내해에 있어서의 TP부하량과 적조발생상황 및 어획량의 관계가 함께 멋지게 hyteresis를 동반하여 추이해 온 것은 이미 따로 기술하였다. 지금까지 부영양화대책을 줄곧 해 온 일본의 폐쇄성 해역의 환경대책으로서는 새롭게 직면하는 문제이며, 금후의 폐쇄성 해역대책으로서 취급해야 할 과제의 하나로 생각된다.

1.3. 해수교환과 적조

적조는 부영양화의 표현형이라고도 말할 수 있는 현상이지만, 이미 그림 1.3에 나타낸 바와 같이 해수의 교환율은 적조의 발생과 밀접한 관계가 있다. 즉, 해수교환율이 적조형성 플랑크톤의 증식속도보다도 크면, 적조는 되지 않는다. 문제가 되는 폐쇄상해역의 다수는 하천수의 유입이 있다. 소위 하구이기 때문에 해수교환율은 염분을 지표로 하여 box model로 계산할 수 있다. 단, 그를 위해서는 정기적인 염분의 모니터링을 필요로 하고, box model해석은 앞서의 폐쇄도 지표와 비교하면 조금 고도의 기술을 필요로 한다.

예를 들면 일례로서 필자 등은 아이치현 미카와만(三河湾)에 있어서의 적조발생상황을 해수교환율과 비교하여 흥미 깊은 지견을 얻고 있다. 모니터링된 적조의 기록을 더듬어 발생한 종마다 해수교환율과 비교한 결과 해수의 움직임에 수동적인 규조류의 경우는 기본적으로 증식속도가 해수교환율을 상회하는 것으로 적조를 형성하고 있으나, 편모조의 경우는 증식속도가 작은 데도 불구하고 적조를 형성하고 있는 것을 알았다. 즉, 편모조의 경우는 유영을 행하여 예를 들면 상출하입의 하구순환패턴을 이용하여 만내에 체류하고 적조로서 시인되는 세포밀도에 이르는 것이 가능하다고 상상할 수 있다.

1.4. 생산과 분해의 균형

계가 부영양화의 방향으로 향하고 있는가 빈영양화의 방향으로 향하고 있는가를 진단하는 방법이 있다. 광합성과 호흡의 차를 순광합성량이라고 하는 것과 마찬가지로 계 전체의 일차생산과 호흡, 분해의 차를 추산하는 것이며, 이것을 순생태계대사량(NEM: Net ecosystem Metabolism)이라고 한다. 탄소량으로서 NEM을 산출하고 싶지만, 탄소에는 가스태의 이산화탄소로서 대기와의 주고받음이 있고, 게다가 해수 중에서는 탄산염 pool이 크고, 탄소의 계산에 의해 직접 NEM을 구하는 것은 불가능하다. 또한 질소도 마찬가지로 가스태가 있기 때문에, 무리다. 따라서 LOICZ(Land-Ocean Interaction in Coastal Zones) working group에서는 인의 흡수를 계산하여 이것을 탄소량으로 환산하는 것을 제안하고 있다.

구체적으로는 계에 유입하는 TDP(전용존태인)의 실측치 및 해수중의 그들의 실측농도를 사용하여, 앞서 언급한 box model로 산출된 해수교환율을 사용하여 그 수지를 계산한다. 그들을 뺀 나머지로서 계내부에서 TDP가 감소해 있으면 그만큼 일차생산에 이용된 것으로 간주할 수 있다. 역으로, TDP가 증가해 있으면, 호흡, 분해가 일차생산보다도 상대적으로 크다고 말할 수 있다. 통상의 모니터링에 있어서는 TDP는 거의 측정되지 않고, 잘 측정되는 것은 DIP(용존태무기인)이다. 조류(algae)중에는 DOP(용존태유기인)를 이용하는 것도 있기 때문에 DIP와 DOP의 합계량인 TDP를 사용하여 계산하는 것이 제일 좋지만, DOP농도의 변동은 작고, 조류의 이용율이 높은 DIP의 값만을 사용하여 계산해도 그렇게 큰 차이는 없다고 알려져 있다. 인으로부터 탄소로의 환산은 Redfield ratio (C:P=106:1)를 사용한다.

더욱이 같은 것을 질소의 관측치에 대하여 행하고 한편으로 앞서의 인의 수지계산결과를 Redfield ratio(N:P=16:1)를 써서 계산된 값(기대치)을 구하여, 그들의 차를 순탈질량(ND; Net Denitrification)으로 간주하는 것이 가능하다. 이들 NEM과 ND를 구하는 일련의 우아한 수법에 대하여는 지면 관계상 미루고, 앞서의 Gorden et al.(1996) 또는 Yamamoto et al.(2004) 등을 참고하기 바란다.

이 방법에서 구해진 히로시마만 북부해역의 NEM 및 ND의 장기변동을 그림 1.7에 나타내었다. 히로시마만 북부해역에서는 1991년경에는 NEM은 +값을 가지고 있었다. 즉, 계 전체로서 생산의 모습이었다고 말할 수 있다. 그런데, 그 후는 ±0부근에서 추이하고 있고, 이것은 계가 생산적이지 않게 되었음을 의미한다. ND는 역시 1991년경까지 −로서 질소고정량이 탈질량을 상대적으로 상회하고 있었지만, 그 이후는 +로 바뀌어 탈질량이 상대적으로 커진 것을 나타내고 있다. NEM이 +에서 거의 0로 ND가 질소고정에서 탈질의 모습으로 이행한 1991년경부터 굴생산량이 급히 하강으로 바뀐 것은 그림 1.5c를 보면 명확하다. 즉, NEM이 0이라고 하는 것은 고차생산에 물질이 거의 돌지 않는다고 하는 것을 의미하고 있다. 마찬가지의 모습이 슈오나다(周防灘)나 오사카만을 제외하고 세토내해에서도 일어나고 있는 것으로 상상된다.

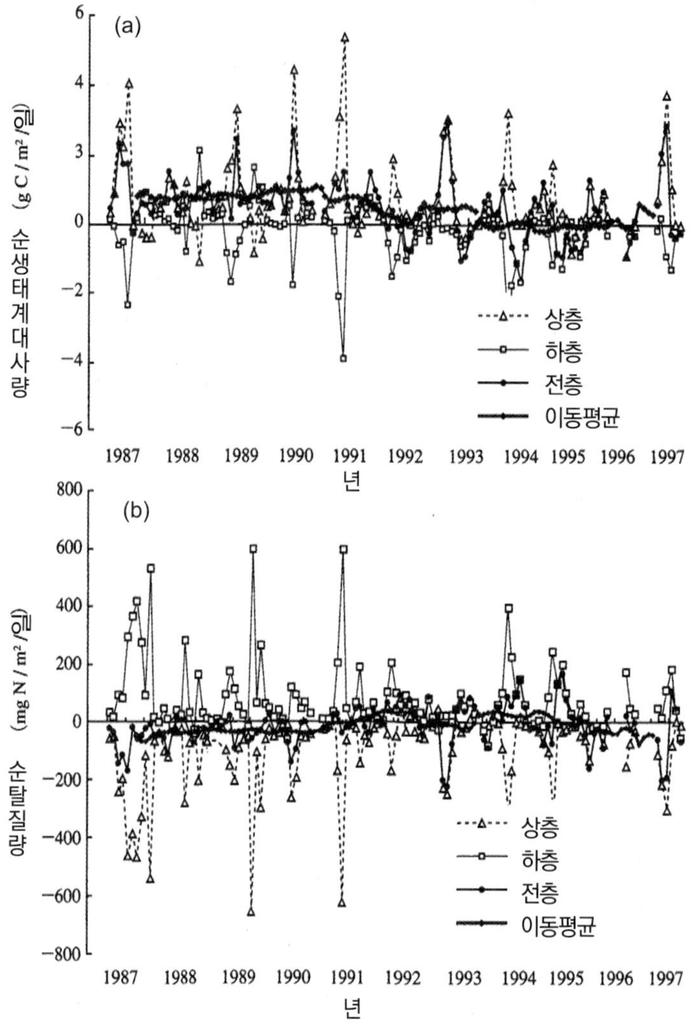

그림 1.7. 히로시마만 북부해역에 대하여 계산된 (a) 순생태계대사량(NEM)과 (b) 순탈질량(ND)의 경년변화(1987-1997).

1.5. 먹이연쇄와 물질순환

상술한 box model에 의한 물질수지계산은 소위 box(계)에 들어오는 것과 나가는 것을 더하고 빼서 계내부에서의 물질량의 증감을 계산하는 것이다. 이 계산에서는 계내부에 서식하는 생물들간의 상호작용은 고려되고 있지 않다. 실제는 계내부에는 미생물에서부터 대형생물까지 무수한 생물이 서식하고 있어서 그들 사이에는 먹고 먹히는 관계가 있다. 더욱이 생물은 그들을 둘러싼 환경에서 영향을 받고 있을 뿐만 아니라 환경에 대하여도 예를 들면 배설이나 호흡을 통해 영향을 미치고 있다.

앞서의 부영양화와 빈영양화가 어업생산에 어떻게 영향하는가 하는 문제를 생태계 내부의 먹이연쇄구조를 상정해 생각해 보자(그림 1.8a). 영양염, 식물플랑크톤과 동물플랑크톤, 어류라고 하는 네 가지의 먹이(영양)단계가 있고, 식물플랑크톤과 동물플랑크톤은 해수에 대하여 수동적이라고 간주하고, 계의 외측으로의 유실 또는 침강에 의한 손실을 생각한다. 한편, 어류는 어획에 의한 손실을 상정한다. 각 먹이(영양)단계의 시간변화에 대하여 정식화하고, 정상상태에 대하여 풀면, 그림 1.8b에 나타낸 바와 같이, 부영양화가 진행하는 경우에는 식물플랑크톤과 어류가 증가하지만, 영양염 농도와 동물플랑크톤 현존량은 변화하지 않는다. 한편, 빈영양화가 진행하는 경우에는 그 역으로, 식물플랑크톤과 어류가 줄고, 역시 영양염 농도와 동물플랑크톤 현존량은 변화하지 않는다. 상세는 야마모토(山本)에 넘기지만, 이것은 부하의 삭감을 해도 여간해서 해수 중의 TP나 TN농도에 효과가 나타나지 않거나 식물플랑크톤과 어류가 줄어드는 것을 잘 설명한다. 이것을 이해하는 것은 용이하지는 않지만, 폐쇄성 해역의 환경문제를 생각할 경우 해역내부에서의 먹이연쇄를 무시할 수 없는 것은 분명하다.

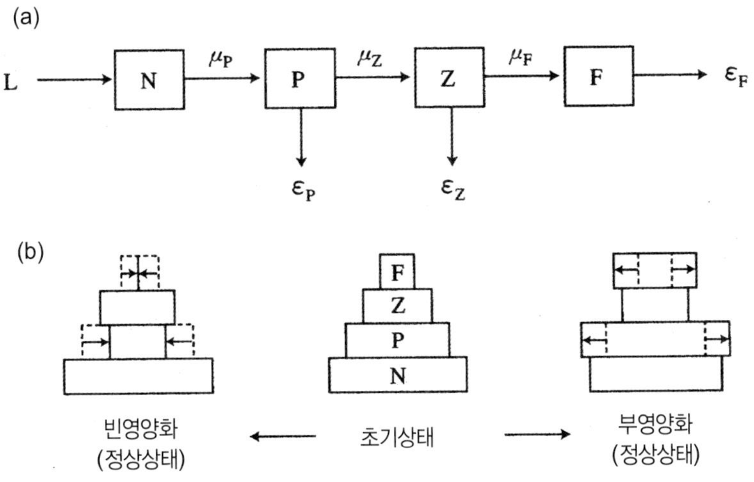

그림 1.8. (a) 생태계의 먹이연쇄와 (b) 부영양화 및 빈영양화의 정상상태에서의 생태계 피라밋 구조. N: 영양염, P: 식물플랑크톤, Z: 동물플랑크톤, F:어류. μ_P, μ_Z, μ_F는 각각 먹히는 것에 의한 이행량, ϵ_P, ϵ_Z는 유실이나 침강에 의한 계외로의 손실, ϵ_F는 어획에 의한 손실.

식물플랑크톤에 의한 해수의 착색이나 혼탁이 높은 것을 부영양화상태라고 하면, 이것을 경감하기 위해서는 부하의 삭감이라고 하는 bottom-up만이 아니고 먹고 먹히는 것의 관계를 이용한 top-down이 유효한 것은 호소에 있어서의 생물학적 생태계조작실험으로부터 분명하다. 즉, 식식동물을 먹는 생물을 포식하는 어류를 도입하는 것에 의해 거기까지 관련해 있던 포식압이 감소한 때문에 식식동물이 증가하고, 식물플랑크톤 현존량은 감소한다. 이것에 의해 부하량은 그대로 부영양상태는 해소하고, 어획량을 높게 유지할 수 있다. 따라서 식식동물을 포식하는 어류를 대상으로 한 어획은 부영양화대책과 식료문제의 양립을 목표로 하는 최선의 대책으로서 장려되어야 할 것이다. 금후의 폐쇄성 해역대책에 관한 간담회에서는 폐쇄성 해역의 환경대책을 지금까지의 부하삭감에 더하여, 해역내부에서의 먹이연쇄를 통한 물질순환의 개선의 추진의 중요성을 확인하였다. 이러한 의미에서는 금후의 폐쇄성 해역의 환경시책은 지금까지 공헌이 큰 위생공학으로부터 해양환경학, 해양생태학으로 시점이 이동했다고 볼 수 있다.

1.6. 부유계와 저서계의 coupling

천해역의 환경문제의 난해한 점은 부유계만으로 논의할 수 있는 외양계의 생태계와 달리, 저서계의 기여를 무시할 수 없다는 점에 있다. 식물플랑크톤이 증식하여 착색한 상태를 오탁 또는 부영양적인 상태라고 한다면 식물플랑크톤을 포식하는 이매패류의 기여는 이 문제를 생각하는 데 있어서 무시할 수 없다. 예를 들면 천해역의 상징적인 존재인 간석지에서는 동물플랑크톤보다도 이매패에 의한 포식량 쪽이 클 것이다.

외양의 부유생태계의 물질순환을 해명하기 위해서 사용되어 온 생태계 모델을 그대로 천해역에 적용해 봐도 계산결과는 여간해서 맞지 않는다. 연안역의 복잡한 지형이나 연안역에 특유한 물리과정에 하나의 원인이 있지만, 저서생태계를 경계영역으로서 취급하고, 그 동적인 모습을 무시한 모델은 맞을 턱이 없다. 연안역은 인간 활동에 의한 작용이 강하게 미치는 장소이며, 매립 등에 의한 환경영향의 평가가 언제나 필요하다. 이러한 점에서도 오늘처럼 저서생태계의 연구의 진전이 강하게 요청되는 시대는 없다고 할 수 있다.

아라아케해의 갯벌간석지에 대한 개발, 적용된 부유계-저서계 coupling 모델에 대하여 본서 제6장에 나타나 있다. 저서생물의 모두를 모델에 조립해 넣지는 못하지만, 이 모델에서는 부착규조류, 굴 그 밖의 현탁물 식자 및 meiobenthos(미소저서생물), 뻘망둥어, 게류 그 밖의 퇴적물 식자 등의 우점종이 고려되고 있다. 물질의 flow는 이들 저서생태계와 부유생태계 사이에서 복잡하게 일어나고 있다. 저질의 열화는 여간해서 눈에 잘 안보이지만, 저서생물의 서식에 악영향을 미치며, 예를 들면 천공성의 저서생물수의 감소에 의해 저질의 환원상태가 가속도적으로 빨라지며, 저서생태계는 괴멸상태로 향하는 +의 feedback "환경악화의 네거티브 스파이럴(negative spiral)에 빠진다. 저서생태계의 붕괴는 여과섭식자인 이매패의 biomass의 감소를 통해, 수질에의 영향도 다대하다. 아리아케해나 슈오나다(周防灘)는 바로 이러한 경우다.

부유계-저서계 coupling 모델은 최근 개발이 진행되고 있는 분야이며, 아직 많은 개선의 여지가 있다. 이에 더하여 저질이나 저서생물에 관한 모니터링 자료가 그다지 많지 않기 때문에 계산결과의 타당성을 판단하기 어렵다. 폐쇄성 해역의 환경보전을 생각하는 데 있어서 저서계의 모니터링을 포함한 연구의 충실이 꼭 필요하다.

1.7. 기술의 조합과 순응적 관리

폐쇄성 해역의 환경보전, 재생은 하루아침에 달성되는 것은 아니며, 하나의 기술로 해결할 수 있는 문제도 아니다. 다양한 기술의 조합이 중요하다(제3장). 폐쇄성 해역의 환경은 지역에 따라 다르며, 어느 해역에서 효과가 얻어졌다고 해서 다른 해역에 같은 기술을 적용하여도 효과가 희박한 경우도 있다.

생태계내에서 일어나는 사상(事象)으로서는 제어할 수 있는 것과 제어할 수 없는 것이 있다(그림 1.9). 즉, 전자는 실제 대책으로서 취할 수 있는 가능한 제어항목이며, 부하의 삭감, 장의 개변 등을 들 수 있다. 한편, 후자는 대책의 성과를 평가하는 경우의 목표치로서 만들어져 있는 상태지표가 될 수 있는 것이며, 통상 모니터링되는 수질항목이나 저질항목 등이다. 아직*시행단계이지만, 제어항목에 있어서 댐이나 하수처리장으로부터의 방류수의 양, 시기나 빈도 등을 조정해 보면 어떨까 등의 제안이 이루어지고 있다. 이것은 주로 해역에 양식되고 있는 김의 생산이 빈영양화에 의해 휘둘러지지 않게 되어 온 때문이며, 아리아케해에 쏟아지는 치쿠고천(筑後川)이나 하리마나다(播磨灘)로 쏟아지는 타카하리천(高梁川) 등에서 선행적으로 시도되고 있다. 또한 최근은 상태지표로서 생물지표가 더해지게 되어 수질이나 저질과 같은 무기적인 환경항목만의 평가보다도 생태계의 구조에도 배려하게 되었다. 그러나 생물이 있고 없고와 같은 것은 전술한 바와 같이 stock적인 측면인데 대하여, 그들 생물간의 상호관계에 있어서 먹이연쇄를 통한 flow가 정상인가 어떤가(물질순환이 원활한가 어떤가)를 정량적으로 평가하는 것이 바람직하다. 거기에는 생태계 모델이 필요불가결하다. 삼위일체개혁에 동반한 세원이양(歲元移讓)에 의해 많은 지자체는 성과를 보기 어려운 모니터링사업의 축소를 생각하고 있다. 이와 같은 합리화 중에서 이유도 없이 모니터링을 충실히 하라고 하는 것은 무리이다. 모니터링 자료가 도대체 어디에 어떻게 사용되어 도움이 되는지를 나타내는 것이 중요하며, 원래 무엇을 어느 정도 측정하면 어느 정도의 성과가 얻어지는가 하는 비전을 보여주지 않는 한 설득력이 없다.

자료는 사용해야 처음으로 가치가 있다. 지금까지 많은 지자체에서 그랬듯이 단순히 자료를 축적하는 만으로 공표하지 않는 것은 논외이다. 시계열적 해석을 하는 것은 제1단계로서는 필요하지만, stock적인 자료로 꺾은선 그래프나 분포도를 그리는 것만으로는 모니터링에 대한 투자는 너무 크다. 역시 수치시뮬레이션을 반드시 행하고 그 중에 어떠한 제어항목을 중점적으로 실시하면 비용 대 효과가 클까를 감도 해석하여 나타낼 필요가 있다.

수치시뮬레이션기술의 진보는 일진월보하는데, 현실의 자연생태계의 복잡성을 모두 재현할 수 있는 것은 아니다. 그렇기 때문에 모니터링과 예측과 평가를 반복하면서 조금씩 방향수정하는 순응적 관리가 불가결하다(그림 1.9). 환경수복기술은 미리 플라스코 규모의 실험, 모의현장실험, 소규모현장실증시험 등의 단계를 밟아 실용화되는 것이며, 거기에는 충분한 과학적 근거가 없으면 안 된다. 이들의 단계를 밟지 않는 기술이 갑자기 실용화되는 것은 있을 수 없다.

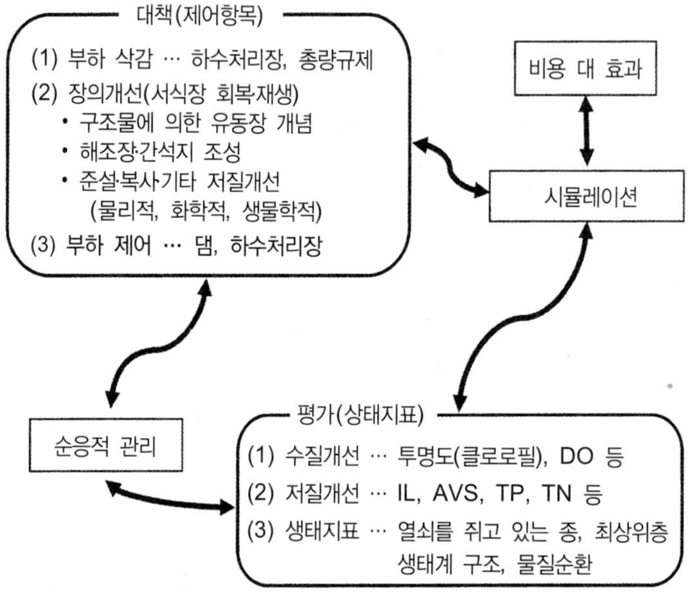

그림 1.9. 폐쇄성 해역의 환경보전에 대한 제어항목과 상태지표. 제어항목은 구체적으로 취할 수 있는 대책기술이며, 상태지표는 모니터링 등을 하는 것에 의해 파악할 수 있는 평가항목이다. 시행한 대책에 의한 효과의 판정을 위해 모니터링과 시뮬레이션을 행한다. 평가는 시뮬레이션에 비용대 효과도 고려하여 행할 필요가 있다. 대상이 복잡한 생태계이기 때문에 시행한 대책에 의해 반드시 기대대로의 효과가 나타날지 어떨지는 모른다. 따라서 언제나 순응적 관리의 사고에 기초하여 궤도 수정하는 것도 중요하다.

1.8. 다양한 주체의 참가와 환경교육

폐쇄성 해역의 환경보전에 대하여, 지금까지 밝혀진 것과 금후 해야 할 것에 대하여 과학적인 측면에서 기술하여 왔다. 2003년에 시행된 자연재생추진법에도 있듯이 인간 활동에 의해 과거에 손상된 자연은 과학적 지견에 기초하여 우리들 스스로의 책임으로 재생해 갈 필요가 있다. 이것에 대하여 재생의 이름하에 인간 손을 더하는 것으로 더욱이 양호한 자연환경까지도 파괴하는 것은 아닌가 하는 우려를 안는 경우도 있다. 자연재생의 대책은 양호한 자연이 아니라 정상적인 기능이 다치지 않게 하는 것이며, 그 목적은 자연의 복원력을 되돌리는 것에 있으며, 과잉의 손을 더하는 것이 되어서는 안 된다.

더욱이 자연재생추진법에 기술되어 있는 중요한 점은 다양한 주체의 참가이다 (그림 1.10). 자연재생이 과학적 지견에 기초하여 행해진다 하더라도 그 이전에 많은 주민이 어떠한 바다를 바라는가, 라고 하는 것이 가장 중요하다. 이미, 다른 곳에서 다루었듯이 부영양으로 어류가 많이 잡히는 바다를 바라는가 빈영양으로 어류가 잡히지 않더라도 깨끗한 바다를 바라는가는 사람에 따라 다르다. 제6차 수질총량규제에 관한 중앙환경심의회 회신에서는 맑은 바다와 어류가 풍부한 바다는 반드시는 양립하지 않는다는 점을 처음으로 다루었다. 폐쇄성 해역의 환경보전은 따라서 식료문제와도 표리일체이며, 어느 정도의 해수의 투명도를 계속 확보하고 다양한 수산생물이 풍부하게 어획되는 환경, 즉 수산업이 성립하는 것이 생태계의 보전에 이어진다. 이것을 다양한 주체의 공통인식으로 하기 위해서도 심포지엄이나 포럼, 모니터링을 겸한 생물, 환경간찰회를 반복하여 행하는 것에 의한 올바른 과학적 지식의 계몽과 환경교육은 필요불가결하다.

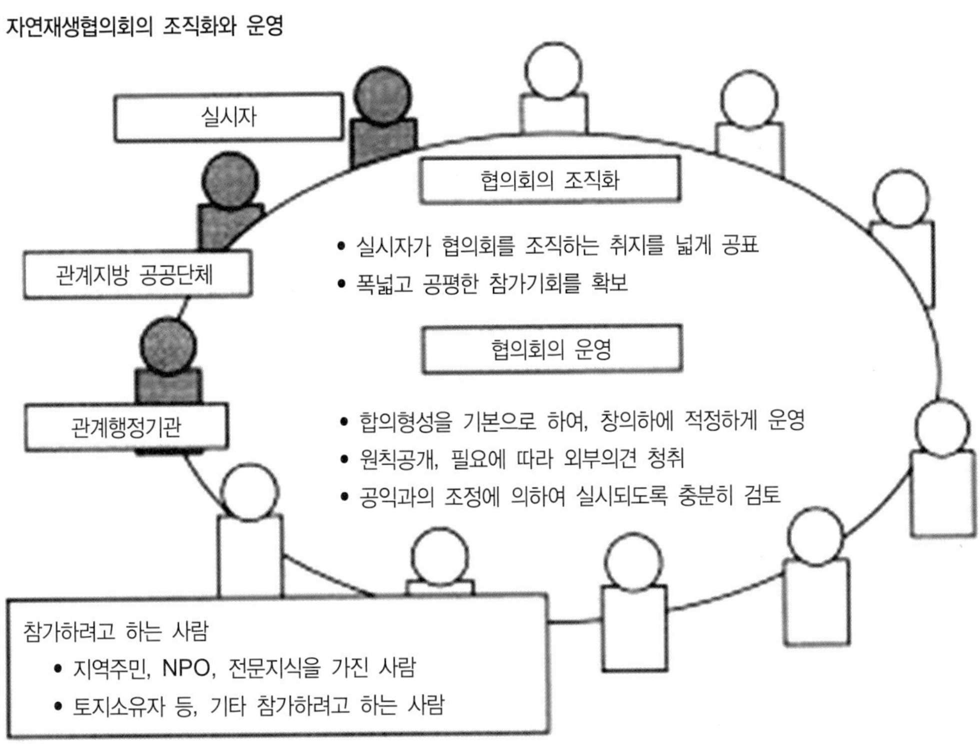

그림 1.10. 자연재생추진법(2003)에 관련한 다양한 주체의 참가. 재생대상이 되는 자연생태계에 대한 사고방식은 다양하기 때문에, 자연재생협의회를 설치하여 여기에는 지방공공단체의 대표, 관계행정기관, 지역주민, NPO, 유직자, 토지소유자, 그밖의 참가에 의한 운영이 필요하다.

참고문헌

山本民次, 水圏生態系の物質循環(Anderson, T., Pelagic nutrient cycles), 恒星 社厚生閣, 259p., 2006.

中央環境審議会, 第6次水質総量規制の在り方について(答申). 48p., 2005.

(財)国際エメックスセンター, 日本の閉塞性海域(88海域)環境ガイドブック. 177p., 2001.

シップ·アンド·オーシャン財団, 海の健康診断. マスタープランガイドライン, 99p., 2002.

東京湾再生推進会議, 東京湾再生のための行動計画(最終とりまとめ). 21p., 2003.

大阪湾再生推進会議, 大阪湾再生行動計画. 45p., 2004.

伊勢湾再生推進会議, 伊勢湾再生行動計画. 77p., 2007.

広島湾再生推進会議, 広島湾再生行動計画. 55p., 2007.

(社)瀬戸内海環境保全協会, 平成17年度瀬戸内海の環境保全 − 資料集. 103p., 2006.

T. Yamamoto, The Seto Inland Sea −Eutrophic or oligotrophic? *Mar. Pollu. Bull.*, 47, 37-42, 2003.

T. Yanagi, D. Ishii, Open ocean originated phosphorus and nitrogen in the Seto Inland Sea, Japan. *J. Oceanogr.*, 60, 1001-1005, 2004.

山本民次, 瀬戸内海が経験した富栄養化と貧栄養化. 海洋と生物, 158, 203-212, 2005.

M. Sheffer, Alternative stable states in eutrophic, shallow freshwater system: A minimal model. *Hydrobiol Bull.*, 23, 73-83, 1989.

S.E. Jørgensen, R. de Bernardi, The use of structural dynamic models to explain successes and failures of biomanipulation., *Hydrobiol.*, 359, 1-12.

環境省, 今後の閉塞性海域対策を検討する上でのり論点整理. 今後の閉塞性海域対策に関する懇談会報告書. 29p., 2007.

T. Yamamoto, Y. Inokuchi, T. Sugiyama, Biogeochemical cycles during the species succession from *Skeletonema costatum* to *Alexandrium tamaranse* in northern Hiroshima Bay. *J. Mar. System*, 52, 15-32, 2004.

T. Yamamoto, M. Okai, Effects of diffusion and upwelling on the formation of red tides. *J. Plankton Res.*, 22, 363-380, 2000.

D.C. Gordon, P.R. Boudreau, K.H. Mann, J.E. Ong, W.L. Silvert, S.V. Smith, G. Wattayakorn, F. Wulff, T. Yanagi, LOICZ biogeochemical modelling guidelines. *LOICZ report and studies,* 5, 96p., 1996.

A.C. Redfield, On the proportions of organic derivatives in sea water and their relation to the composition of plankton. *James Johnstone Mem.*, 177-192, 1934.

T. Yamamoto, A. Kubo, T. Hashimoto, Y. Nishii, Long-term changes in net ecosystem metabolism and net denitrification in the the Ohta River estuary of northern Hiroshima Bay−An analysis based on the phosphorus and nitrogen budgets. Progress in Aquatic Ecosystem Research (ed. by A.R. Burk), *Nova Science Publishers Inc.*, 99-120, 2005.

R. de Bernardi, G. Giossani (eds.), Biomanipulation in lakes and management, Guidelines of Lake Management. (7, ILEC(Intn. Lake Env. Committee)/UNEP(United Nations Environmental Program), 1995.

鈴木輝明·青山裕晃·畑 恭子, 干潟生態系モデルによる窒素循環の定量化−三河湾− 色干潟における事例−. 海洋理工学会誌, 3, 63-80, 1997.

T. Yamamoto, K. Tarutani, O. Matsuda, Proposal for new estuarine ecosystem management by discharge control of dams. Comprehensive and responsible coastal zone management for sustainable and friendly coexistence between nature and people (6th Intn. Conf. on Environ. Management of Enclosed Seas) (ed. by P. Menasveta, N. Tandavanitj), 475-486, 2005.

PART2

제2부 주요 3대 폐쇄성 내만

제2장__토목공학적인 접근 -토쿄만을 예로 들다-

2.1. 해변의 재생을 향한 네 가지 시점

일본 해안은 다양한 환경요인과 지질학적 배경에 의해, 암반역이나 사빈, 해조장(海藻場), 간석지와 변화가 풍부하다. 그러나 한 발짝 그 해변에 발을 밟고 들어가면 접근성이 나쁘고, 해안선 침식, 쓰레기 표착, 적조나 탁도에 의한 수색의 변화, 빈산소수괴나 청조(靑潮)에 의한 생물의 대량폐사, 생물 서식장(그리고 서식생물)의 감소 등, 환경이 악화되고 있는 모습이 보인다. 그래서 지구온난화나 종의 다양성 보전과 같은 문제와 함께 늘 우리들 옆에 있는 해변의 환경 변화에 대하여 알고, 가능한 것을 할 수 있는 곳에서부터 조치해 가는 것도 대단히 중요하다고 생각한다. 그것을 실현하기 위한 방법론의 하나가 바로 토목공학적인 접근인데, 여기서는 그 가능성에 대하여 검토해 보자.

토목공학은 사람의 활동을 중심으로 한 사회기반정비를 목표로, 토지조성(매립, 택지개발), 수자원관리(댐건설, 하천개수, 하수도정비), 교통시설정비(철도, 도로, 다리, 항만), 방재시설정비(방파제, 수문, 호안, 토지개량 등)를 행하는 실학으로서, 많은 기술을 개발하여, 사회에 적용해 왔다. 그 결과, 지형개변(준설, 매립)이나 주변의 토지, 해역이용의 변화, 수이용의 변화에 따른 물 순환의 변화 등이 생겨 왔다. 개별적인 대규모개발에 대하여는 그 때마다 환경영향을 평가하고 경감, 회피하는 노력이 이루어져 왔지만, 그 개변의 중첩이 장기적, 총체적으로 누적하여 전술한 바와 같은 해변의 환경 변화를 일으키는 원인의 하나가 되어 온 것은 부정할 수 없는 사실이다. 그러나 지금 한번 토목공학에서 축적되어 온 지형개변, 수자원관리, 각종 시설정비의 경험이나 기술을 다시 활용함으로써, 해변 환경을 재생하는 실마리를 찾을 수 있지 않을까 생각한다.

재생이라 하더라도 한번 손상된 해변의 환경이나 그 환경이 가진 기능을 되돌리는 것은 그렇게 간단하지는 않다. 거기에는 본래 상황으로 되돌리는 것을 촉진하려는 노력과, 현상에 맞는 개선을 도모하는 방향에서의 노력을 포함하여 재생에 대한 인식이 필요하다. 또한, 해변 자연의 복잡성이나 연관된 문제를 생각하면, 그 노력은 획일적이거나, 좁은 시야여서는 안 되며, 포괄적인 목표를 세워 가능한 한 자연에 맡기어, 그 힘을 발휘하도록 적재적소적인 도움을 주어, 그 효과를 확인하면서 서서히 적용해 가는 순응적 조치가 필요하다.

예를 들면, 국토교통성, 해안보안청이 중심이 되어 진행하고 있는 전국 바다의 재생프로젝트에서는 폐쇄성 해역의 물 환경의 개선을 도모하기 위해 관계성청이나 지자체 등과 연계한 대처가 이루어지고 있고, 해역마다 포괄적인 목표를 세워, 그것을 실현하기 위한 행동계획이나 순응적으로 대처하기 위해 수정된 제도가 나타나 있다. 그 구조를 토쿄만 재생을 위한 행동계획을 예로, 순응적 관리의 대처방법에 맞추어 도시하면, 그림 2.1과 같다. 즉, 포괄적 목표로서 현상 파악과 분석에 기초하여, 많은 관계주체의 합의를 얻어 "쾌적한 물놀이를 할 수 있고, 많은 생물이 서식하는 친근하고 아름다운 바다로 되돌리어, 수도권에 어울리는 토쿄만을 창출한다"는 목표가 설정되어 그 실현을 위해 하수도정비 등을 중심으로 육역부하삭감책의 추진, 해면의 부유쓰레기의 회수나, 해조장, 간석지의 재생, 창출 등을 메뉴로 하는 해역에 있어서의 환경개선대책의 추진, 토쿄만의 모니터링이 세 개의 기둥으로서 위치를 점하고 있다. 또한 이들을 효율적이며 효과적으로 실시해 나가기 위해 토쿄만 중 특히 중점적으로 재생을 목표로 한 치바항(千葉港)-토쿄만-요코하마항을 포괄하는 만의 북부해안에서부터 서쪽해안의 영역을 중점영역으로 정하고, 그 중에 일곱 가지의 어필 포인트를 선택하여 개선시책을 강구한 경우, 각 장소에 있어서의 개선이미지와 더불어 여기에 상당하는 지표 및 목표가 기술되어 있다. 이 행동계획은 2003년 3월에 10개년 계획으로서 발표되어, 매년 follow up을 행함과 동시에 3년째와 6년째의 종료시(2006년도, 2009년도)에는 종합적으로 진척상황을 평가하는 중간평가를 하도록 되어 있다.

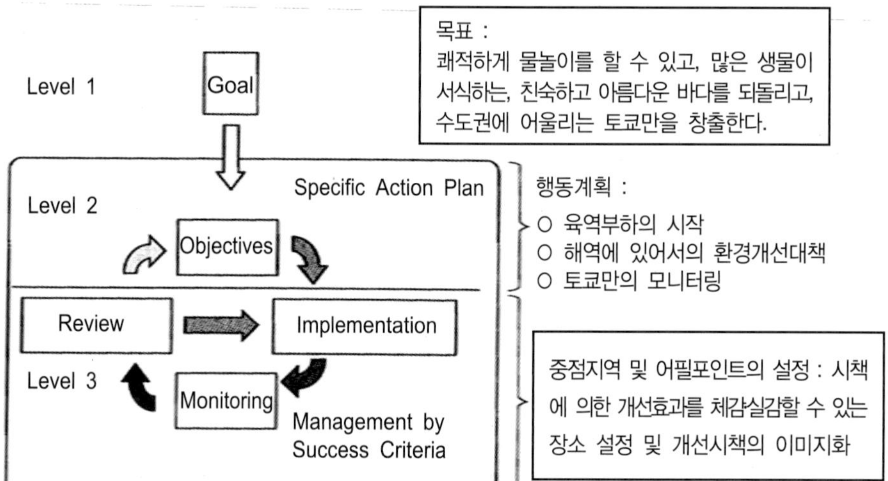

그림 2.1. 토쿄만 재생을 위한 행동계획에 있어서의 순응적 관리의 구조(포괄적 목표, 세 가지 행동계획, 중점 영역과 어필 포인트의 설정이 순응적 관리의 세 개의 수준에 대응하고 있다).

이러한 조치를 추진하기 위해서는 해변의 자연재생을 향한 시점으로서 이하의 네 가지가 중요하다(그림 2.2).

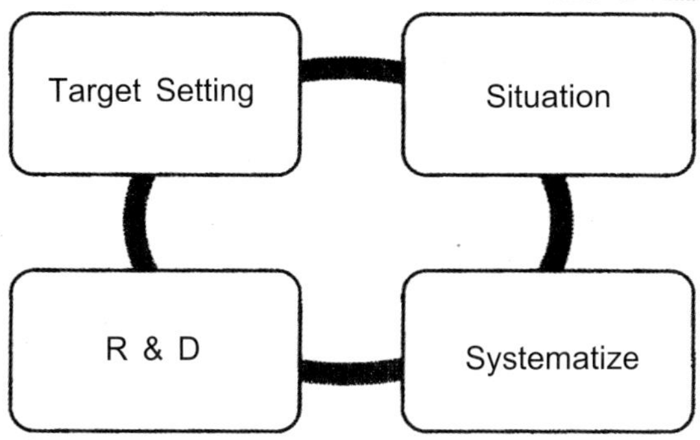

그림 2.2. 해변의 재생을 향한 시점(①장의 이해에 기초하여 많은 관계자가 공유할 수 있는 포괄적 목표의 설정, ②과학적인 환경만이 아니라, 사회적, 역사적 배경 등도 포함한 이해, ③목표를 실현하기 위한 메뉴 만들기와 기술개발, ④목표를 달성하는 수법을 실현화하는 장치와 순응적 관리 수법의 적용 등).

(1) 목표설정 : 장의 이해에 기초하여 많은 관계자가 공유할 수 있는 포괄적인 목표설정
(2) 장의 이해 : 과학적인 환경만이 아니고, 사회적·역사적 배경 등도 포함한 이해
(3) 수법개발 : 목표를 실현하기 위한 메뉴 만들기와 기술개발
(4) 시스템화 : 목표를 달성하는 수법을 실현화하는 장치와 순응적인 관리수법의 적용 등

이하의 절에서는 각각에 대하여 개별적 사례를 참조하고, 그 중에 조직화된 토목공학적인 접근에 초점을 맞추고자 한다.

2.2. 변화해 온 목표설정

해변에 있어서의 토목공학적인 환경개선 변천의 예로서 고도성장기 이후에 현재화한 유해물질에 의한 오염 등에 대한 규제를 포함한 공해대책이 일단락한 후의 항만사업에 있어서의 환경시책을 소개한다. 이것을 개관하는 것에 의해 우리들이 어떻게 환경을 이해하고, 목표를 설정하여 왔는가를 이해하는 계기가 되었으면 한다(그림 2.3). 그 중에는 단기적으로 대증요법적인 목표에서 시작하여 장기적으로 현상의 과정에 의해 수복하려는 목표로 변화해 온 것이 큰 전환이었다.

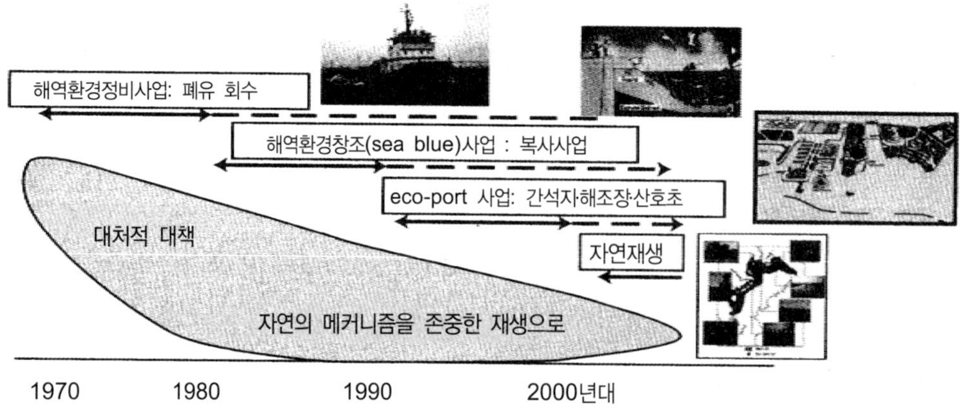

그림 2.3. 단기적이며 대증요법적인 목표에서부터 장기적이며 현상의 과정에서부터 수복하려는 목표설정으로 변화해 온 항만에 있어서의 환경개선의 목표와 사업.

가. 1980년대, sea blue사업

해역에 있어서의 당면한 오염 위기가 지나고, 1970년대부터 시작된 해역정비사업에 의한 부유 쓰레기, 기름의 회수체제도 정비되었으나, 부영양화, 적조 발생, 악취, 저층수의 빈산소화 등 유기물질에 의한 오탁은 개선되고 있지 않은 시대에 sea blue계획이 책정되었다. 그것은 준설이나 복사(覆砂)와 같은 sea blue기술(개별구체적인 해수정화기술)을 조합하여 이용형태에 따른 청정한 수질환경을 실현하는 것을 목표로 하고 있다.

sea blue사업을 총괄하면 환경수복을 겨냥한 개별 정책의 실시라고 말할 수 있다. 그 목표는 수질(투명도, COD)의 회복이며, 사업에 의한 환경 개변과 창조에 의한 환경개선을 겨냥한 것이다. 그런 단계에 있어서는 국소적인 현상해명에 중점이 놓여, 시책의 개별 평가를 위한 기술개발이 우선하여 행해졌다.

나. 1990년대, eco-port정책

1990년대에 들어, 운수성은 eco-port정책을 책정하였다. 여기서는 수질 오염은 적어졌다고는 하지만 아직 개선되지 않은 오탁에 대하여 환경개선의 방향성에 관한 이념이 제시되었다. 거기에 맞추어 각 사업자가 지역성을 고려하여 구체적인 방책을 입안하여 성능규정형의 환경개선의 방책을 도출하는 것을 목적으로 한 것이다. 즉, 자연생태계의 개변, 창조로부터 한 발 나아가 기능의 강화를 겨냥한 변화였다고 할 수 있다.

이러한 기능 강화를 목표로 하기 위해서는 기능을 정량화할 필요가 있으며, 환경 시뮬레이션(생태계 모델)의 개발도 성행하여, 개별시책의 평가에서부터 시책에 의한 장의 기능 변화의 평가나 예측에 중점이 놓이게 된 시대라고 말할 수 있다.

다. 2000년대, 자연재생사업

1999년 12월 항만심의회에서 경제, 사회의 변화에 대응한 항만 정비, 관리 자세에 대한 답신이 나왔다. 그 중에서 물류적 측면에서 뿐만이 아니고 자연환경이나 환경배려 등의 면에서도 광역적 시점의 중요성이 기술되어 있다. 즉, 환경문제의 macro화이다. 그와 동시에 간석지나 해조장과 같이 생태계의 창출을 포함하는 환경보전, 창출을 위한 생태계 기능의 평가나 추정과 같은 micro화된 환경문제도 중요한 검토과제로 지적되어 있다.

그러한 배경을 바탕으로, 국토교통성 항만국에서는 환경과 공생하는 항만(eco-port)을 목표로, 풍요로운 생태계를 키우는 자연재생형사업을 종합적으로 전개하기 위한 항만환경정책 2001을 발표하였다. 또한, 2005년에는 환경에 대한 배려와 개발에 대한 대처를 자동차의 두 바퀴로 생각하고, 환경배려의 표준화를 골자로 하는 항만행정의 green화(항만심의회 답신)이 발표되어, 자연의 재생을 향해, 강화·창조된 생태계가 기능하도록 하는 것(생태계의 자기회복력이 발휘되도록 도우는 것)이나 시민참여에 의한 협동과 대처 등을 목표로 한 새로운 움직임이 시작되었다.

이러한 검토는 정부전체에 있어서의 2001년의 "고리의 나라 만들기"의 정부방침의 발표, 2002년의 신생물다양성국가전략의 책정, 자연재생추진법의 성립과 같은 움직임도 연동하여, 자연공생형유역권의 실현이라고 하는 포괄적인 목표를 세워 자연재생을 위한 대처를 추진하는 것이다. 즉, 종래의 대증요법적인 목표만이 아니라 구조적 과정을 중시한 목표설정으로의 전환기에 왔다고 할 수 있다.

2.3. 다양한 규모, 시점으로 본 장의 이해

목표설정을 위해서는 다양한 시점(視点)이 필요하게 되는 것과 마찬가지로, 그것을 받치는 장의 이해에 대하여도 다양한 시점이 필요하다. 여기서는 토쿄만을 그 예로 하여, 수환경이나 생태계 등의 자연과학적인 시점에서의 장의 이해에 대하여 몇 가지 예를 들고자 한다.

가. 유역권이라고 하는 시점

육상에 내린 비가 분수령으로부터 하천수나 지하수로서 칸토(関東)평야를 유하하여, 토쿄만으로 흘러들어온다. 이와 같은 물의 흐름을 중심으로 생각해 보면 토쿄만을 싸고도는 큰 유역권이 정의된다. 유하하는 물은 그 도중에 임야로부터 각종 원소를 향유함과 동시에 사람에 이용되고, 더욱이 유기물이나 영양염을 받아들인다. 일부는 하수도를 통해 처리된 후 다시 하천 등을 통하여 해역에 유입한다, 그러한 부하가 토쿄만의 순환이나 수질에 영향을 준다고 하는 것은 용이하게 상상할 수 있다.

예를 들면, 본 연구자는 토쿄만에 유입하는 담수의 양을 육지로부터의 강우에 의한 것, 유역외로부터 유입하는 것, 해역으로의 강우에 의한 것을 더하여 구한 다음, 이러한 유역권으로부터의 영향을 추정해 보았다. 1920년부터 전후 10년간의 평균을 행하여, 이를 10년마다의 평균담수공급량으로서 판단해 보면, 1960년대부터 1990년대에 걸쳐, 약 $100m^3$/초의 유입량의 증가가 있다는 것을 알 수 있다. 이러한 담수유입량의 증가는 만내의 하구순환을 강화하는 등의 영향을 주어, 결과적으로 만내의 해수교환율에 영향을 준다. 염분분포를 기반으로 한 대략적인 추산에서는 1947년부터 1974년까지의 평균 체류시간은 여름 30일, 겨울 90일이었으나, 2002년에는 여름 20일, 겨울 40일로 계산되었다.

이 예는 토쿄만이라고 하는 장을 이해하는 데 있어서 토쿄만이 그것을 싸고도는 장(場, filed)과 접하는 경계를 통한 상호작용(장과의 상호작용)과, 거기서 생활·활동하는 인간과의 상호작용(사람과의 상호작용)의 두 가지가 중요함을 말해 준다. 장과의 상호작용에 대하여는 해륙의 경계뿐만 아니라 만구를 통한 외양수의 관입이나, 대기와의 열의 공급, 방사, 저질로부터의 용출, 축적 등이 생각되며, 일체의 경계로부터의 영향이 전파해 가는 상황을 고려할 필요가 있다. 또한, 사람과의 상호작용에 대하여는 앞서의 예에서 사람으로부터 환경에의 영향이 담수유입량이라고 하는 시점으로 표현하였으나, 그 담수에 용해된 영양염이 인간의 건강이나 자연환경에 영향을 미치는 수준에까지 해역 환경을 악화시킨 때문에 유입부하의 규제가 이루어져, 1980년대에 질소의 경우, 일 350톤을 넘던 부하가 2000년대에는 220톤으로 감소했다고 하는 추산도 있다. 이것은 자연이 인간 활동에 영향을 준 예이며, 사람도 또한 그 활동이 환경을 규정하고 있음을 나타낸 것이다. 즉, 토쿄만을 이해할 때에 그것을 과소하게도 과다하게도 생각하지 않고, 사람의 활동이나 그것을 싸고도는 장을 포함한 유역권이라고 하는 시점에서 이해하는 것이 중요하다. 특히, 토목공학과 같은 "힘의 기술"은 때로는 사람 활동의 힘을 과대하게 하고, 경계에서의 과정을 차단 또는 가속시킬 가능성도 있어서 주의가 필요하다.

나. 생태계 네트워크라고 하는 시점

바지락(*Ruditapes philippinarum*)은 그 높은 해수정화능력에 의해, 환경개선의 면에서도 주목을 받는 종이지만, 그 자원량은 전국적으로나 토쿄만에서나 모두 격감하고 있다. 그 원인은 여러 가지로 생각될 수 있으나, 바지락의 부유유생의 왕래에 따른 서식장간의 연결(생태계 네트워크)의 결락이나 분단도 한 원인이 아닐까 생각된다.

이와 같이 생태계 네트워크는 생물량과 다양성을 확보하기 위한 중요한 기구의 하나로 생각된다. 그 실태를 파악하기 위하여 토쿄만에 있어서 바지락 부유유생이 간석지간을 왕래하는 모습을 실증적으로 파악하기 위한 관측이 행해졌다. 예를 들면 2001년 8월 2일의 관측에서는 반스(盤洲), 푸쯔(富津), 산마이스(三枚洲)-하네다의 해역에서 부화 후 며칠 되지 않은 것으로 생각되는 각장 100μm 이하의 유생이 많이 포획되어, 이들 장소 가까운 곳에서 유생이 발생하고 있는 것으로 추찰되었다. 그 유생군은 8월 6일의 관측에서 만의 중앙부로 이동하고 있는 모습이 알려져, 바지락의 부유기 유생의 표류에 의한 생태계 네트워크의 존재가 시사되었다. 이러한 생태계 네트워크 연결의 세기와 방향성을 추정하기 위해 수치계산을 행하였다. 유생의 발생장소는 지금까지의 관측을 참고로, 푸쯔, 반스, 치바항, 산반제(三番瀨), 토쿄, 하네다, 요코하마의 해역으로 생각하고, 약 2주간의 이류계산을 행하였다. 그 결과, 푸쯔, 반스에 있어서는 자기 자리로 되돌아오는 유생이 많아, 이들 간에 강한 상호작용이 있을 것으로 판단되었다. 한편, 토쿄, 하네다, 요코하마측에 있어서는 북에서 남으로 이어지는 일방향으로의 약한 연결이 있을 것으로 판단되었다(그림 2.4).

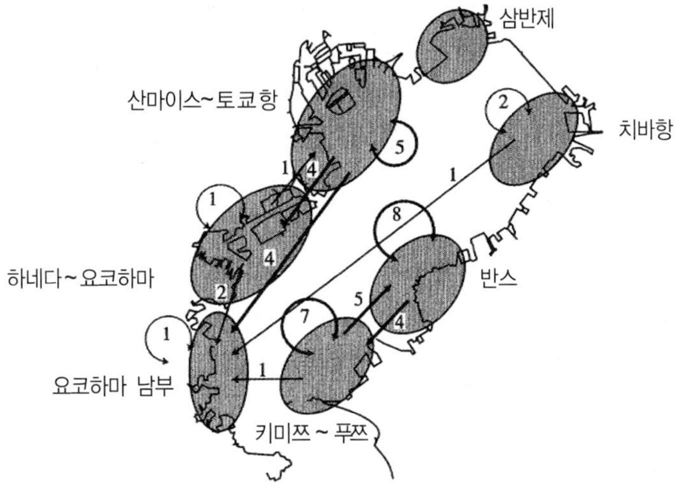

그림 2.4. 수치계산에서 추정된 바지락 부유유생의 네트워크의 예(화살표의 수치는 2001년 8월에 있어서의 바지락 부유유생의 이류상황을 재현한 수치계산으로부터 추정된 이류량을 상대적으로 나타낸 것이다).

상호방향의 네트워크에서는 어느 서식지에 이변이 일어나더라도 또 한쪽에서의 공급에 의해 회복될 것이라고 하는 일종의 회복력(resilience)을 기대할 수 있다. 한편, 일방향(비가역적)의 네트워크에서는 상류측의 서식지에 이변이 일어나면 그 영향은 하류측의 서식지에 미치게 되는 위약성을 가진 네트워크로 추정되었다. 그래서 토쿄만의 재생을 위한 행동계획에 있어서는 이 일방향의 네트워크밖에 가지지 않은 장이나, 네트워크의 연결이 약하다고 생각된 치바-토쿄-요코하마를 연결하는 넓은 해역이 중점영역으로서 선택되었다. 이것은 장의 이해에 대응한 행동계획의 설정이 이루어진 하나의 예이다.

이러한 생태계 네트워크를 통한 해역 환경의 파악에 있어서는 단순히 해역 환경을 국소적·순간적인 수질이나 물리환경 뿐만 아니라 주위와의 연결이나 연속한 시간 속에서 생물 중에 축적되는 물리조건의 정보를 읽고 풀어서 판단한다고 하는 의미를 가진다. 따라서 이것은 앞으로 장을 이해하는 데 있어서 필요한 방향성의 하나로서 인식해야 하며, 또한 이에 대한 평가수법의 개발이 시급하다.

다. 생물 서식처라고 하는 시점

환경을 생물에 의해 평가하는 시도로서, 지표생물에 의한 해저환경구분이나 일곱 개의 도·현·시(都·縣·市)의 수뇌(首腦)회의 환경문제대책위원회 수질개선부회가 제창한 "토쿄만에 있어서의 저서생물 등에 의한 저질평가방법"을 들 수 있다. 후자의 경우는 토쿄만에 있어서의 저질 환경의 평가구분을 다섯 단계로 나누고, 저서생물의 총 출현종수 등 네 가지 항목으로 평점을 붙이어, 평점 합계로 저질환경을 평가하는 방법이다. 생물을 지표로 하는 것에 의해 장의 특성이 물리화학적 특성치 뿐만이 아니라, 감각적으로 이해할 수 있는 이점이 있다.

토쿄만 재생을 위한 자연재생사업의 적지선정에 이용할 수 있는 기반적 자료의 작성을 목적으로 하여 토쿄만 내만역의 14개소의 호안에 있어서 동일시기, 동일수법으로 조사를 행하고 공간적인 생물분포특성의 해명을 시도한 조사결과를 소개한다.

2006년 3월 및 9월에 행한 결과를 그림 2.5에 나타내었다. 부착생물 종수의 분포는 3월, 9월 어느 쪽도 비교적 수질이 나쁜 G4-G6부근에서 극소치를 나타내었다. 부착동물에 대하여는 종수의 큰 변동은 보이지 않았으나, 부착식물에 대하여는 9월은 3월과 비교하여 전체적으로 종수가 감소하였다. 부착동물은 수질의 장기적인 공간적 분포특성에 크게 의존하게 되는데, 여름의 빈산소수괴나 동계 파랑에 의한 교란 등에 의해 제한을 받아서 수질악화나 교란에 강한 생물이 우점하였고, 또한 단기적인 환경변동에 의한 변화가 작았기 때문으로 추찰된다(다양성이 낮은 수준에서의 안정). 한편, 부착식물은 동계 투명도가 높은 수질조건 등에 의해 3월에 종수가 증대되었으나, 그 후 수질변동(하계의 투명도 저하나 빈산소수괴의 내습 등)이나, 계절적인 소장의 영향을 받아 그 서식범위와 종수가 시간적 변동을 하고 있는 것으로 추찰되었다.

이러한 결과를 바탕으로, "환경의 공간적인 분포특성은 가입을 지배하고, 시간적 변동의 특성은 살아남음(생존)을 지배한다"라고 하는 대담한 가설을 세울 수 있다면, 토쿄만을 macro적인 시점에서 볼 때 "동물, 식물 모두 현재 토쿄만의 환경에 있어서는 가입이나 서식이 가능하다. 그러나 동물은 공간적인 변동특성 때문에 낮은 다양성 수준에서 안정하게 존재하고, 식물은 계절마다의 환경변동, 생활사에 대응한 증감을 반복하고 있다. 따라서 국소적이라고 하더라도 주년을 통해 환경조건이 안정한 장을 만드는 것이 부착생물의 다양성을 높이는 방법으로서 유효하다"라는 평가가 가능할지도 모른다.

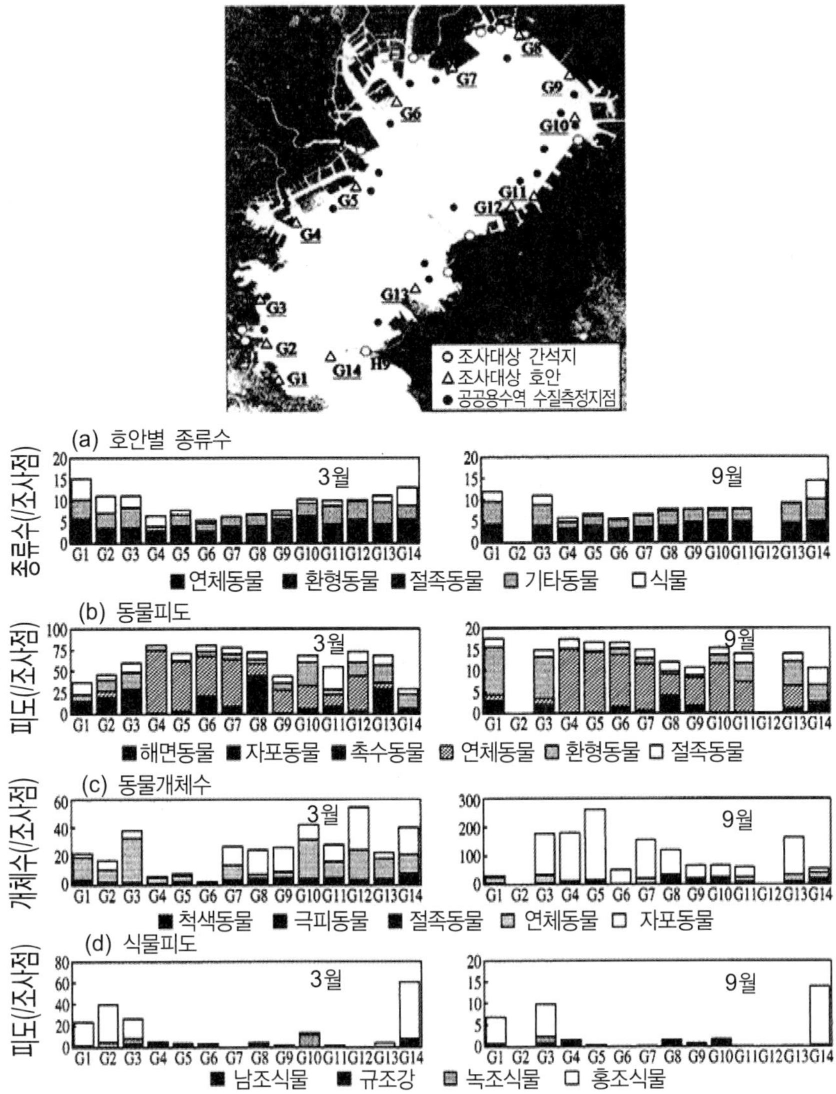

그림 2.5. 토쿄만을 싸고도는 호안에 부착하는 장소별, 계절별 생물 상황(2006년 3월, 9월조사: (a) 부착생물종수, (b) 부착동물의 피도, (c) 부착동물의 개체수, (d) 부착식물의 피도).

과학적인 가설로서 다소 난폭한 논리이지만, 이러한 평가를 함으로써 행동계획으로의 지침(그런데 어떤 자연재생을 해야 할 것인가)이 얻어진다. 토목공학적인 접근을 진행하기 위해서는 이러한 평가나 이유 붙이기가 불가결하다. 물론, 이러한 평가는 사업 중에서 검증해 나가지 않으면 안 되며, 검증결과를 겸허히 받아들이고 유연하게 사업을 실시·변경하는 시스템이 필요하다. 앞서 소개한 순응적 관리는 바로 행동계획책정의 근거로서 채용된 가설을 계속적으로 모니터링하면서, 그 진위를 확인하고 자연재생을 진행해 가는 관리수법을 수순화한 것이다.

생물에 대한 지견을 빠뜨리는 것 없이 밝히는 것은 매우 어렵다. 생물 서식처라고 하는 시점에서 해역 환경을 파악하기 위해서는 불확정요소, 가정이 많이 들어가 있는 것을 이해해야 하며, 그것을 밝히는 조사, 연구의 노력을 게을리 해서는 안 된다. 이와 동시에 얻어진 지식을 범용화, 일반화한 가설에 집약하고, 순응적 관리로 확인하면서 장의 이해와 행동계획의 실시를 동시에 하는 것이 필요하다.

2.4. 간석지 조성을 예로 든 구체적인 수법개발

아무리 좋은 목표라도 그것을 실현하는 수법이나 메뉴가 없어서는 그림의 떡이 되고 만다. 간석지, 해조장, 산호초 등 해역에 있어서 중요한 생태계의 수복, 보전, 재생수법에 대하여는 산학관민 등 다양한 주체가 대처하여 현재는 다양한 기술이 개발되어 있다. 국총련(国総連)에서도 도시임해부에 간석지를 되돌리려는 프로젝트의 일환으로서, 한난(阪南)2구에 있어서의 간석지 창조실험이나, 토쿄만의 신시바우라(新芝浦) 운하에 면한 시바우라 아일랜드의 호안에 있어서의 생물의 서식처 조성을 해 왔다.

한난2구의 간석지 창조실험에서는 테라스형 간석지로 이름 지은 tidal pool이 있는 간석부의 높이가 주목되었다. 이것은 도시임해부에 있어서 자연재생(간석지 재생)에 있어서의 장소적 제약을 타파하는 하나의 메뉴가 될 수 있는 가능성을 보여 주었다.

그러한 tidal pool의 실증실험으로서 국총련, 토쿄도 항만국, 항구 시바우라 한난지구 종합지소, 운하 르네상스협의회 등이 연계하여, 토쿄도 항구 시바우라 아일랜드에 있어서 tidal pool을 활용한 간석지를 축으로 하는 생물 서식처 조성 실험이 개시되었다(그림 2.6). 이것이 바로 토목공학적인 장 조성의 접근이며, 생물서식장으로서 유치어의 위집효과와 저서생물, 저서해조류의 정착장으로서의 효과가 기대된다(그림 2.6, 2.7).

그림 2.6. 토쿄도 항구 시바우라 아일랜드 호안을 이용한 테라스형 간석지(국총련, 토쿄도 항만국, 항구 시바우라 한난지구 종합지소, 운하 르네상스협의회 등이 연계하여, 생물서식장으로서 유치어의 위집효과와 저서생물, 저서 해조류의 정착장으로서의 효과를 기대한 tidal pool의 실증실험이 행해지고 있다).

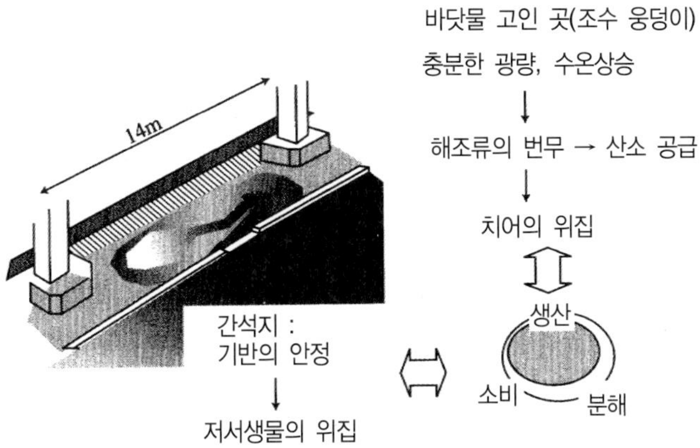

그림 2.7. 토쿄도 항구 시바우라 아일랜드 호안을 이용한 테라스형 간석지의 개념 모형(tidal pool의 유치어의 위집효과와 간석부의 저서생물, 저서 해조류의 정착장으로서의 효과가 기대되고 있다).

당해 호안은 2005년 2월에 착공하여, 2006년 12월에 전체공사가 완료하였다. 이 중에 테라스 부분의 tidal pool 등은 2006년 3월에 완성하였고, 조석 간만에 따라 생물이 들어오기 시작하였다. 7월과 9월에는 저조시 독립한 tidal pool의 물을 전부 빼고 목표생물의 서식조사가 이루어졌다. 7월의 조사결과는 그림 2.8에 나타낸 바와 같은데, 많은 유치어가 확인되었다. 9월의 조사에서는 망둥어, 장어 모두 7월보다 크고, tidal pool 주변에서 성장하고 있는 것으로 추찰되었다. tidal pool의 기능으로서 산소생산을 확인하기 위해 관수기의 운하수와 간출시의 tidal pool의 물이 독립한 때의 용존산소, 수온, 염분의 측정을 행한 결과, tidal pool에서 산소생산이 이루어지고 있음을 확인하였다.

바닷물이 고인 곳(조수 웅덩이)

	항목	A지 (북측)	B지 (남측)
수질	수온 (℃)	25.0	25.2
	염분 (psu)	6.0	5.0
	DO (mg / l)	5.4	3.8
개체수(마리)	숭어	180	400
	문절망둑	154	350
	장어	2	1
	새우	5	23
	붕어	0	1

그림 2.8. 토쿄도 항구 시바우라 아일랜드 호안을 이용한 테라스형 간석지에 있어서의 치자어의 서식상황(정비후 2개월: 2006년 7월 조사시, 많은 유치어가 확인되었으며, 이것에 이은 9월의 조사에서는 망둥어, 장어 모두 커져서, tidal pool 근방에서 성장하고 있는 것이 추찰되었다).

이와 같이 장 조성이 "생물 서식처 조성"으로서 인식되기 위해서는 목표의 명확화와 구체적인 행동계획의 책정에 더하여, 목표달성기준에 따른 관리와 대처가 필요하다. 특히, 장 조성의 결과로서 영향을 받는 생물의 서식상황 등을 평가지표에 반영함으로써 보다 알기 쉬운 목표달성기준이 책정되고, 장 조성의 수법개발이 진척될 것으로 기대된다. 이를 위해서도 장 조성의 기반인 토목공학과 평가에 관한 지견을 안고 있는 수산학, 생물학과의 연계가 중요할 것이다.

2.5. 시스템화의 중요성

장의 이해에 기초하여 포괄적인 목표를 책정하고, 개발된 수법을 적용하여 자연재생을 행함에 있어서는 자연환경만이 아니라 사회조건도 포함하여 넓은 시야에서의 장의 이해가 필요하다. 바다의 자연재생 핸드북에서도 지적되고 있듯이 여기에는 이념 공유와 공간계획의 검토라고 하는 과정이 중요하다.

이념 공유라고 하는 것은 어떠한 시점과 이념에 기초하여 행할 것인가에 대하여 관계자간에 의론하여, 인식을 공유하는 것이다. 예를 들면 자연에 대한 자세는 다양하기 때문에, 자연보호나 개발에 관하여, 다양한 가치관을 가진 많은 관계자의 일치된 견해를 얻는 것은 곤란하다. 다시 말해서 개발과 보전에 관계되는 관계자간에 있어서 가치관의 상이에 유래하는 대립이 생기는 경우가 많다. 사람이 이용하는 것을 전제로 그 목적을 따라(예를 들면 지속가능한 개발을 향해서) 인위적인 손을 가하는 재생이나 수복·창조를 포함한 재생을 생각할 것인가, 자연본래의 자세에 가치가 있다고 생각하고, 인간이 손을 가하지 않은 보존이나 옛날의 모습으로 되돌리는 재생을 축으로 하여 생각할 것인가에 따라 목표의 시비가 다르다는 것은 용이하게 상상할 수 있다. 그 때에 자연에 대한 입장에는 다양한 사고가 있을 수 있다는 점을 인식하고, 서로의 사고는 어떠한 사고에 기초하는 것인가를 이해하고 서로 존중하는 것이 의론의 조정이나 수렴에 유효하다고 생각된다.

공간계획의 검토란 사람들의 생활과 자연환경의 관계에 대하여 파악한 위에, 금후 사람들과 자연환경의 관계성을 어떻게 설정해 갈 것인가 즉, 공간정비의 합의를 어떻게 설정할까를 검토하는 것이다. 자연재생이란 "사람과 자연을 서로 연결하는 것"이라고 하는 견해도 있다. 장의 재생에 의해 과거에 있던 인간과 해변과의 연결을 복원하는 것을 우선시할까? 아니면 새로운 사람들과 자연의 관계를 구축할까? 등은 미리 정해진 답이 있는 것은 아니고, 그 지역에 따라 관계자가 의론하여 정해가야 할 사항이다.

그러한 목표설정의 과정을 거쳐 그 목표 실현을 위한 수법이 바로 순응적 관리이며, 토목공학적 접근이라고 생각된다. 순응적 관리수법의 적용이나 토목공학적 접근의 적용은 물론 자연재생의 실현에 불가결한 것이지만, 그것을 떠받치는 것은 관계자 사이에서 충분히 공유된 이념과 공간계획(사람과 자연의 서로 연결)에 맞는 목표이다. 그를 위해서는 다른 분야의 학문과의 연계나 다양한 사람들과의 협동이 필요하다.

아직 그 일반해는 얻어져 있지 않은 상황이지만, 특별해로서의 다양한 경험의 중첩이 지금 이루어지고 있다. 예를 들면 요코하마의 카타비라천(帷子川)의 수변공원에서는 수변의 공원으로서 호안 위에 테라스 간석지나 전석(轉石), tidal pool을 설치하는 것뿐만 아니라 공원내부에 조석이 유입하는 연못을 조성할 예정이며, 그 공원에서의 활동을 지지하는 NPO와 협동으로 "모두가 만드는 항구 미래 21 바다의 biotope(생물의 소생활권)"이라고 하는 연구회 등도 개최되고 있다. 오다이바 해빈공원에서는 도시재생의 프로젝트로서 또한, 초등학교에서의 환경교육의 프로젝트로서 어업자, NPO, 행정, 연구자 등이 협동으로 김만들기 체험을 지원하고 있다. 이러한 해빈의 환경 재생의 중첩을 지혜로 하여 기술하고 활용해 가는 것이 중요할 것이다.

참고문헌

古川惠太, 港湾事業における環境修復への取り組み. 月刊海洋, 35, 502-507, 2003.

古川惠太·小島治幸·加藤史訓, 海洋環境施策における順応的な管理の考え方. 海洋開発論文集, 21, 67-72, 2006.

国土交通省·海洋保安庁, 海の再生プロゼット. Web公開資料, http://www.kaiho.mlit.go.jp/info/saisei/index.html, 2007.

東京湾再生推進会議, 東京湾再生のための行動計画(最終とりまとめ), 21p., 2003.

東京湾再生推進会議, 東京湾再生のための行動計画. 第1回中間評価報告書, 2007.

シーブルー·テクノロジー研究会, シーブルー計画. 1989.

運輸省港湾局, 港湾と共生する港湾－エコポート－大藏省印刷局, 1994.

国土交通省港湾局, 沿岸域における自然再生事業. Web公開資料, http://www.mlit.go.jp/sogoseisaku/, 2001.

国土交通省港湾局, 港湾行政のグリンー化. 国立印刷局, 2005.

內閣府総合科学技術会議, 自然共生型流域圈·都市再生技術研究イニシヤチブ報告書. 2005.

高尾敏幸·岡田知也·中山惠介·古川惠太, 2002年東京湾広域環境調査に基づく東京湾の滞留時間の季節変化. 国総研資料, 169, 1-78, 2004.

国土交通省港湾局·環境省自然環境局, 干潟ネットワークの再生に向けて. 国立印刷局, 2002.

粕谷智之·浜口昌已·古川惠太·日向博文, 夏季東京湾におけるアサリ(Ruditaoes philippinarum)浮遊幼生の出現密度の時空間変動. 国土技術政策総合研究所報告, 8, 1-13, 2003.

粕谷智之·浜口昌已·古川惠太·日向博文, 秋季東京湾におけるアサリ(Ruditaoes philippinarum)浮遊幼生の出現密度の時空間変動. 国土技術政策総合研究所報告, 12, 1-12, 2003.

日向博文·戸簾幸嗣, 東京湾におけるアサリ浮遊幼生の移流過程の数値計算. 水産総 合研究センター研究報告, 55-62, 2004.

風呂田利夫, 東京湾の環境回復への提言. 東京湾内湾底生動物の生残りと繁栄. 沿岸海洋研究ノート, 28, 160-169, 1991.

東京都環境局環境評価部広域監視課, 東京都内湾の水環境. 環境資料第133号, 2001.

五十嵐学·古川惠太, 東京湾沿岸域における付着生物および底生生物の空間分布性. 海洋開発論文集, 23, 459-464, 2007.

国土技術政策総合研究所·アマモサミット·プレワークショップ2006組織委員会, 海辺の自然再生に向けて干潟·藻場·サンゴ礁の再生技術. Web公開資料, http://www.meic.go.jp/, 2007.

上野成三, 大阪湾再生への取り組み事例－都市臨海部に干潟を取り戻すプロジェクト(阪南2区干潟創造実験)－雑誌港湾, 26-27, 2005.

古川惠太·岡田知也·東島義郎·橋本浩一, 阪南2区における造成干潟実験－都市臨海部に干潟を戻すプロジェクト－海洋開発論文集. 21, 659-664, 2005.

岡田知也·古川惠太, テラス型干潟におけるタイドプールのベントス生息に対する役割. 海洋開発論文集. 22, 661-666, 2006.

柵瀬信夫·加藤智康·枝広茂樹·小林英樹·古川惠太, 都市汽水域の生き物の棲み処づくりにおける順応的管理手法の適用. 海洋開発論文集. 23, 495-460, 2007.

海の自然再生ワーキンググループ, 海の自然再生ハンドブック. 第1巻総論編, ぎょうせい, 2003.

国土技術政策総合研究所·海辺つくり研究会, 海辺の自然再生に向けて各地からのメッセージ. Web公開資料, http://www.meic.go.jp/, 2006.

제3장__오사카만의 수질 환경

본 장에서는 오사카만에서의 환경재생과 환경수복기술을 소개하기에 앞서 우선 오사카만의 수질의 개황을 알아보고자 한다. 또한 유기물 오염지표, 부영양화 관련지표 등 수질을 나타내는 지표와 그 악화의 의미에 대하여 해설한다. 뿐만 아니라 수질의 악화 요인과 이들 요인간의 관계를 환경연관도로서 나타낸다. 나아가 그 중에서 몇 가지 요인을 예로 들어 그들이 수질에 영향을 미치는 물리적 기구에 대하여 기술한다.

3.1. 폐쇄성 내만의 숙명(산, 강, 바다의 연결, 모든 물은 바다로 통한다)

물은 대기권, 지권, 수권을 순환하고 있는 것은 주지의 사실이다. 그러나 그 물의 순환에 인간의 영위(營爲)가 깊이 관련되어 있는 것에 대하여는 충분히 인식하고 있지 않은 것 같다. 예를 들면 오사카만에 흘러들어오는 하천유량은 약 $430m^3/s$ 정도이다. 그래서 1일 1인당 이용수량을 $400l$로 하고, 오사카만의 집수유역권의 인구로부터 단순히 산출하면 우리가 이용한 물이 평균 약 $80m^3/s$ 배출되고 있는 셈이 된다. 즉, 오사카만에 유입하는 하천유량의 1/5은 생활의 영향을 받은 물인 것이다.

일본의 곡물(식용과 사료용을 합한 것)의 자급율은 27%에 지나지 않아, 국내에서 소비하는 곡물의 73%를 해외에서 수입하고 있다. 곡물을 생산하기 위해서는 대량의 담수가 필요하며 곡물을 수입한다고 하는 것은 곡물을 생산하는 데 요하는 담수를 수입하고 있다고도 할 수 있다. 이와 같이 간접적으로 수입되고 있다고 생각할 수 있는 물을 virtual water라고 한다. virtual water 수입량을 곡물 5개 품목(옥수수, 콩, 밀, 쌀, 보리), 축산물 4개 품목(소, 돼지, 닭, 우유 및 유제품), 및 공업제품에 대하여 계산하면, 총 수입량은 640억m^3/년이나 된다. 이것은 일본 국내에서 소비되고 있는 전 수량(850억m^3/년)의 76%, 농업용수와 공업용수(694억m^3/년)의 92%에 필적하는 대량의 수자원을 타국에서부터 수입하고 있는 셈이다. 더욱이 수입되는 곡물 등은 나중에 의론의 대상이 되는 질소나 인을 함유하고 있다. 즉, 영양염도 대량으로 수입하고 있는 것이다. 이와 같이 일본의 도시역에 있어서의 우리들의 생활은 전지구적인 물질의 유입 토대위에 성립하고 있는 것이다. 그렇기 때문에 세계 각지로부터 집적된 영양염을 포함한 물이 우리들의 일상생활이나 경제활동으로부터 배출되고, 그 일부가 오사카만으로 흘러들어오고 있는 것이다. 이것이 오사카시를 둘러싸고 있는 내만, 즉 오사카만의 숙명이다.

3.2. 오사카만의 수질분포

오사카만의 수질은 육지로부터의 유입부하에 강하게 영향을 받음과 동시에 지형과 흐름에 의해 특징되고 있다. 흐름은 조석, 바람, 유입하천수, 공간적인 밀도 변화 등이 혼재하여 형성되는데, 이를 도시하면 그림 3.1과 같다. 대략 $-20m$ 보다 얕은 곳의 만 안쪽이 정체성 수역이며, 당해 해역의 수환경은 심각한 문제를 안고 있다.

오사카만에서는 공적기관이 행하는 계속적인 조사에 더하여, 매립 등의 사업에 따른 사전조사, 사후조사가 실시되고, 그 수질은 모니터링되고 있다. 오사카만에 있어서의 주된 조사 개요를 표 3.1, 그림 3.2-3.4에 나타내었다.

오사카만에 있어서의 하계와 동계의 수질분포(수온, 염분, 투명도, 산소포화도)를 그림 3.5에 나타내었다. 하계에는 오사카만 전체에서 표층 수온이 대단히 높아져서, 만 안쪽에서는 30 ℃를 넘는다. 만 안쪽에서는 염분이 20psu로 낮고, 투명도도 1-2m로 대단히 낮다. 더욱이 저층에서는 산소포화도가 10-20%에까지 저하하고, 빈산소상태가 넓어진다. 동계 수온은 표층과 저층 모두 9℃까지 저하한다. 하천수의 유량이 적은 시기이지만, 만 안쪽에서 표층 염분은 역시 23psu로 낮다. 또한 투명도는 연간을 통해 가장 높아지는 시기인데, 만 안쪽에서는 4m로 낮다.

표 3.1. 만내에 있어서의 대표적인 환경조사

조사명칭	조사항목·빈도	조사기관 또는 집약기관
공공용수역 수질측정조사	수질(연 4회 이상), 저질(연 2회 이상)	지방자치체 환경부국
천해정선조사(특수항목)	수질(일반항목: 매월, 특수항목 : 연 4회)	오사카부립 수산시험장
세토내해 종합수질측정조사	수질(연 4회), 저질(연 1회)	국토교통성 긴끼지방정비국
오사카만 환경보전조사	매월	제5관구 해상보안본부

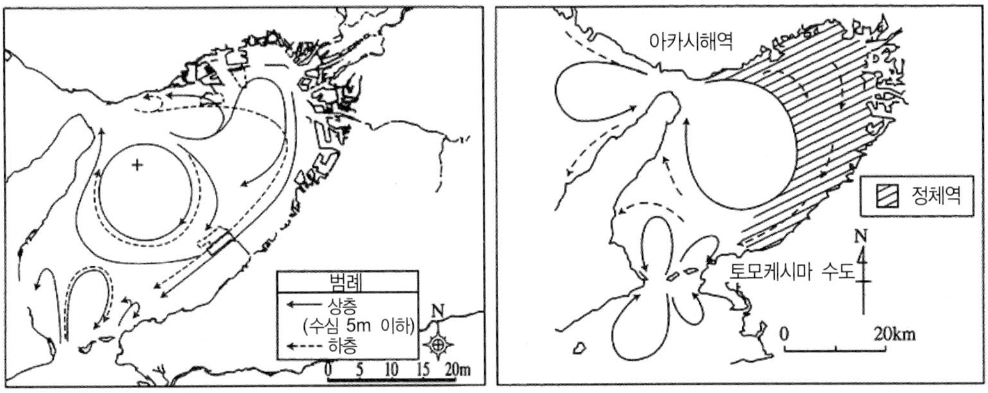

그림 3.1. 오사카만에 있어서의 조석잔차류(좌)와 그것에 관련한 정체역(우) (출전 : 좌 : 우에시마(上嶋) 등(1998), 우 : 후지하라(藤原) 등(1994)).

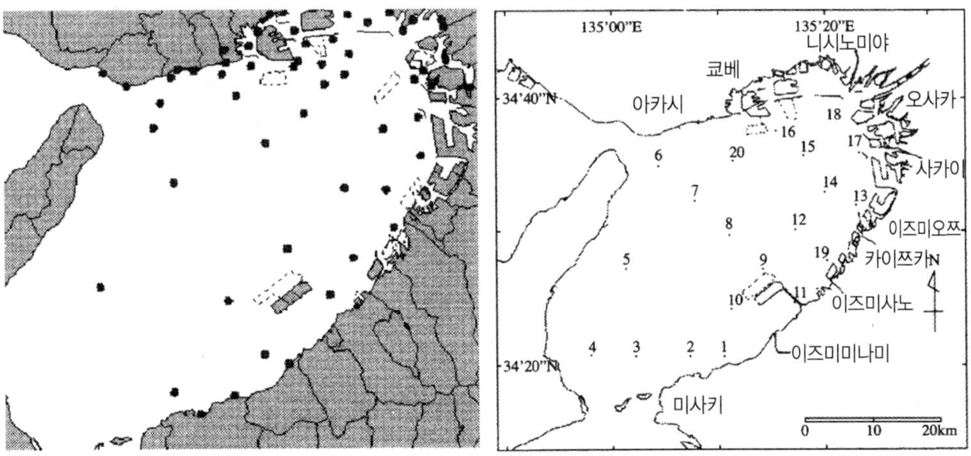

그림 3.2-3.3. (좌측에서 우측으로) 공공용수역 수질측정(해역)(출전 : 국토교통성 오사카만 환경 database), 천해 정선 측정 지점(오사카 부, 2002).

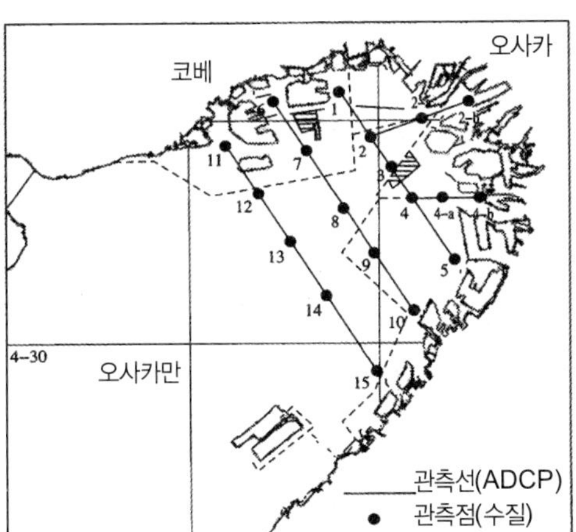

그림 3.4. 유황과 수질조사점(제5관구 해상보안청 본부 HP).

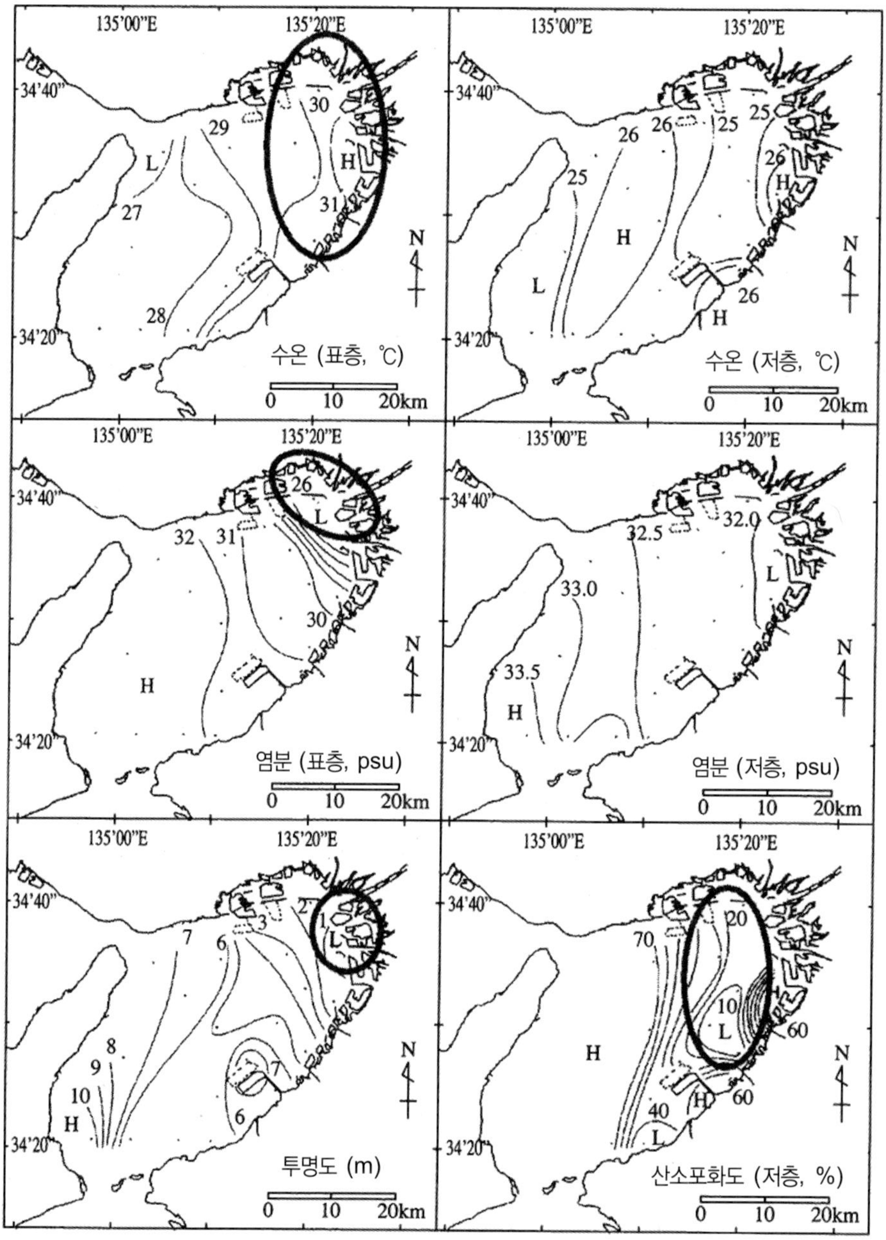

그림 3.5. 천해 정선 측정지점(오사카부, 2002).

이미 기술한 바와 같이 오사카만의 수질을 특징짓는 큰 요인의 하나로서 "성층"을 들 수 있다. 성층이 형성되면 수층간(표층과 저층의 사이)의 물질 혼합이 적어지며, 표층의 용존성 물질은 저층으로 이동하기 어렵게 된다. 즉, 연직혼합이 어려운 상태가 되어, 표층으로부터 저층으로 용존산소가 이동하기 어렵게 되어, 저층에서 빈산소화가 생기는 큰 요인의 하나가 된다.

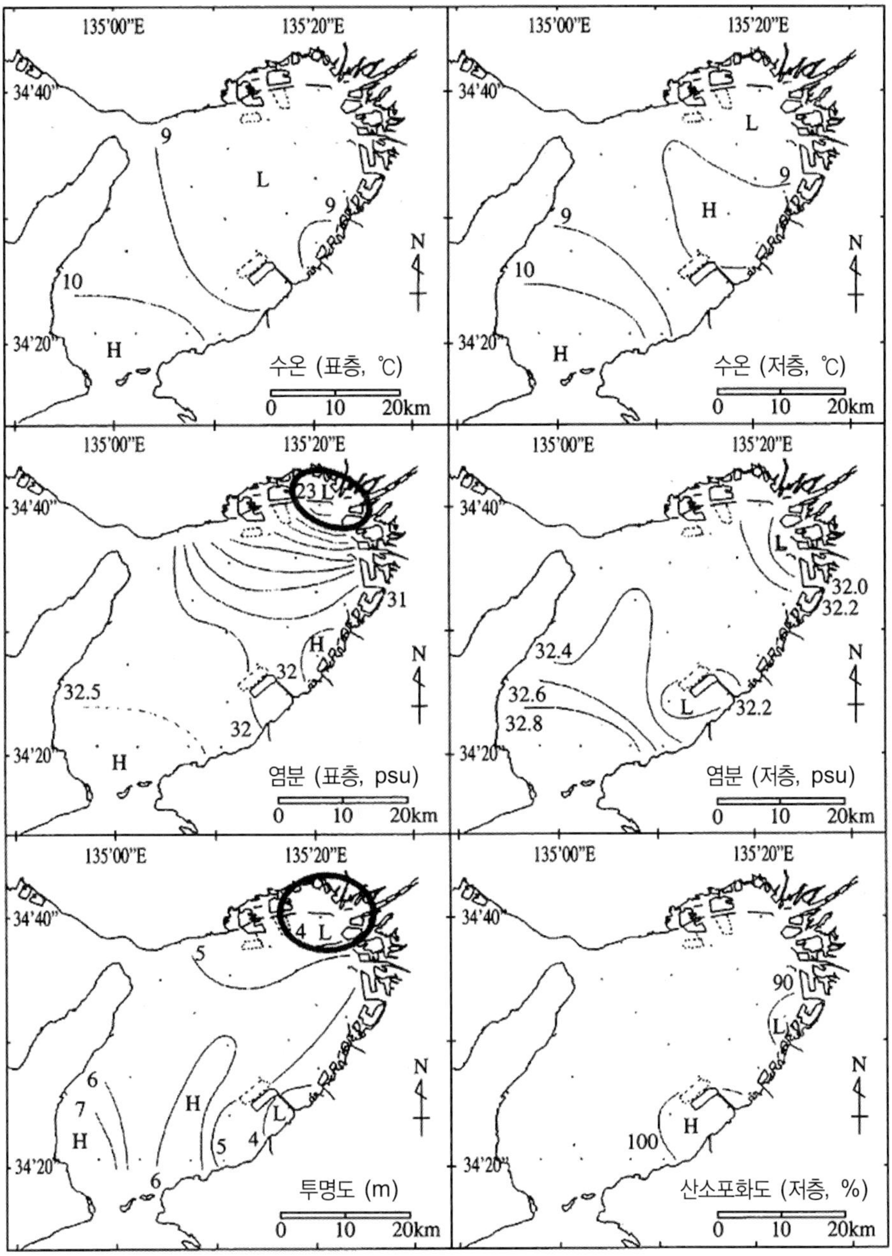

그림 3.5. (2002년 2월).

3.3. 수환경을 나타내는 주요한 지표항목과 그 의미

수환경을 나타내는 항목으로서 환경기준은 수소이온농도(pH), 화학적산소요구량(COD), 용존산소량(DO), 대장균군수, n-헥산 추출물질(유분 등), 그리고 전 질소, 전 인이 있다.

이들 주된 항목이 해역환경 중에서 어떤 의미를 갖는가를 이하에 정리하였다.

가. 유기물 오탁지표

① DO (용존산소)

수중에 용존하고 있는 산소 또는 산소량을 용존산소(Dissolved Oxygen:DO)라고 한다. 수중에 서식하는 생물에게 있어 DO는 그 생사에 직접 관계하는 대단히 중요한 지표이다.

② BOD (생물화학적 산소요구량)

수중에 존재하는 유기물질이 호기성 미생물에 의해 산화분해될 때 소비되는 산소량을 생물화학적 산소요구량(Biochemical Oxygen Demand: BOD)이라고 한다. BOD는 유기물 오탁량을 나타내는 지표의 하나이지만, 시료수 중에 미생물의 활성을 억제하려고 하는 물질이 혼입해 있는 경우는 과소평가하고, 또한 질소오탁이 진행하고 있는 경우에는 과대평가하게 된다.

③ COD (화학적 산소요구량)

산화제를 시료수에 더하여 가열분해하고, 이 때 소비되는 산회제의 양을 산소량으로 환산한 것을 화학적 산소요구량(Chemical Oxygen Demand: COD)이라고 한다. 산화제로서는 과망간산칼륨 또는 중크롬산 칼륨이 사용되는데, 중크롬산 칼륨을 사용하는 쪽이 큰 값이 나온다(일본에서는 통상 과망간산 칼륨이 사용되고 있다). COD는 시료수 중에 환원성 무기이온(Cl^-, S^{2-}, Fe^{2+} 등)을 많이 함유하고 있으면 과대평가될 우려가 있다. 또한, 어느 것도 시료수중에 함유되는 유기물의 전부가 산화되는 것은 아니다.

④ TOC (전 유기탄소)

상술한 바와 같이 환경기준에 명기되어 있는 BOD나 COD라고 하는 지표는 수중의 유기물의 양을 정확하게 나타내고 있다고는 말하기 어려운 지표이다. 이에 대하여 유기물에 반드시 함유되어 있는 탄소를 측정하여, 이 탄소량에 의해 유기물량을 나타내는 지표가 있다. 그것이 전 유기탄소량(Total Organic Carbon: TOC)이다. TOC는 주로 연소, 적외선분석법에 의해 유기물이 연소할 때 생기는 이산화탄소를 측정하여 이것에 의해 유기물에 함유되어 있는 탄소량을 정량화하여 나타내고 있다.

나. 부영양화 관련지표

① T-N (전 질소)

질소는 유기태 질소와 무기태 질소로 대별된다. 유기태 질소는 아미노태나 단백태 등의 함질소유기화합물로서, 입상 유기태질소(PON)와 용존 유기태질소(DON)로 분류된다. 한편, 무기태 질소는 암모니아태 질소(NH_4-N), 아질산태 질소(NO_2-N), 질산태 질소(NO_3-N)로 분류된다. 이들 무기태 질소는 수중에 용존한 상태로 존재하기 때문에 이들을 총칭하여 용존무기태 질소(DIN)라 부른다. 식물플랑크톤은 암모니아태 질소 또는 질산태 질소의 형으로 흡수한다. 또한 입상 유기태 질소, 용존유기태 질소, 용존무기태 질소를 합친 질소 또는 질소량을 전 질소(Total Nitrogen: T-N)라 부른다.

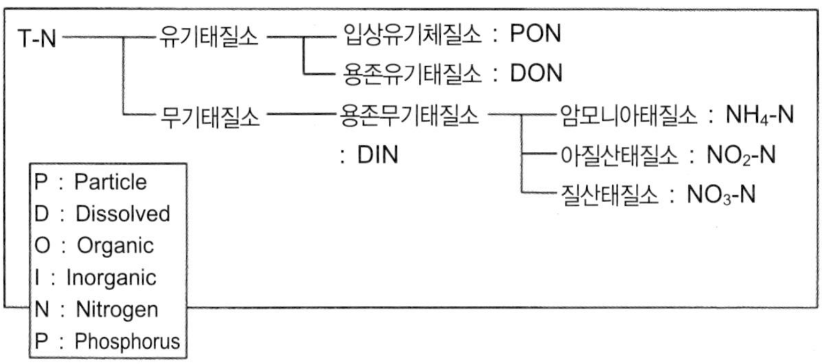

그림 3.6. 질소의 상태.

② T-P (전 인)

인도 질소와 마찬가지로 입상태 인과 용존태 인으로 대별된다. 외양에서는 입상태 인의 대부분은 유기태(POP)로 간주할 수 있으나, 내만, 연안해역에서는 여러 가지 물질에 흡착한다든지, 알루미늄, 철, 칼슘 등과 결합하는 경우가 많고, 이와 같은 형태의 인을 입상 무기태 인(PIP)이라고 한다. 용존태 인은 용존유기태 인(DOP)과 주로 올트린산염인 용존무기태 인(DIP)으로 분류된다. 식물플랑크톤은 용존무기태 인을 흡수한다. 입상태 인과 용존태 인을 합친 인 또는 인의 양을 전 인(Total Phosphorus: T-P)이라고 부른다.

표 3.2. COD, 질소, 인의 의미(출전 : (사)전국어항어장협회, 2003)

항 목	수산동식물 등에 있어서의 의미
COD	해역의 유기성 오탁의 지표. COD의 증가요인에는 유기성의 배수나 해역에서의 플랑크톤의 증가가 있다. 유기물이 미생물에 의해 분해될 때 산소를 소비하고, 그 양이 다대한 경우에는 빈산소화를 초래한다.
전질소 전 인	영양염(질소, 인)은 해역의 기초생산에 있어서 불가결한 것이다. 단, 이들이 과잉이 되면(부영양화) 식물플랑크톤의 과증식을 초래하여 적조를 발생시키게 되는 요인이 된다. 전질소 : 1.0mg/l, 전인 : 0.09mg/l의 값을 넘으면, 식물플랑크톤의 이상증식에 의해 빈산소 수괴의 형성이 나타나며, 특히 하계의 저층에 있어서는 청조(靑潮)나 고조(苦潮)에 의한 바지락의 폐사와 같은 어업피해를 일으킬 수 있는 상태로 판단된다.

③ 부영양화의 의미

영양염의 상태에 따라 해역이 빈영양역, 부영양역, 과영양역, 부수역(腐水域)으로 구분된다(표 3.3). 일반적으로는 식물플랑크톤이 과잉으로 증가하기 쉬운 수역은 부영양화 수역이라고 일컬어지며, 수치에 의한 명확한 정의는 없는 것 같다. 그러나 부영양화의 가늠자로서는 부영양과 빈영양의 한계치가 T-N: 0.15-0.2mg/l정도라고 하는 예, T-P: 0.02mg/l정도라고 하는 예가 있다. 오사카만의 만구, 만 중앙, 만 안쪽별 DIN의 추이(연평균)를 그림 3.7에 나타내었다. 코베시로부터 오사카시에 걸친 지선의 해역은 영양염 농도가 높아 부영양화 수역인 것을 알 수 있다.

표 3.3. 해역의 영양단계 구분과 그 특징(요시다(吉田), 1973)

특징	부패 수역	과영양역		부영양역	빈영양역
		수 m이상 수역	수 m이내 수역		
수질·생산량					
투명도(m)	1.5이하	3이하		3-10	10이상
COD(ppm)	10이상	3-10		1-3	1이하
무기태N화합물 ($\mu g atm.N/l$)	100이상	10-100		2-10	2이하
용존산소(DO)	표층부근까지 낮거나 또는 무산소 상태 (0-30%)	표층은 과포화, 저층은 무(저)산소 상태(0-30%)	표층은 과포화상태 (100-200%)	표층, 중층은 과포화상태, 수 m 이상의 저층은 불포화상태(30-80%)	표, 중, 저층 모두 포화상태 (80-100%)
황화수소(H_2S)	표층부근까지 인정된다	저층에 인정된다	인정되지 않는다	인정되지 않는다	인정되지 않는다
클로로필_a (mg/m^3)	−	10-200		1-10	<1
기초생산량 ($mgC/m^3/h$)	−	10-200		1-10	1<
저질					
황화물(mg/g)	1.0<	0.3-3.0		0.03-0.3	<0.03
COD(mg/g)	−	30<		5-30	<5
생물					
저서생물(다모류)	소수, 소수종	소수, 소수종	가장 다수, 다수종	다수, 다수종	소수, 소수종
저서생물(갑각류)	−	소수, 소수종		다수, 다수종	소수, 다수종
식물플랑크톤 (세포수/ml)	10^5이하, 소수종	10^3-10^5, 소수종		10^1-10^3, 다수종	10^1이하, 다수종
미생물 박테리아 (세포수/ml)	10^5이하	10^3-10^5		10^2-10^4	10^2이하

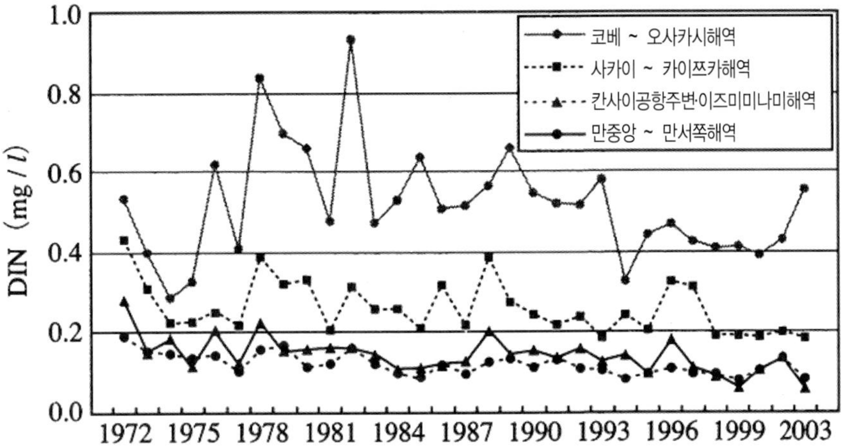

그림 3.7. 오사카만에 있어서의 수질(DIN)의 추이(오사카부, 2005).

3.4. 복합적 요인에 의한 수질악화

가. 바람이 불면 통장수가 돈을 버는 것과 같은 환경악화 과정

오사카만의 환경악화의 요인으로서 다양한 것이 거론된다. 또한 각각의 요인이 서로 관계하여 더더욱 환경악화를 초래하고 있다. 그들을 그림 3.8과 같이 정리하면 "사람이 모이면 빈산소가 만들어진다." 또는 소위 "바람이 불면 통장수가 돈을 번다."와 같은 환경악화와 연관된다. 이와 같은 임팩트에 대한 환경의 응답, 연관은 환경영향 흐름이라고도 불린다. 환경수복, 재생을 생각할 경우, 이와 같은 연관을 정리하여, 요인의 경중에 표적을 붙여서 기술을 서로 얽어 넣을 것, 복수의 요인을 대상으로 한 복수의 수복기술을 조합하는 것(best mix)이 중요하다.

나. 유입부하

수역에 공급되는 유기물이나 영양염은 하천 등을 경유하여 육역으로부터 유입하는 것과 저질로부터 용출하는 것으로 대별된다. 전자를 외부부하 또는 유입부하라고 하며, 후자를 내부부하라고 한다. 또한, 영양염을 이용하여 식물플랑크톤이 증식하는 것을 내부생산이라고 한다.

인간이 활동하는 것에 의해 대량의 부하를 자연계로 배출하고 있는 것은 스스로의 생활양식을 뒤돌아보면 곧 바로 알 수 있다. 인간 한 사람이 하루에 배출하는 COD는 31g/인/일로서, 이 중 70%가 생활권 배수, 30%는 분뇨이다. 생활권 배수 중 55%는 부엌에서, 30%는 목욕탕에서, 13%는 세탁에 의해 발생한다. 또한 인간 한 사람이 하루에 배출하는 질소는

12g/인/일로서 인은 1.43g/인/일이다. 따라서 유역내 생활하고 있는 인구를 알면, 하루 당 당해 유역에서 발생하는 부하량을 구할 수 있다(그림 3.9). 이들이 직·간접적으로 바다로 흘러 들어온다.

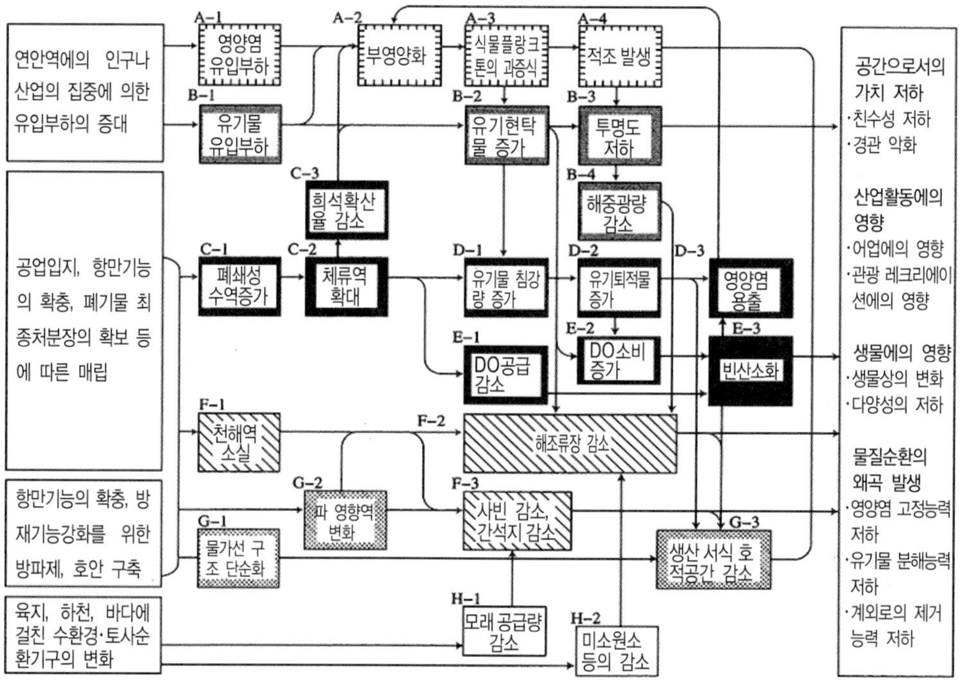

그림 3.8. 환경악화의 연관.

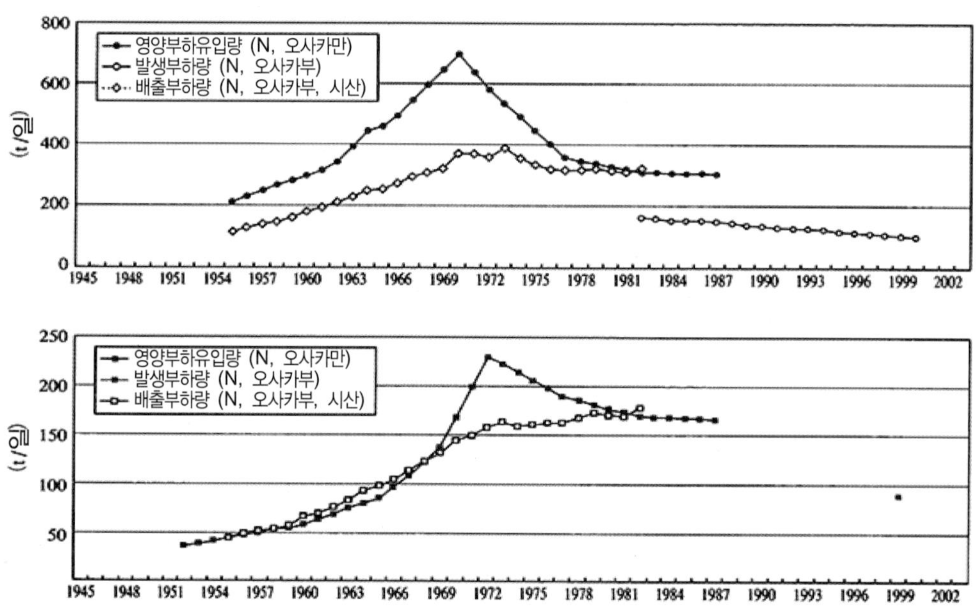

그림 3.9. 부하량의 산출예(오사카부, 2005).

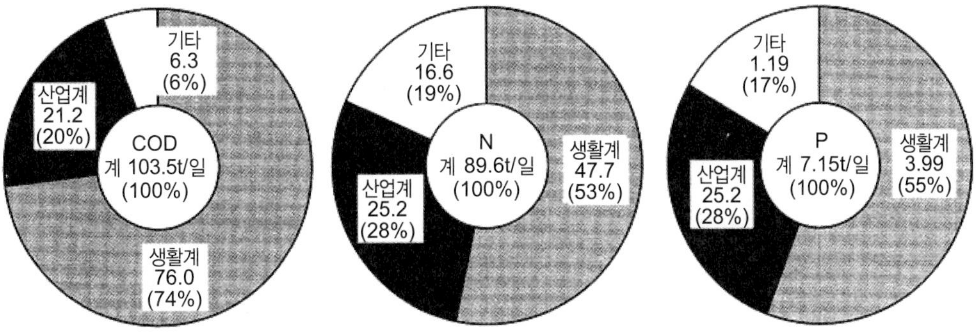

그림 3.10. 발생부하량의 내역(오사카부, 2001).

하수도가 공용수역의 수질보전에 도움을 주기 위해서는 하수도로부터 하천이나 해역으로 방류되는 물의 수질관리가 적정하게 이루어져야만 한다. 이 때문에 하수도법(1958)에 의해 공공하수도 및 유역하수도로부터 방류되는 물의 수질은 일정한 기준을 만족하지 않으면 안 된다. 그러나 하수도처리시설에 의해 유기물이나 영양염이 완전히 제거된 처리수가 수역에 배출되고 있는 것은 아니다. 질소의 경우 이들의 시설에 유입한 약 절반정도가 하천이나 바다로 배출된다. 또한 이들의 배수는 넓게 분산시켜 해역으로 방류되고 있는 것은 아니며, 어느 점에 집중하여 방류되기 때문에 국소적으로 영양염 농도가 높은 해역이 생기게 된다.

예전에는 김 어장에 비료(인분 등)를 뿌리고 있었던, 소위 시비(施肥)를 행하고 있었던 것이다. 하라마나다(播磨灘)에서는 바람이 불면 김이 좋다고까지 일컬어져 김 생산자에 있어서는 오사카만의 더러워진 물(영양염을 많이 함유한 물)이 소중하게 여겨졌다. 그런데 최근에는 영양염이 부족하다고 알려져 있다. 역설적으로 오사카만 남부의 비교적 깨끗한 해역에 면하는 자치제에서는 뒤이어 하수처리장의 정비가 계속 진행되고 있으며 이들 시설은 고도처리(3차 처리) 능력을 가지고 있다. 즉, 영양염이 부족한 해역에서는 고도처리수가 배출되고, 여전히 영양염이 남아도는 만 안쪽 해역에서는 2차 처리수가 배출되고 있다. 최근에는 영양염의 질에 대한 의론도 활발해지고 있다.

다. 부영양화와 적조

해역의 부영양화에 의해 식물플랑크톤이 이상증식하여 적조가 발생한다. 적조는 어개류의 아가미를 막히게 한다든지 그 독성이 어개류를 사멸시켜 큰 문제가 된다. 그 외 과다증식한 식물플랑크톤의 사해가 유기현탁물(detritus)이 되어 침강·퇴적하는 것에 의해 유기오니의 원인물질이 된다. 또한, 적조의 원인이 되는 식물플랑크톤은 먹이연쇄에 있어서의 1차생산자이며, 과다 증식하지 않을 때에는 광합성에 의해 유기물을 만들고 또한 바다 속에 산소를 공급하는 중요한 역할을 하고 있다.

라. 매립

그림 3.11에 매립 면적의 추이와 그 누계를 나타내었다. “오사카만에 있어서의 바람직한 어장환경(1987)”에서는 1965-1971년에 걸쳐 행해진 매립에 의해 $-10m$보다 얕은 곳의 소실면적의 누계가 3,000ha를 넘는 것이 패류의 어획에 괴멸적인 타격을 주었다고 알려져 있다.

1989년에 들어서부터 오사카만에서의 매립은 표 3.4와 같다. 코베공항, 칸사이국제공항 2기사업을 제외한 매립은 최종처분장의 확보, 소각장의 건설 등, 쓰레기 문제의 출구와 밀접히 관계하고 있다. 고도성장기의 공업입지를 위한 매립으로부터 “쓰레기 처리장 확보”의 매립으로 그 목적이 변화해 왔다고 말할 수 있다. 개발과 환경이라고 하는 구도로부터 생활과 환경으로 매립에 관한 환경문제는 그 모습이 변화해 왔다고 말할 수 있다. 참고로 아마가사키항(尼崎港)먼바다 처분장, 이즈미오쯔(泉大津) 먼바다 처분장이 받아들이는 폐기물의 내역을 그림 3.12에 나타내었다. 어느 쪽도 우리들은 매립에 의해 많은 것을 얻고, 많은 것을 잃었다(표 3.5).

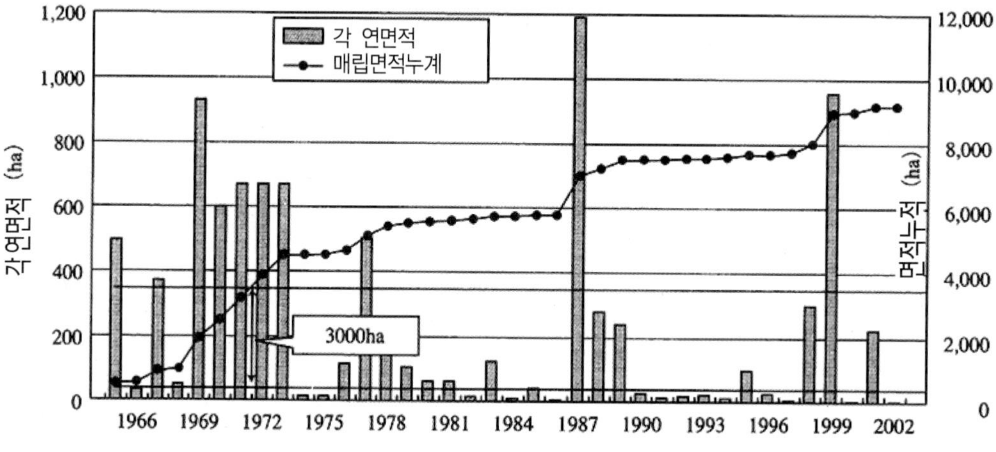

그림 3.11. 오사카만에 있어서의 매립면적의 추이.

표 3.4. 1989년 이후의 매립면허(국토교통성 오사카 환경 database)

면허년	장소	면적(ha)	비고
1989년	사카이이즈미(堺泉) 북항내	203	이즈미오쯔 난바다 phoenix
1997년	코베항(神戸港)내	286	록코미나미 phoenix
1999년	한난항 한난2구(阪南港阪南2区)	142	소각장 외
1999년	코베공항(神戸空港)	272	
1999년	칸사이국제공항(関西国際空港) 2기	545	
2001년	오사카항내	204	phoenix, 항만기능

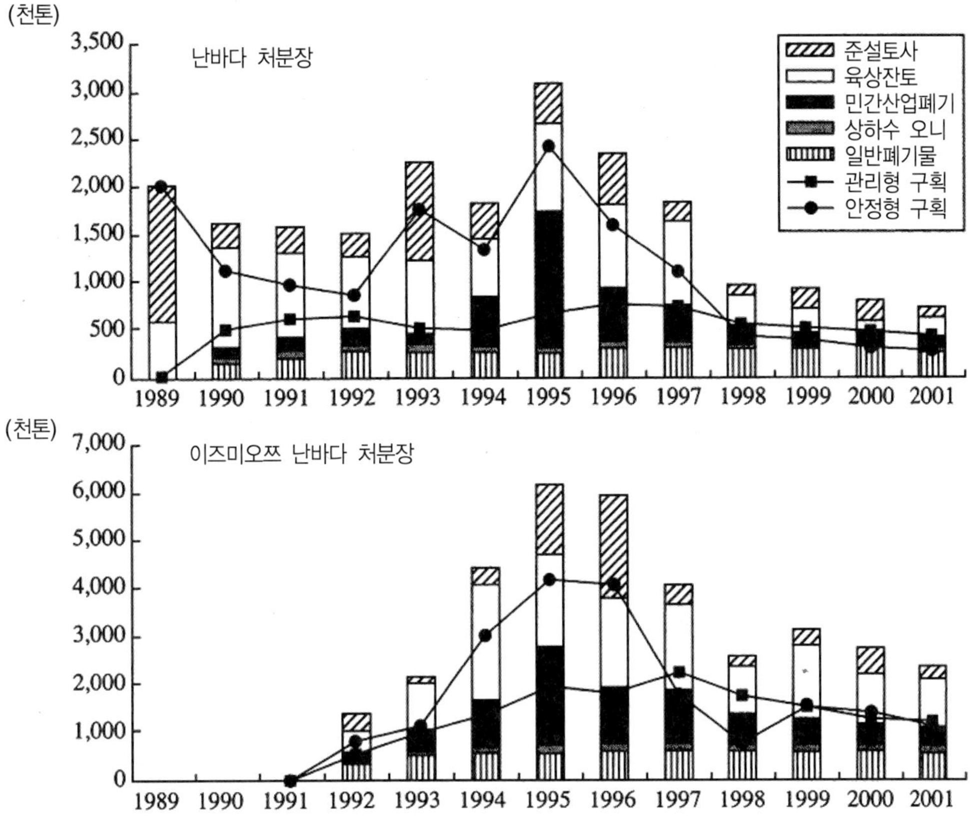

그림 3.12. 최종처분장 쓰레기의 수거 내역(국토교통성 오사카 환경 database).

표 3.5. 매립에 의해 얻은 것과 잃은 것

매립에 의해 우리들(고도성장기의 일본)이 손에 넣은 가치(생산한 가치)
· 매립사업비(공사비) → 시공업자, 재료 제조업자
· 어업보상 → 어업자
· 매립지의 고정자산세 → 지역 시(市)·정(町)·촌(村)
· 입지하는 기업의 법인세 → 지역 시(市)·정(町)·촌(村)
· 매립지에서 생산되는 공업제품의 부가가치 → 입지기업(이익), 사원(급여)

매립에 의해 우리들과 장래의 세대가 잃은 것·가치
· 바다 그 자체, 해조장(海藻場), 간석지
· 바다의 레크리에이션의 장으로서의 가치
· 수질정화기능
· 생물 서식장으로서의 가치
· 바다에 대한 의식 .....

마. 저질의 빈산소화

① 빈산소의 정의

용존산소의 저하가 어개류에 미치는 영향에 대하여는 수산용수기준(1995)에 있어서 표 3.6과 같이 정리되어 있다. 1989년에 개최된 일본해양학회 심포지엄 "빈산소수괴"의 정리에 있어서는 2.5ml/l(약 3.5ml/l) 이하를 빈산소수괴로 부르는 경우가 많다고 되어 있다.

빈산소는 생물에 직접적인 영향을 미침과 동시에 최종적으로는 생성되는 물질이 혐기적 환경하에서는 암모니아나 황화물이 되어, 그들은 생물에 있어서 유해한 물질이기 때문에 저서생물이나 이동성이 낮은 어개류에 다대한 영향을 미친다.

표 3.6. 용존산소의 저하가 어개류에 미치는 영향(1.429mg/l =1ml/l, (사)일본수산자원협회, 1995)

용존산소 (DO)	① 어개류의 치사농도 저서어류 : 1.5ml/l 갑각류 : 2.5ml/l ② 어개류에 생리적 변화를 일으키는 임계농도 어류, 갑각류 : 3.0ml/l 패류 : 2.5ml/l ③ 빈산소와 저서생물의 생리, 생태적 변화 저서생물의 생존 가능한 최저농도 : 2.0ml/l 저서생물의 서식상황에 변화 : 3.0ml/l ④ 어장형성과 저층의 산소농도 어획에 악영향을 미치지 않는 농도 : 3.0ml/l

② 표층은 과포화? 저층은 빈산소화?

식물플랑크톤의 광합성에 의한 유기물의 생산과정은 표 3.7의 식 ①과 같이 나타내어진다. 이와 같은 CNP의 비율, 106:16:1은 Redfield ratio라 불리며, 식물플랑크톤이나 플랑크톤 유래의 유기현탁물의 원소조성비를 나타낸다. 이들 식물플랑크톤 유래의 현탁물은 침강하는 과정을 통해 해저에 퇴적한 후 박테리아에 의해 분해된다. 유기물은 표 3.7의 식 ②와 같이 암모니아, 더욱이 질산태 질소로 분해된다. 이 과정에서 박테리아에 의해 이용되는 산소가 즉 유기물이 분해될 때 소비되는 산소가 된다.

표 3.7. 광합성, 유기물 분해

광합성

$$106CO_2 + 122H_2O + 16HNO_3 + H_3PO_4 \rightarrow (CH_2O)_{106}(NH_3)_{16}H_3PO_4 + 138O_2 \quad ①$$

유기물의 분해

$$(CH_2O)_{106}(NH_3)_{16}H_3PO_4 + 106O_2 \rightarrow 106CO_2 + 106H_2O + 16NH_3 + H_3PO_4 \quad ②$$

$$16NH_3 + 32O_2 \rightarrow 16HNO_3 + 16H_2O$$

해저에 침강·퇴적하는 유기물이 분해되는 것에 의해, 다량의 산소가 소비된다. 이 때 밀도나 온도성층에 의해 표층과 저층의 해수가 연직방향으로 혼합되지 않으면, 저층에서 산소부족이 진행되어 빈산소수괴가 형성된다. 오사카만에서는 하계에는 표층이 과포화, 저층이 빈산소가 되는 상태가 형성된다.

하계의 저층에서 발생, 확대하는 빈산소수괴가 해면 부근으로 용승하면 청조(青潮)가 된다. 오사카만에서는 하계-추계에 북풍이 계속 불어 표층의 해수가 남으로 불어 흘러가는 것에 의해 저층의 물이 끌려가서 표층으로 용승한다. 이 때 북쪽 해안이 수직호안인 장소보다도 사빈이 남겨져 해저가 완만하게 얕아지는 개소의 쪽이 저층의 해수가 용승하기 쉽다. 이 때문에 만 안쪽의 자연해안이 남겨진 코시엔하마(甲子園浜) 등에서 청조가 발생하기 쉽다. 또한, 바람의 힘이나 만의 형상에 따라서는 수직호안으로 둘러싸인 항내에서도 청조가 발생한다.

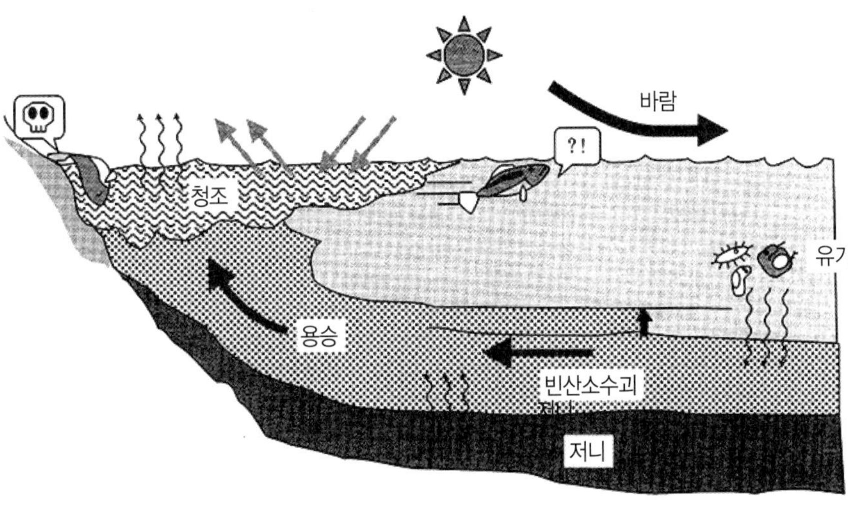

그림 3.13. 청조의 발생 기구(나카쯔지(中辻), 2006).

참고문헌

第5管区海上保安本部ホームページ, http://www.kaiho.mlit.go.jp/05kanku/

藤原建紀・澤田好史・中辻啓二・倉本茂樹, 大阪湾東部上層水の交換時間と流動特徴ー 内湾奥部にみられる高気圧性渦ー, 沿岸海洋研究ノート, 31, 227-238, 1994.

国土交通省, 国土交通省大阪湾環境データベース, http://kouwan.pa.kkr.mlit.go.jp/kankyo-db/

中辻啓二, 大阪湾再生のための基礎講座テキスト, 生態工学研究会, 2006.

大阪府, 平成13年度発生負荷量など算定調査報告書各論. 2001.

大阪府, 大阪府漁場環境保全方針, 2005.

大阪府水産試験場, 大阪府水産試験場事業報告平成14年度. 2002.

(社)日本水産資源保護協会, 水産用水基準. 1995.

(社)全国漁港漁場協会; 水産基盤整備事業における環境配慮ガイドブック. 1995.

上嶋英機・田辺弘道湯・宝田盛康・山崎宗広, 大阪湾で構想されている大規模埋立てによる流動環境変化に関する研究. 日本海岸工学論文集, 45, 1016-1020, 1998.

吉田陽一, 低次生産段階における生物生産の変化. 水圏の富栄養化と水産増養殖(日本水産学会編), 恒星社厚生閣, 92-103, 1973.

제4장__오사카만의 물리 환경

물은 시시각각으로 변동하기 때문에 이를 눈으로 볼 수 있도록 표현하는 것은 지극히 어렵다. 여기에 공간적인 변동을 더하면 한층 더 어려워진다. 이 장에서는 오사카만의 흐름을 그 흐름이 유기하는 물질 이동이나 확산 과정을 누구나 알 수 있도록 전문가가 사용하는 자연과학적인 변환(수식이나 난해한 화살표 등의 표현)을 가능한 한 사용하지 않는 방법으로 서술하고자 노력하였다.

4.1. 오사카만의 유동 특성

오사카만에서는 봄부터 여름에 걸쳐서, 태양의 가열에 의해 상층 수온이 높아진다. 다시 말해 상층수가 가벼워진다. 여름 바다에서 일사에너지는 해면 가까운 수 m층에서 흡수된다. 즉, 무거운 해수 위에 가벼운 상층수가 층상으로 겹쳐 쌓이는 약층구조가 되는데, 그 상태를 성층이라고 한다. 장마나 태풍시에는 바다에 대량으로 공급되는 하천수는 가벼워 성층을 만들게 된다. 성층이 강화되면 연직방향의 흐름이나 혼합은 억제된다. 그 결과, 상층 수온은 더욱 더 상승한다. 한편, 동계의 냉각기에는 바다 표층이 냉각되면 상층수의 수온이 내려간다. 그래서 무거워진 해수는 가라앉게 되고 동일한 밀도 층에 도달할 때까지 침강한다. 그 결과, 침강하는 수괴를 보상하도록 상승류가 생기는 매우 복잡한 거동을 나타낸다. 밀도차에 의해 일단 성층이 발달하면 상층과 하층에서는 다른 흐름의 특성을 가지는 경압(傾圧) 모드가 된다. 예를 들면 상층과 하층에서는 역방향의 흐름이 생긴다. 성층이 붕괴하면 등밀도면과 등압면이 서로 평행하게 되는 순압(順圧) 모드가 되며 상층과 하층에서 동일한 성질을 가지게 된다. 즉, 밀도의 차이에 의해 생기는 성층효과가 수리현상에 지배적인 역할을 하는 수역이 하구이다.

4.2. 오사카만을 동서로 분단하는 조석전선(tidal front)

그림 4.1은 비행기에 탑재한 MSS에 의해 촬영된 해표면의 수온분포를 나타낸다. 여름에는 오사카만 동부는 하천수의 유입이나 해표면 가열에 의해 성층상태, 서부는 해협으로부터의 강한 조류와 난류에 의해 강혼합상태가 된다.

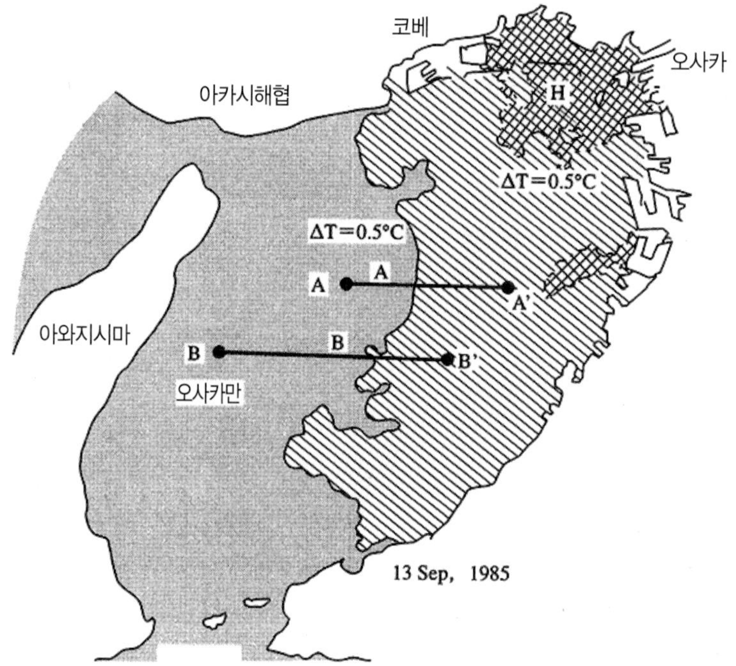

그림 4.1. 비행기에 탑재한 MSS를 이용하여 촬영한 해표면의 수온분포(우에시마(上嶋) 등, 1998).

성층화한 수괴와 연직 혼합한 수괴가 서로 상접하는 경계에 발달하는 것이 조석 전선이다. 그것은 대기에서 보이는 장마전선이나 한랭전선과 동일한 물리 구조이다. 조석 전선은 20m 수심을 따라서 오사카만을 남북으로 종단하듯이 띠 모양으로 퍼져 있다.

그 폭은 때로는 수 km에 이른다. 횡단방향(여기서는 동서방향으로)의 수면의 색이 변하고, 또한 부유물이 모여서 남북방향으로 열을 이루고 있기 때문에 전선은 선박에서도 용이하게 관찰할 수 있다. 양 해역으로부터 수렴해 온 표층수는 전선을 사이에 끼고 침강한다. 그래서 조석 전선은 양호한 어장이 되고 있다. 그림 4.2는 조석 전선을 횡단하는 해표면에서 측정된 수온, 염분과 밀도차를 각각 나타낸다. 그들은 폭이 4.4km이다. 그 값은 불연속으로 변화하고 있는데, 그 차는 각각 1.5℃, 3psu, $3.5\sigma_t$로, 놀라울 정도로 큰 값이다.

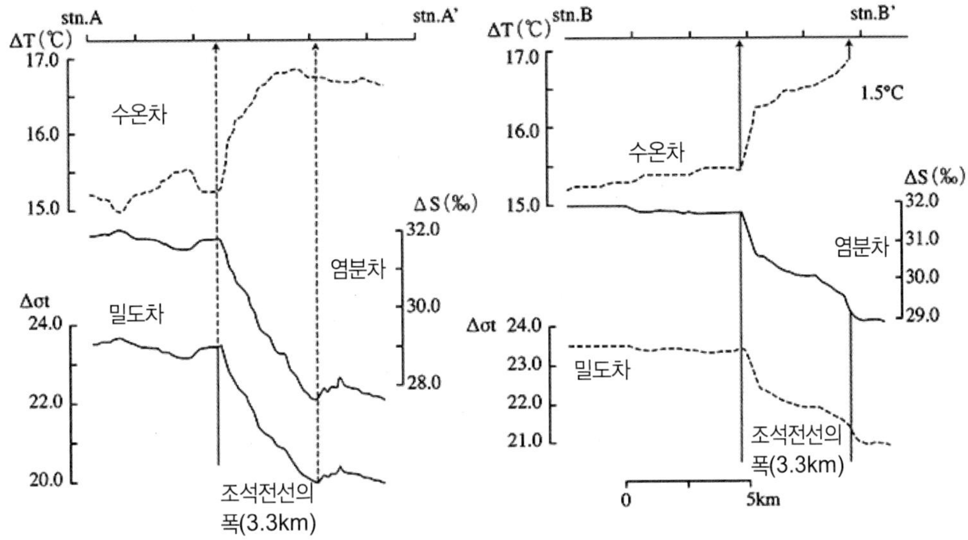

그림 4.2. 조석전선을 횡단하는 해표면에서 측정된 수온과 염분, 및 밀도분포 (Yanagi and Yakahashi, 1988).

물질 이동과 확산을 조사하기 위하여 입자추적에 의한 가시화실험을 행하였다. 여기서는 질량을 가지지 않는 가상적인 입자를 상정하였다. 일정시간 step당의 입자의 이동거리는 어느 위치에서의 시시각각 변동하는 유속과 확산계수를 미리 알고 있으면, 용이하게 계산할 수 있다. 그림 4.3은 오사카만, 만 안쪽의 수심 1m 및 9m 수층에 입자를 각각 배치하고, 2조석 주기 동안에 걸쳐서 입자추적을 행한 결과이다. 만 안쪽의 그림 중의 ○는 입자의 초기위치를, ●는 수심 1m층, ■는 9m층에 위치하는 입자의 유적을 각각 나타낸다. 오사카만의 만 안쪽에서는 하천으로부터의 담수유입과 해표면의 열수지에 의해 복잡한 밀도류 현상을 나타내고 있으며, 유동은 3차원적으로 변화한다. 만 안쪽의 북동부에 위치하는 입자는 밀도류의 영향을 받아서 상하층에서 다른 유적을 보인다. 특히 요도가와(淀川) 하구 부근의 상층 입자는 코베 난바다를 향해 운반되고 있는 것을 알 수 있다. 한편, 아카시(明石), 이즈미미나미(泉南)를 잇는 수심 20m 선상에 배치된 입자는 상하층 모두 아카시 해협으로부터 발달한 강한 순환류에 붙잡혀 조석 전선을 따라 2조석 주기 사이에 10km이상을 수송되고 있다. 이 경향은 그림 4.4에 나타내는 토이바나타(樋端) 등(1991)에 의한 만 안쪽에서의 현지관측결과와 잘 일치한다.

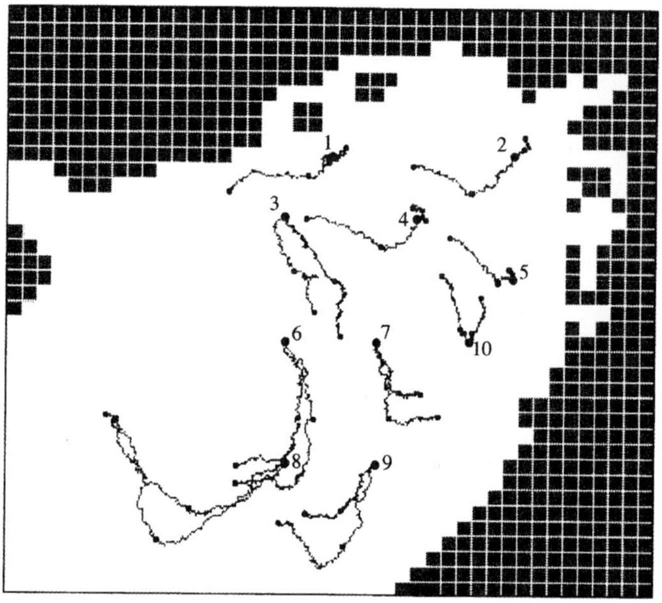

그림 4.3. 오사카만 안쪽의 수심 1m 및 9m 층에서 방류된 입자의 유적선 (3차원 경압적인 흐름의 수치계산).

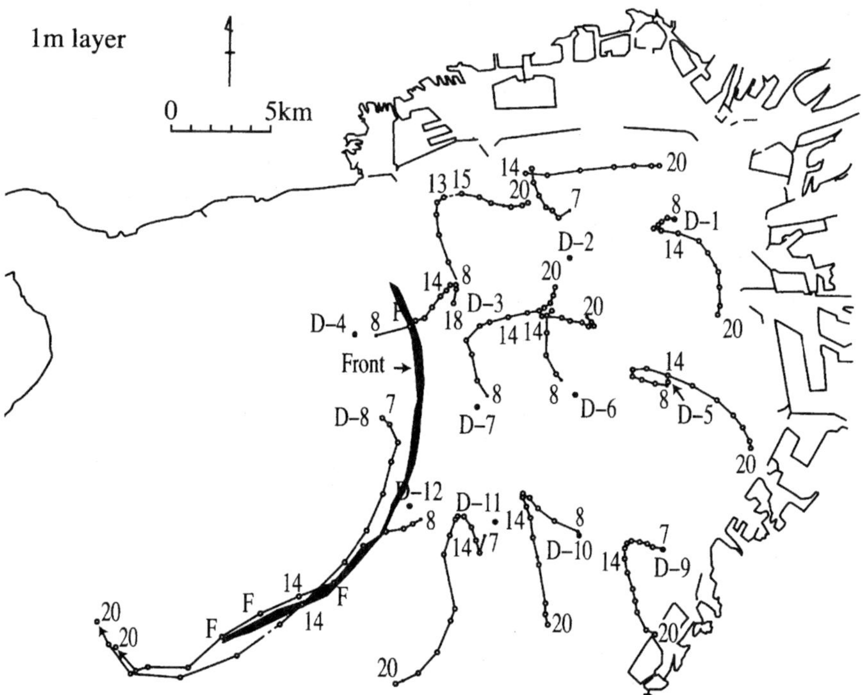

그림 4.4. 오사카만 안쪽 정체성 수역에서 실시된 부표의 추적결과(토이바나타(樋端) 등, 1991).

4.3. 오사카만에서 관찰되는 대규모적인 와류

그림 4.5는 1987년 12월 23일에 인공위성 M-1이 촬영한 해표면의 탁도 분포를 나타낸다. 촬영한 때의 조류는 아카시 해협에서 서쪽 방향으로 최대, 키탄(紀淡)해협에서 북쪽 방향으로 최대가 된 때이다. 아카시 해협의 동서방향 수위차에 의해 발생된 흐름은 분류(jet flow)와 같은 세력으로 오사카만으로 유입한다. 해협의 남서부를 향하는 버섯구름 모양으로 보이는 수괴는 탁한 물에 의해 가시화되어 명료한 와류 구조를 나타내고 있다. 그것은 서로 역방향의 순환을 가지는 이동형 와대(渦対)의 형상이다. 와대는 박리점에서 발생한 와류를 운반하는 역할을 한다. 또 하나 흥미로운 점은 하리마나다(播磨灘)계의 수괴(희고 탁한 색)와 하천유량이 큰 만 안쪽의 수괴(순 흑색)와의 경계가 명료하게 나타나고 있다는 점이다. 이것은 그림 4.1에서 나타낸 조목(潮目, 또는 조경(潮境))에 상당한다고 생각된다.

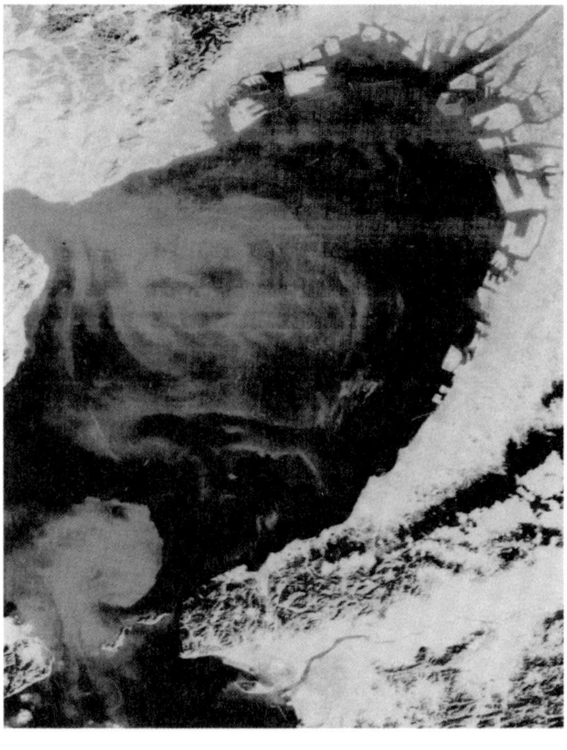

그림 4.5. 기상위성 MOS-1이 촬영한 아카시 해협 서향류 최강시의 와대
(와대와 만 안쪽 사이에 명료한 조석 전선이 보인다).

4.4. 오사카만을 유동하는 요도가와 홍수류의 동태

홍수시의 요도가와 홍수의 퍼짐(확산, spreading)은 어떤 모습일까? 그림 4.6은 히라카타(枚方) 수위관측소에서 유량 6,270m^3/s을 기록한 후 6시간 20분후에 NOAA가 포착한 오사카만의 해면수온분포이다. 홍수시는 강우가 많고, 반면에 구름 낀 날에는 구름이 많다. 따라서 본 사진은 위성화상에서 홍수유출을 포착한 매우 드문 예이다. 얻어진 정보는 해표면에서의 상대적인 수온분포이며, 적, 황, 녹, 청으로 변하는 데 따라서, 해표면의 수온은 상대적으로 낮아진다. 후술하는 바와 같이 평상 유량시의 요도가와 하천수는 남하하는 것으로 알려져 있다. 그러나 요도가와 하천수는 홍수시에는 코베 난바다를 통과하여 아와지시마(淡路島)를 따라 퍼지는 것이 같은 그림에서 나타나 있다. 수평 1km, 연직 7층의 3차원 수치실험(Nakatsuji et al., 1994)에 따르면, 성층상태에서 퍼지는 하천수의 규모가 Rossby 변형반경 보다 커지면, 난바다로의 퍼짐이 억제되고, 북반구에서는 오른쪽 해안측을 따라 coastal jet를 형성하면서 유동하는 것을 알 수 있었다. 오사카만에서의 Rossby 변형반경은 약 10km이다. 성층하고 있다고는 하지만, 오사카만 규모의 유동운동에 대하여도 지구자전의 영향이 미치고 있다고 하는 것은 믿기 어렵다. 요도가와 홍수류에 대하여 이와 같은 밀도류적인 특성이 지속하는가 아닌가는 조류와의 대소관계에 의해 정해진다. 해표면상을 넓게 확산한 후의 하천수의 거동은 밀도류적 특성을 잃고, 조류에 의해 운반된다.

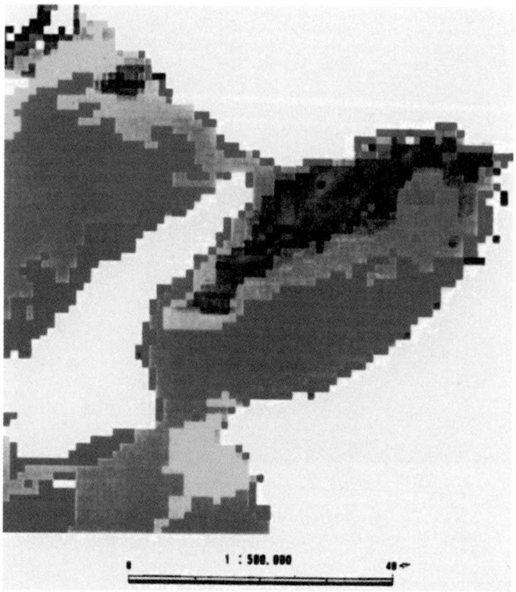

그림 4.6. 기상위성 NOAA가 포착한 요도가와 홍수류의 확산(요도가와 하천수는 지구자전의 영향을 받아 폭 10km 평균유속 약 0.3m/s로 코베시로 진행한다).

4.5. 오사카만의 유동을 측정한다: 눈으로 보이지 않는 와류를 계측한다

가. 잔차류 시스템

연안 해역에서는 주기가 수 초, 파장이 수 m의 풍파에서부터 반일주기, 1일 주기의 육풍, 해풍이나 조류, 계절변동 또는 대양의 쿠로시오 등의 영향을 받은 경년변동까지 다양한 주기를 가진 유동이 계층구조를 가지고 존재하고 있다. 그 중에서 에너지가 큰 유동은 달과 태양의 기조력에 의한 해면의 승강운동, 그리고 그 해면경사에 의해 발생하는 해수의 왕복운동을 나타내는 조류를 들 수 있다. 조류는 반일주기(12시간 25분) 또는 1일 주기(24시간 50분)성분의 탁월한 주기로 왕복운동을 하고 있다. 해빈을 배회하면서 해면을 바라보고 있으면 조수가 차고 그리고 끌려 나가는 것을 볼 수 있다. 표류물의 움직임을 따라가 보면 1/2주기 사이는 예를 들면 북향의 흐름으로 운반되면 나머지의 1/2주기의 기간은 남향으로 운반된다. 물질은 조류에 의해 시간, 공간 규모가 작은 난류(예를 들면 풍파)에 의해 확산하면서 조류의 왕복운동에 의해 운반된다. 따라서 연안해역의 물질 수송에는 조류가 지배적인 흐름이라고 생각하기 쉽다. 그러나 그렇지는 않다. 왕복운동을 하고 있는 경우에는 표류물은 1주기 후에는 원래의 위치, 또는 그 주변으로 되돌아 올 것이다. 수일 수개월이 지나도 표류물은 원래의 위치 주변에 떠돌고 있을 것이다. 그러나 실제는 그렇지는 않다. 그들은 어느 틈엔가 어딘가로 운반되어 원래의 위치 부근에서는 보이지 않게 된다. 표류물은 그림 4.7에 나타내는 바와 같이 원래의 위치로부터 1주기 후에 다른 위치로 운반된 셈이다. 이 수송에 관여하는 흐름을 잔차류라고 부른다. 이것은 흐름의 변동성분을 1조석 주기로 적분한 경우 나머지의 정상류성분(定常流成分)으로서 정의된다. 종래에는 조류의 시계열을 조화분해한 때의 평균류 성분에 상당하는 것이기 때문에 이것은 항류(恒流)라고 불리어 왔다. 항류가 대상으로 한 주기마다 다른 것은 기이하기 때문에 지금은 조류성분(또는 주기성분)을 제거했다고 하는 의미에서 잔차류라고 불린다. 따라서 조류주기 이상의 시간에 걸쳐서 물질의 수송과정을 생각하는 경우에는 잔차류가 물질 수송을 분담하며, 조류주기보다 짧은 변동 전부가 난류확산으로서 수송에 관여하게 된다.

그림 4.7. 조류의 주기운동과 잔차에 의한 1주기마다의 입자의 이동궤적.

나. 오키노세(沖ノ瀬) 환류

최근의 연안해양연구에 다대한 공헌을 한 것은 ADCP에 의한 3차원방향 유속의 현지관측과 그들의 수치 시뮬레이션이었던 것은 주지의 사실이다. 특히 아카시(明石) 해협의 오사카만 쪽의 해역에서 4척의 관측선에 탑재한 ADCP를 동시에 48시간 연속, 왕복시킨 관측(Fujiwara et al., 1997)은 종래형의 1점 계류관측과는 비교되지 않을 정도의 자료 제공을 가능하게 해 주었다. 그림 4.8은 연속관측으로 얻은 유속분포의 일례이다. 아카시 해협으로부터 오사카만에 유입하는 조류는 jet 모양으로 유입하여, 오사카만에서 퍼져나가는 모습을 파악할 수 있다. 동 그림과 같은 평면유속분포가 임의 수심에서 얻어질 수 있는 것이 ADCP의 이점이다.

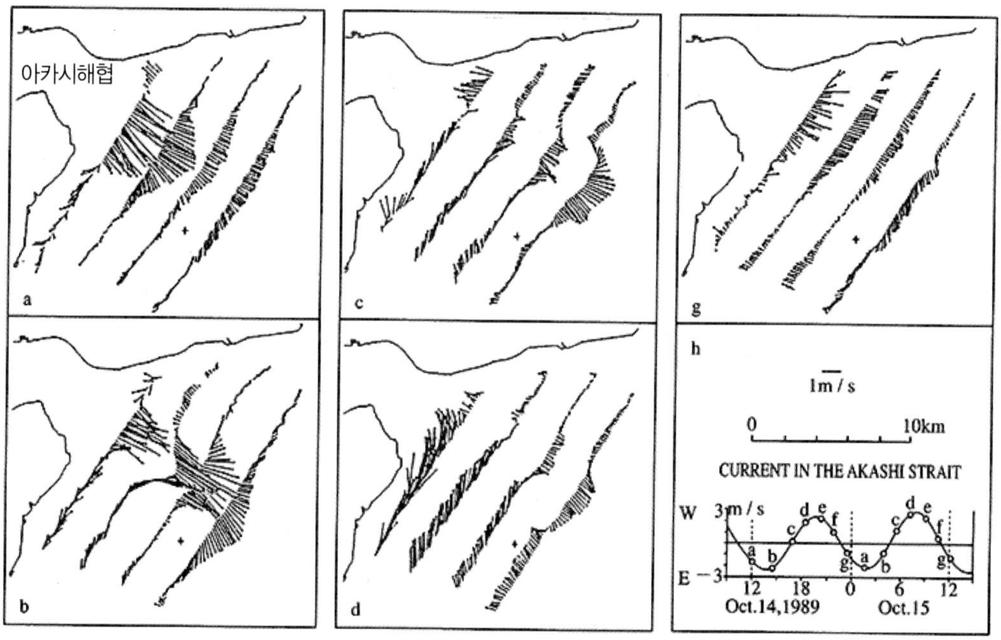

그림 4.8. 4대의 ADCP를 사용하여 48시간 연속 관측된 아카시 해협 주변의 유속분포(오사카만으로는 jet flow모양으로 유입하고 양 변두리에는 와대(渦対)의 발달이 보인다).

이 유속변동을 1조석주기 동안 적분하여 얻어진 것이 그림 4.9이다. 실측하여 얻어진 세계 최초의 잔차류이다. 이 그림을 통해 우리는 놀라울 정도로 명료한 순환을 형성하고 있는 것을 알 수 있다. 이 순환류는 수심방향으로 변화하지 않고, 연직방향으로 균일하다는 점에서 그 생성기구는 아카시 해협의 지형과 조류의 비선형작용이라고 추정할 수 있다. 이 순환류는 대조기에 발달하고, 때로는 조류성분의 최대값에 필적하는 유속에 달하는 경우도 있다. 환류의 중심부에는 운반되어 온 토사가 집적하여 침강·퇴적하며, 작은 산을 해저에 형성한다는 점에서 천뢰(淺瀨, 얕은 여울)의 이름을 붙인 나카노세(中ノ瀬)환류라 칭하고 있다.

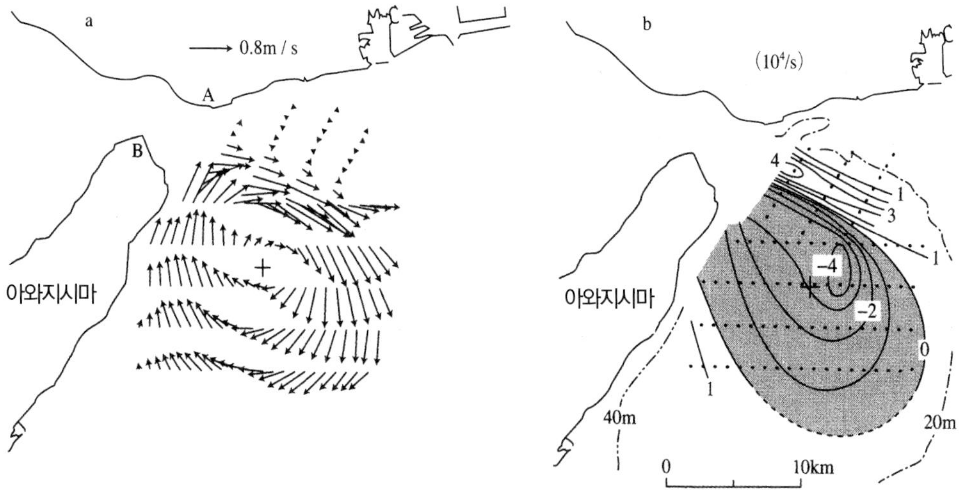

그림 4.9. 관측으로 얻어진 유속변동을 1조석 주기 동안 적분하여 얻어진 (a) 잔차류, (b) 잔차와도(渦度)의 수평분포.

그림 4.10(좌측)은 해양 레이더로 계측된 표층유속의 평면분포를 나타낸다 (나카쯔지(中辻) 등, 2000). HF 또는 VHF 레이더에서는 시간과 공간의 내삽이 복잡해져서 불확실한 평균값을 1시간마다 얻는 결점이 있어서, 실용에는 미치지 못하였다. 전력중앙연구소가 고안한 DBF 레이더에서는 15분마다의 계측이 가능하게 되어 계측정도가 보다 향상하였다. 그림 4.10(우측)은 30조석 주기 동안 적분하여 얻어진 잔차류의 분포, 또한 그림 4.11은 3차원 수치실험(나카쯔지(中辻)·후지하라(藤原), 1995)에서 얻어진 잔차류 분포를 비교하기 위해 게재하였다. 오키노세 환류의 위치 및 환류의 규모나 강도는 어느 경우에도 잘 일치하고 있다고 판단된다.

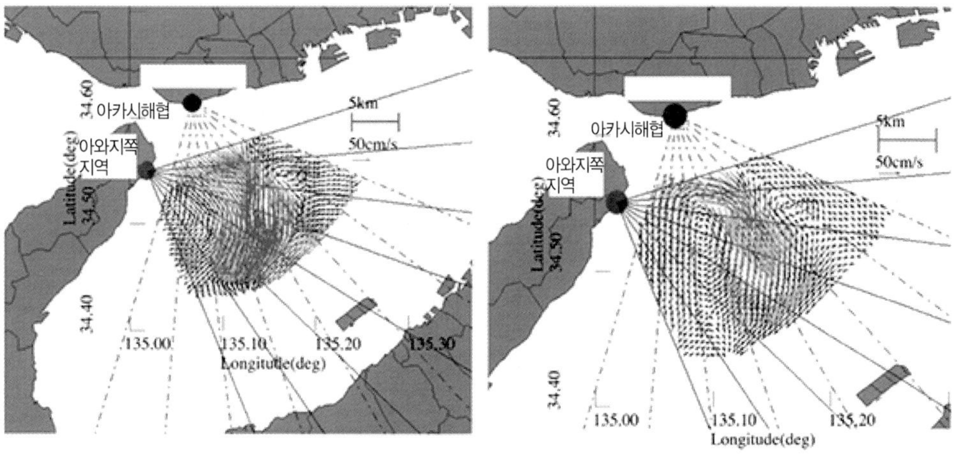

그림 4.10. DBF 해양 레이더에 의해 관측된 표층유속의 잔차류.

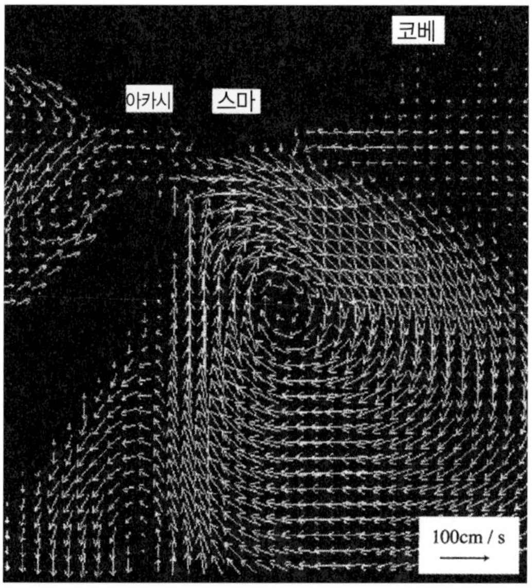

그림 4.11. 3차원 수치계산에 의해 얻어진 잔차류 시스템.

다. 니시노미야오키(西宮沖) 환류의 생성기구와 하구순환(estuary circulation)

그림 4.12는 ADCP를 사용하여 계측한 요도가와 하구 주변의 잔차류의 수평분포를 나타낸다. 수심 1m에서는 잔차류 시스템에는 계통이었던 경향은 보이지 않는다. 그러나 3m 수심에서는 요도가와 하구 전면을 가로지르는 0.3m/s 정도의 순환류의 존재를 인식할 수 있다. 게다가 8m 수심에서는 유속값은 작아지지만, 그 경향은 인정된다. 요도가와 하구를 가로지르는 흐름이 왜 생기는가 이것이 니시노미야오키(西宮沖) 환류에 흥미를 가진 계기가 되었다.

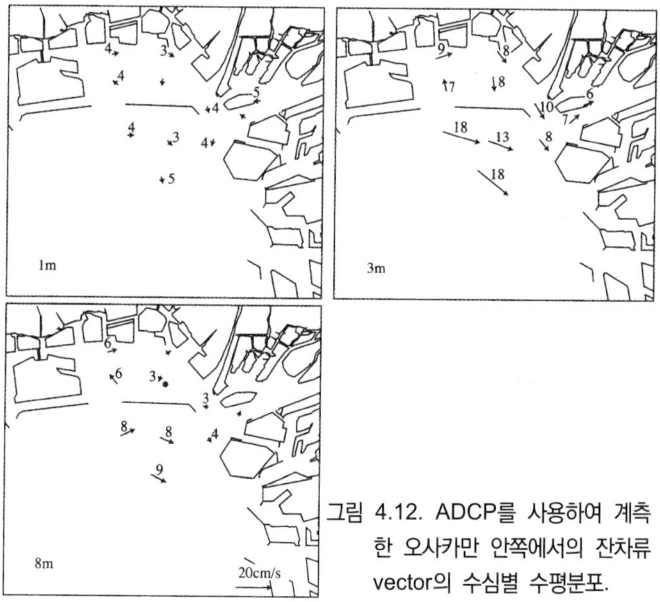

그림 4.12. ADCP를 사용하여 계측한 오사카만 안쪽에서의 잔차류 vector의 수심별 수평분포.

유체역학에 기초한 설명은 너무 전문적이기 때문에 모식도(그림 4.13, 그림 4.14)를 이용하여 개요만을 기술한다. 오사카만은 하구역이며, 그 공급원은 하천으로부터 유입하는 육수이다. 유입한 하천수는 저염(低塩)으로 해수보다 가볍기 때문에 해표면에서 방사상으로 퍼져 나간다. 그 과정에서 상층수는 하층수를 끌어 들인다(즉 연행(連行)한다). 한편, 하층수는 상층에 잡혀들어가기 때문에 그것을 보충하는 형태로 하구로 향하는 흐름이 하층에 생긴다. 즉, "하층에서 유입한 해수는 상층으로 연행되어 상층에서 유출하는" 연직순환류가 형성된다. 이 순환은 하구순환이라 불리며 예로부터 알려져 있는 하구밀도류 특유의 현상이다.

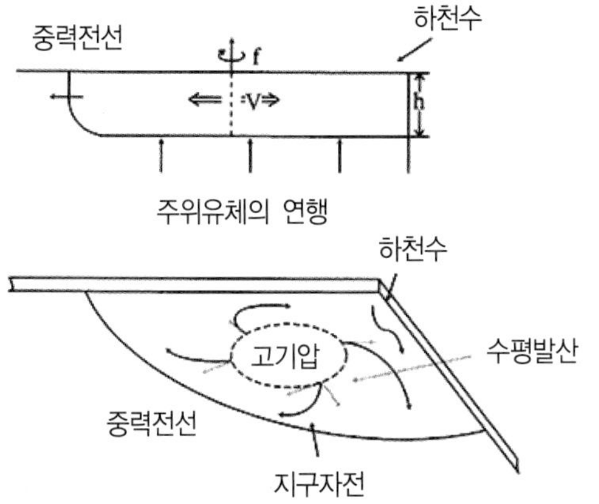

그림 4.13. 만 안쪽을 연직방향으로 2층으로 나눈 하천 box model.

그림 4.14. 입자추적으로부터 얻어진 흐름의 모식도.

하구순환에 의해 하층수는 용승하여 상층과 섞이고, 상층에서 수평 발산한다. 이 수평 발산(방사상으로 퍼져가는 흐름)은 지구자전효과에 의해 고기압성의 시계방향의 순환을 일으킨다. 역학적으로는 압력경사에 의한 힘과 코리올리힘이 서로 균형을 이룬 흐름이다. 이 흐름은 등압선에 평행하며, 고압부를 오른쪽으로 보는 방향을 따라 흐른다. 즉 준지형류이다. 하구 연직순환이 고기압성 시계방향의 수평순환을 일으키는 기구가 나카쯔지 등(1994)의 3차원 baroclinic(경압성) 흐름의 수치실험, 및 후지하라 등(1994)의 이론해석으로부터 밝혀졌다. 오사카만에서는 고기압성 순환이 니시노미야오키(西宮沖)에 나타나기 때문에 그것은 니시노미야오키(西宮沖) 환류라고 불린다. 태풍시 유입하는 저기압성 순환을 상상한다면 이 구조를 용이하게 이해할 수 있다.

4.6. 수치모형에 의한 오사카만내 흐름의 가시화

수리모형실험에서 염료를 흘려서 유동을 가시화하듯이 수치모형실험에서도 입자를 흘려서 3차원적인 거동의 시간변화를 animation으로 볼 수 있다. 여기서는 요도가와 하구로부터 1만개의 입자군을 방류하여 그들의 거동을 추적하는 수치실험의 결과를 나타내었다. 입자군의 거동을 바탕으로 입자의 순환기구를 모식적으로 나타낸 것이 그림 4.15이다. 시시각각 3차원적으로 이동하는 입자군의 움직임을 지면상에서 3차원적으로 묘사하는 것은 어렵다. 그래서 입자의 위치를 수평분포(위 그림)와 연직분포(아래 그림)로 나누어 작성하였다. 연직방향의 분포는 동서방향의 연직단면에 모든 입자를 정사영(正寫影)시켜 나타내었다. 입자의 궤적을 볼 수는 없지만 3차원적 거동은 파악할 수 있다(상세는 나카쯔지 등(2000)을 참조하기 바란다).

요도가와로부터의 하천수는 니시노미야오키 환류에 운반되어 우선 남으로 향하고 약 8일간 동부해역의 상층을 시계방향으로 운반된다.

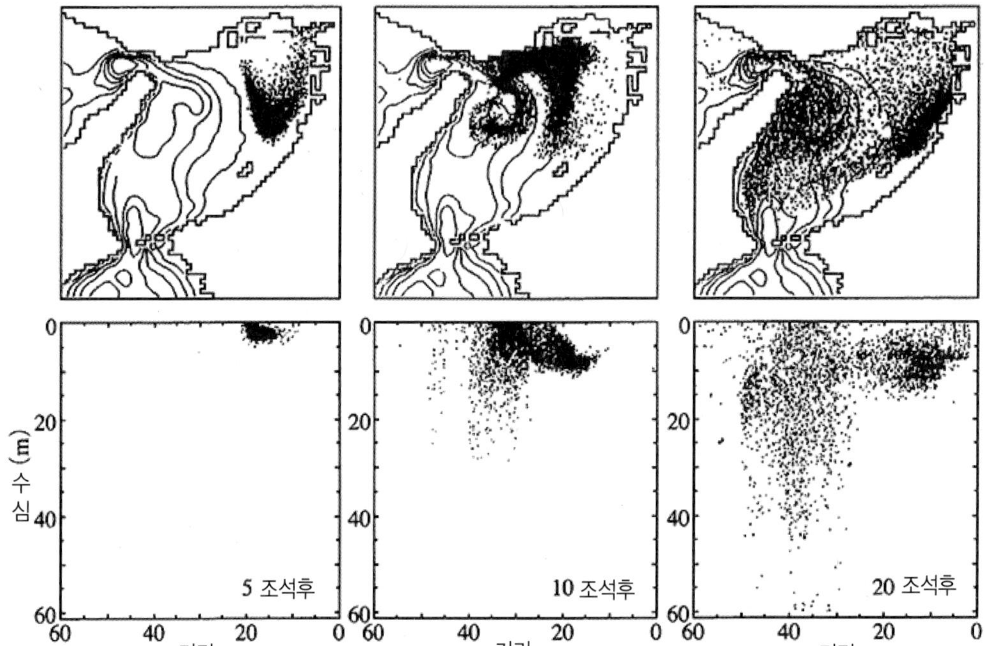

그림 4.15. 요도가와로부터 방류한 현탁입자군의 3차원적 거동

(위 그림은 현탁입자군의 수평방향분포, 아래 그림은 동서방향 단면에 정사영한 입자군의 연직방향분포를 각각 나타낸다).

이 사이에는 연직방향의 확산은 거의 없고, 입자군은 침강하면서 해표면을 기는 듯이 하면서 얇게 퍼져나간다. 그 후 스마오키(須磨沖)에서 만의 서부로 들어가 아카시 해협으로부터의 강한 조류와 만난다. 그 결과, 연직방향으로 강하게 혼합하여 입자군은 크게 확산한다. 10일 후에는 아와지시마의 해안을 따라 남하하는 입자군과 동부 해역의 성층화한 경계면의 하층을 만 안쪽으로 향하는 입자군과 분리한다. 후자는 방류입자의 약 30%에 상당하며, 만 안쪽에서 연행되어 상층으로 되돌아간다. 소위 하구 특유의 연직순환이 오사카만에서도 생기고 있다는 것이 수치실험을 통해 밝혀졌다. 이 한 바퀴에는 약 20일의 시간을 필요로 한다. 입자 거동으로부터 고기압성 와류(=니시노미야오키 순환), 조석잔차류(=오키노세 환류), 하구 순환, 조석전선 등 잔차류 시스템이 입자의 수송에 무언가의 관여를 하고 있는 것을 알 수 있었다.

어류의 치자어나 부유유생이 부유 수영을 바꾸어 하구 순환을 수평이동의 수단으로서 사용하고 있는 것이 알려져 있다. 상층에서는 만 중앙을 향하는 흐름, 하층에서는 만 안쪽을 향하는 흐름이 있다. 하층에 있으면 자연히 만 안쪽으로 운반된다. 즉, 수십 m의 연직이동에 의해 수 십 km 규모의 수평이동이 가능하게 된다. 치자어가 유전자적으로 이와 같은 흐름을 검지할 수 있는 능력을 가지고 있어서 오사카만을 순회하고 있는 것을 상상하면 어류도 영리하다고 할 수 있다.

4.7. 하구 순환을 야기하는 하천유입수

3차원 경압류적 흐름모형과 저차생태계의 일차생산을 고려한 물질순환모형을 오사카만에 적용하여 하계에 성층화한 만 안쪽 상층의 1조석 주기당의 유량수지를 조사하였다. 이 경우 오사카만을 만 안쪽과 서부해역으로 분할하고, 또한 연직 2층으로 분리한 box model을 상정하였다.

수심 6m까지를 상층으로 하면, 상층에서는 4,710m^3/s의 유출이 있고, 하천과 하층으로부터 각각 500m^3/s, 4,340m^3/s의 유입이 있다. 이 비교로부터 만 안쪽 상층으로의 해수공급은 하층으로부터의 용승이 주요한 요인이다. 그 값은 하천유입수의 8.8배에 상당한다. 유아사(湯浅) 등(1993)이 현지 관측한 유량, 염분수지로부터 얻은 결과는 만 안쪽 상층으로의 공급은 하천으로부터 120m^3/s, 하층으로부터 4,520m^3/s이었다. 관측값과 계산값이 놀라울 만큼 서로 일치한다. 수치실험에 의해 얻어진 단면평균적인 용승유속은 0.113m/s이다. 이 값은 유아사 등(1993)의 0.113m/s, 야나기 등(1993)의 2.6m/s, 및 후지하라 등(1994)의 이론값 0.069m/s와 거의 유사한 값이다. 1조석 주기 평균하면 하층으로부터 상층으로의 수송량이 얼마나 많은가를 알 수 있다.

4.8. 맺는 말

요 최근 십 수 년 동안의 컴퓨터의 고속화, 기억용량의 증대 및 염가가 진행하고, 수치실험이 수많은 물리현상의 시뮬레이션에 적용되기 시작하였다. 때를 같이 하여 현지관측이나 수리실험의 계측기의 고성능화가 신뢰할 수 있는 자료를 제공하기 시작한 것도 깊이 관련하고 있다. 환경연구는 바로 이러한 은혜를 입고 있는 분야의 하나일 것이다. 여기서는 오사카만이나 토쿄만 등 폐쇄성 내만에서의 관측사례에 있어서도 알 수 있듯이, 종래 안데라 유속계를 계류하여 1점의 수평유속을 재고 있었으나 전자유속계의 개발로 3방향 유속성분을 잴 수 있게 되었다. 나아가 ADCP(Acoustic Doppler Current Profiler)의 출현으로, 3방향 유속성분의 연직방향분포의 계측이 가능해졌다. 한 점에 설치하면 유속성분의 연직분포의 시계열이 얻어진다. 또한 관측선에 탑재하여 돌아다니면 연직단면내의 분포가 얻어진다. 따라서 연직분포를 계측할 수 있게 된 것은 획기적인 것이다. 또한 흰색의 판을 방류하여 비행기로부터 그 거동을 추적하는 방법도, GPS(Global Positioning System)를 사용하여 발신위치를 기록시킬 수 있게 되었고, remote sensing기술도 매우 진보하였다. 이들 계측기의 진보가 수치 시뮬레이션의 고정도화를 요구하고, 이에 부응할 수 있게 되어 수치실험이 도구로서의 가치를 높이고 있다고 말할 수 있다.

참고문헌

Ekman, V.W., Ark. Math. Astron. *Physics,* 2, 1-53, 1905.

藤原建紀, 淡水影響海域におけるエスチュウアリ－循環流と生物·物質輸送. 海と空, 73(1), 23-30, 1997.

藤原建紀·肥後竹彦·高杉由夫, 大阪湾恒流と潮流·渦. 日本海岸工学論文集, 36, 209-213, 1994.

藤原建紀·宇野奈津子·多田光男·中辻啓二·笠井亮秀·坂本　亘, 海洋から瀬戸内海に流入する窒素·リンの負荷量. 日本海岸工学論文集, 44, 1061-1065, 1997.

室田　明, 河川工学. 技報堂出版, 1-313, 1986.

Nakatsuji, K., Muraoka, K., Murota, A., The Yodo river plume spreading in Osaka, Japan. *J. Hydroscience and Hydraulic Engineering,* 27-45, 1994.

中辻啓二·末吉寿明·山根伸之·藤原建紀, 三次元粒子追跡による流動構造の解明. 日本海岸工学論文集, 41, 326-330, 1994.

中辻啓二, 大阪湾における流れの可視化. 月刊“水”, 19-24, 1997.

中辻啓二, 大阪湾における残差流系と物質輸送. 水工学シリーズ94-A-9, A-9-1-28, 1999.

中辻啓二·尹鐘星·白井正興·村岡浩爾, 東京湾における残差流系に関する三次元数値実験, 日本海岸工学論文集, 42, 386-390, 1995.

中辻啓二·藤原建紀, 大阪湾におけるエスチュウアリ-循環機構. 日本海岸工学論文集, 42, 390-400,

1995.

中辻啓二, 海洋: 閉鎖性海域(環境数値流体力学講座2), 数値流体力学, 4, 306-332, 1996.

中辻啓二·西田修三·金漢九·山中亮一, 紀淡海峡における残差流と物質輸送の現地観測. 日本海岸工学論文集, 49, 1071-1075, 2002.

中辻啓二·韓銅珍·山根伸之, 大阪湾における汚濁負荷量の総量規制施策が水質保全に与えた効果の科学的な評価, 日本土木学会論文集, 741(VII-28), 69-87, 2003.

Rossby, C.G., Montgomery, R.B., The layer of frictional influence in wind and ocean current. Phys. *Oceanogr. Meteorol.,* 3(3), 1-101, 1935.

杉山陽一·藤原建紀·中辻啓二·水鳥雅文, 伊勢湾北部海域の密度成層と残差流. 日本海岸工学論文集, 41, 291-295, 1995.

竹内淳一·中地良樹·小久保友義, 紀伊水道に進入する表層暖水と底層冷水. 海と空, 73, 81-92, 1997.

桶端保夫 等, 潮流観測による瀬戸内海環境保全技術に関する研究 中国工業技術試験所研究報告, 8, 48p., 1991.

上嶋英機·田辺弘道湯·宝田盛康·山崎宗広, 大阪湾で構想されている大規模埋立による流動環境変化に関する研究. 日本海岸工学論文集, 45, 1016-1020, 1998.

上嶋英機·湯浅一郎·宝田盛康·橋本英資·山崎宗広·田辺弘道, 大阪湾停滞性水域の流動と水質構造, 34, 日本海岸工学論文集, 661-665, 1998.

宇野木早苗, 沿岸の海洋物理学, 東海大学出版会, 672p., 1993.

山根伸之·寺口貴康·中辻啓二·村岡浩爾, 浅海定線調査データに基づく大阪湾の水質·密度構造の季節変化. 日本海岸工学論文集, 43, 331-335, 1996.

上嶋英機·田辺弘道湯·宝田盛康·山崎宗広, 大阪湾で構想されている大規模埋立による流動環境変化に関する研究. 日本海岸工学論文集, 45, 1016-1020, 1998.

柳 哲雄·水野 裕·星加 章·谷本照己, ボックスモデル法による大阪湾の鉛直速度と粒子沈降速度の推定. 沿岸海洋研究ノート, 31(1), 121-128, 1993.

Yanagi, T., Takahashi, S., A tidal front influenced by river discharge. *Dynamicc Atmos. Oceanogr.,* 12, 191-206, 1988.

湯浅一郎·上嶋英機·橋本英資·山崎宗広, 大阪湾奥部の循環流とリンの循環. 沿岸海洋研究ノート, 31(1), 93-107, 1993.

제5장__오사카만에서의 환경재생과 환경수복기술

일본 국내에서 자연환경재생의 정책이나 사업이 본격화한 것은 2001년에 "21세기 고리의 나라 만들기 회의"에 있어서 "자연재생형 공공사업" 추진이 제언되었고, 또한 2002년에 "신생물다양성국가전략"이 책정된 후 "자연재생추진법"이 시행되고부터이다. 이와 관련하여 내각부의 종합과학기술회의에서 환경분야의 중점연구과제로서 거론된 것이 "자연공생형 유역권 도시재생기술연구"이었다. 이 기술연구의 주도권으로서 도시·유역권에 있어서의 자연재생의 모형연구가 실시되어 왔다. 한편, 자연재생추진법에 기초한 숲, 하천, 바다를 대상으로 한 유역권에서 자연재생협의회가 전국에서 전개되어, 2007년까지 18개의 프로젝트가 실시되었다. 이와 병행하여 폐쇄성 해역을 대상으로 한 전국바다의 재생프로젝트가 2003년 토쿄만, 2004년 오사카만, 2006년 이세만과 히로시마만에서 각각 개시되어, 국토교통성을 주체로 관계지자체와 기관에 의한 추진회의가 설치되어 재생행동계획이 책정·착수되었다.

이런 중에 바다의 환경재생에 필요한 환경수복기술의 개발연구는 아직 충분하지는 않으며 현재는 기술의 효과나 기능 확인이 뒤따르고 있다. 또한, 기술의 다양성도 결핍한 상태이다. 따라서 안전하고 안심할 수 있는 수복기술이 요구되고 있는 가운데, 기술의 효과검증을 대상해역에서 실제로 사용한 실험이 필요하다. 게다가 해역의 환경문제와 재생목표에 맞는 기술을 선정하는 데 있어서는 기능평가나 단일기술이 아니라 기능이 서로 다른 수복기술을 최적으로 조합하는 것(best mix)에 의한 상승효과를 확인하는 것이 중요하며, 이것은 기술의 투자 대 효과를 고려하는 데 있어서도 필요하다.

이러한 과제를 해결하기 위한 선구적인 실험이 폐쇄성이 강한 오사카만 안쪽의 아마가사키항(尼崎港)에서 2001년부터 2003년에 실시되었다. 이 실험은 환경수복기술의 최적조합의 효과와 각 기술의 기능을 확인하기 위한 실증실험으로서 환경성이 2001년 처음으로 실시한 "환경기술개발추진사업(실용화연구개발과제)"의 제안공모로 채택된 "폐쇄성 해역에 있어서의 최적환경수복기술의 패키지화" 과제를 들 수 있다. 각종 기능을 가진 기술을 동일해역에 조합하여 행한 실증실험(field consortium)은 아마가사키항을 제외한 국내외

어떤 곳에서도 그 예를 찾아보기 힘들다. 현재는, 각지에서 이와 같은 실증실험이 전개되고 있으며, 그 결과 효과가 보증된 수복기술이 더 많이 탄생하기를 기대한다.

5.1. 오사카만의 환경

폐쇄성이 강한 오사카만에서는 인구나 산업의 집중에 따른 과대한 유입부하나 매립에 의한 지형 개변에 의해 수질은 물론 저질의 악화가 진행되었다. 또한, 다양한 생물의 서식장인 간석지, 해조장 등 수심이 얕은 장소의 소실이 해역의 자정능력의 저하를 초래하였다. 이 결과, 하계에는 저층이 빈산소화하고, 생물이 서식할 수 없는 해저가 오사카만의 약 1/3의 해역으로 넓혀져 가고 있다. 이와 같은 환경악화의 원인을 경감 혹은 제거하기 위해 유입부하의 삭감, 인공 간석지나 해조장의 조성에 의한 환경수복이 시도되어 왔다. 그 결과, 수질에 대하여는 어느 정도 개선되었으나 여전히 빈산소수괴가 대규모로 발생하고 있고, 바람직한 어장환경이라고는 말하기 어려운 상태가 계속되고 있다. 오사카만의 환경이 재생되지 않는 요인으로서는 저질로부터의 영양염 용출, 얕은 지역의 소실이나 빈산소수괴의 작용에 의해 생물 또는 생태계가 담당해 온 해역의 자정작용이 괴멸적인 타격을 입은 것 등이 생각된다. 환경악화의 원인과 결과가 비교적 명확한 한 방향의 악화(그림 5.1중의 검은 화살표)가 복합적인 요인에 의해 순환형의 악화(그림 3.1중의 흰 화살표), 즉 연안환경의 악순환이 정착한 때문이라고 말할 수 있다.

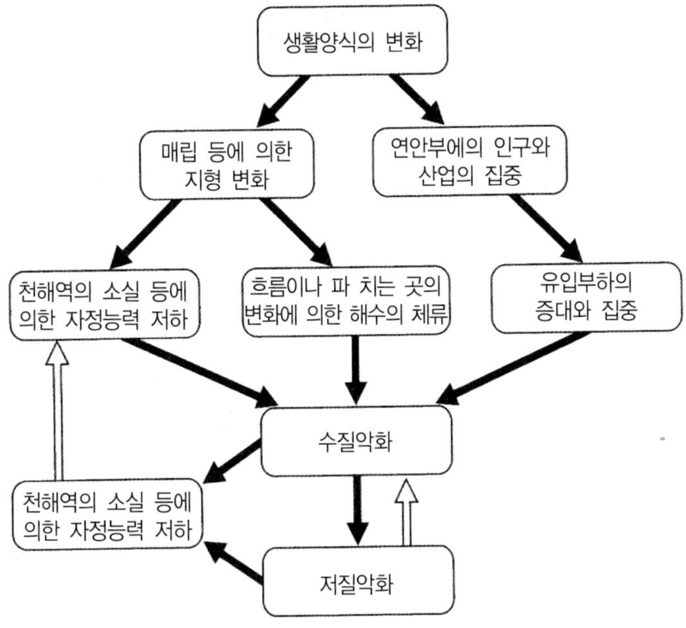

그림 5.1. 환경악화의 연관과 악순환.

이와 같은 악순환은 폐쇄성이 더욱 강한 항내나 인공도의 배후에 형성된 수로상의 해면, 운하에 있어서 특히 현저하다. 환경의 악순환을 개선하기 위해서는 단일기술만으로는 어렵고 다른 복수의 기술 조합이 필요하게 된다. 또한, 악순환을 호순환으로 전환하기 위해서는 기술을 계속하여 반복해서 현지에 적용할 필요가 있다.

5.2. 환경재생의 동향과 과제

가. 환경재생의 동향

오사카만에서는 도시재생특별조치법에 기초하여, 2003년 오사카만재생추진회의가 설치되어, 도시 인프라로서의 오사카만의 재생이 진행되고 있다. 오사카만재생에서는 한층 더 육역으로부터의 유입부하삭감대책의 강화, 해역에 있어서의 양호한 환경 회복에 의한 수질정화대책 등 오사카만의 수환경의 개선대책을 강구함으로써 바다와 도시의 연결에 중점을 두는 종합적인 바다의 재생을 위해 몇 가지 어필 포인트에 대하여 NPO나 시민이 참가한 가운데 다양한 대처가 이루어지고 있다. 또한 국토교통성에 의해 운하의 매력재생프로젝트사업이 설립되어 2007년도부터 아마가사키항(尼崎港)내의 운하가 모델지역이 되어, 운하의 매력을 재발견하고, 지역의 개성을 살린 수변에 어울리는 공간 만들기, 수상 네트워크의 구축에 의해 운하를 핵으로 한 매력 있는 지역만들기가 진행되고 있다.

고도성장기에는 매립 대상이었고, 그 결과 환경이 현저히 악화한 연안역이지만, 지금 다시 도시의 인프라로서의 수변의 존재와 가치가 새롭게 인식되어, 환경 수복과 재생이 진행되고 있다.

나. 환경재생의 과제

연안역의 환경재생을 진행하기 위해서는 수요(needs), 구조, 기술의 각 조건이 갖추어질 필요가 있다(그림 5.2). 수요는 연안의 환경을 잘 가꾸고 싶다는 시민의 수요와 인식이다. 도시주민의 바다에 대한 의식 결여가 지적되고 있는데, 주민이 바다의 존재와 거기서의 문제를 의식하고 그 원인이 일상생활에서 기인한다는 사실을 얼마나 인식할 수 있을까가 과제이다.

조직은 시책으로서의 사업의 조직, 그리고 예산조치이다. 공공재로서의 바다를 누가 어떤 시책으로 재생하는가? 그 때 어떤 예산을 쓸까? 등 경계가 없는 바다에 있어서도 행정의 종적인 관계가 큰 과제라고 말할 수 있다. 그리고 기술이다. 기술에 대하여는 다음 절에서 아마가사키항내에서의 대처를 예로 하여 과제를 나타내기로 한다. 이들 수요, 조직, 기술의 균형이 잡힐 때 처음으로 도시연안역의 환경재생이 나아갈 수 있다. 현재 상황은 높은 수요와 함께 시민이나 NPO에 의한 soft적인 대처가 이루어지고 있지만, 인프라로서의 바다에 대한 hard적인 대처가 잘 나아가지 않고 있다.

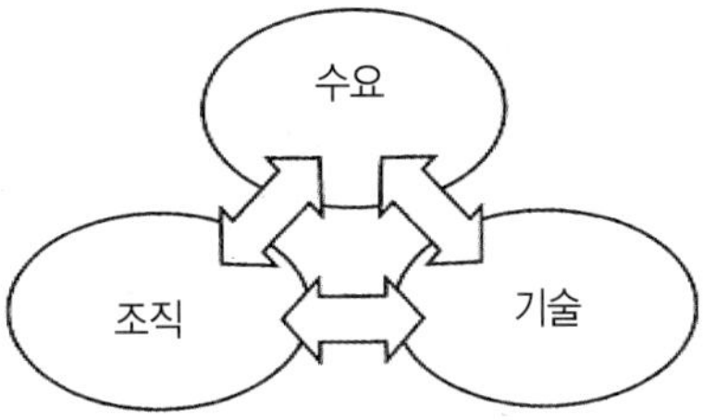

그림 5.2. 환경수복을 진행하기 위한 과제.

5.3. 아마가사키항(尼崎港)내에 있어서의 환경수복기술의 효과 검증

기술적인 과제를 해결하기 위한 조직으로서 아마가사키항내에 있어서의 환경수복의 대처를 이하에 소개한다. 최적 기술의 조합을 실 해역에 적용하여, 효과를 실증한 후, 사업화를 향한 걸음을 옮긴 사례이다.

가. 연구의 범위 설정

오사카만의 가장 만 안쪽에 위치하는 아마가사키항(尼崎港)내에 있어서 복합적인 요인에 의해 악화한 항내의 환경을 수복하기 위해, 몇 가지 기술을 조합하여 적용하는 환경수복기술의 best mix의 시도가 그림 5.3의 수순으로 진행되었다.

여기서는 기존의 자료 및 보완조사에 기초하여 항내에 있어서의 물질순환구조를 정리하고, 항내환경의 진단이 실시되고 있다. 또한, 환경 악화의 원인을 명확히 하기 위하여 수복목표 및 목표달성을 위한 기본방침을 표 5.1 및 표 5.2와 같이 설정하고 있다.

나. 실증실험시설과 연구내용

환경 악화의 각종 원인에 대한 수복조치를 보다 효과적으로 조합하여 종합적으로 실시하기 위해 여기서는 ① 부체식 해조장, ② ecosystem 호안, ③ 인공 간석지, ④ 석적제(石積堤)를 이용한 폐쇄성 간석지, ⑤ 유황제어 등의 각 기술을 조합하여 실 해역에 적용하고(그림 5.4), 각 기술의 기능과 조합에 의한 상승효과를 검증하였다.

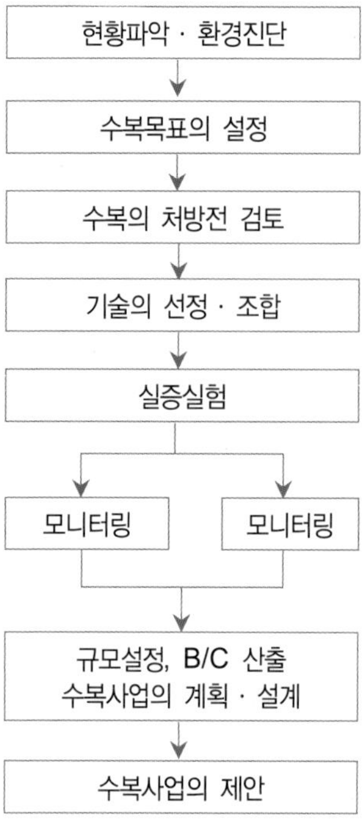

항목		목표	현황
수질	투명도(연 평균)	$5m$ 이상	$2.5m$
	DO(하계 저층)	$3.0mg/l$ 이상	$0mg/l$

① 하수처리수의 부하삭감에 대하여는 본 연구의 대상조치에 포함하지 않음
② 수복기술이 항내외에서 새로운 환경영향을 미치지 않을 것
③ 자연 에너지를 이용할 것(화석연료를 소비하지 않을 것)
④ 유지관리가 필요치 않을 것
⑤ 자연 재료를 사용할 것
⑥ 항만기능에 지장을 미치지 않을 것

그림 5.3. 항내에 있어서의 환경수복 흐름도.

1) 부체식 해조장

아마가사키항내에서는 투명도가 매우 낮기 때문에 언제나 최적의 광환경을 확보하기 위한 해조장 조성수법으로서, 부체식을 채용하였다. 부체식은 수심이 깊은 장소에서 해조류의 생육이 가능한 수심대의 기반을 조성하기 위한 비용을 경감할 수 있다. 부체에 사용한 벌(筏)은 길이 1m, 폭 3m로 이것을 3기 설치하였다. 벌에 10종류의 해조류 종묘를 이식한 로프를 수하하여, 생장을 관찰하였다. 주된 성과는 이하와 같다.

① 10종의 해조류로부터 해조장 구성 최적종이 미역이라는 것을 명확히 하였다.
② 해면 $100m^2$당 30-100kg(습중량)의 미역 수확이 가능하였다. 이것은 질소량으로 0.6-2kg에 상당한다.
③ 수확한 미역의 순환형 이용방법으로서 퇴비화, 초임계수 및 메탄발효에 의한 가스화를 실증하였다. 그 결과, 초임계수에서는 해조류 중의 탄소의 7.8%를, 메탄발효에서는 해조류 중의 탄소의 34%를 메탄으로서 회수할 수 있다는 사실을 알았다.

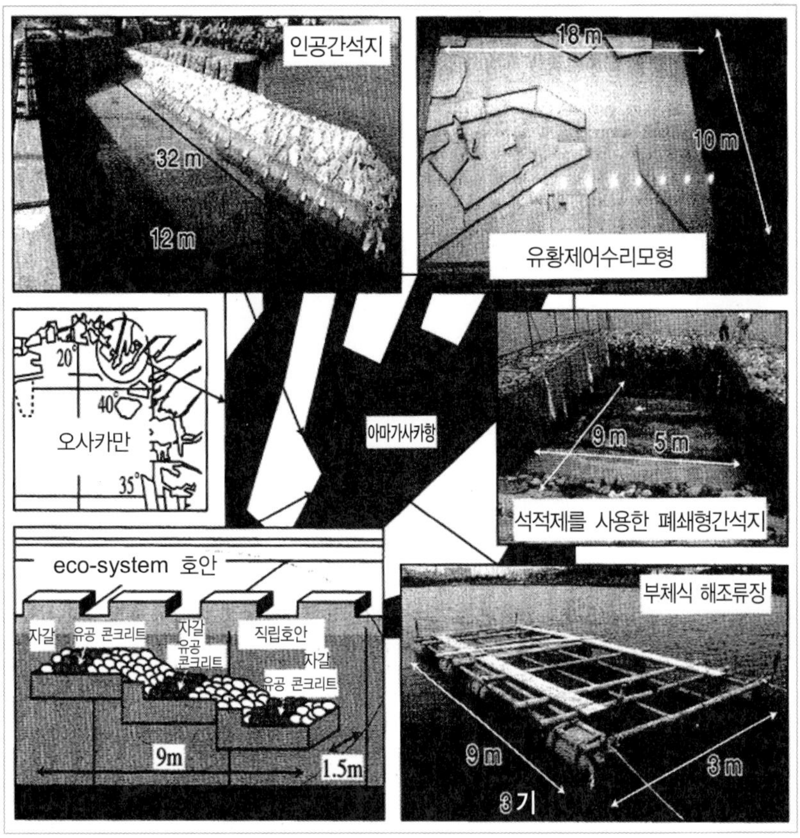

그림 5.4. 실증실험시설의 개요.

2) ecosystem 호안

ecosystem 호안은 직립호안에 있어서의 생태계 회복과 해저로의 퇴적물 부하량의 삭감을 목적으로 한 것으로, 기존의 수직호안에 부설하였다. 하나의 선반은 호안을 따라 3.0m의 연장과 바다측으로 1.5m의 폭을 가진다. 이 선반을 DL-0.5m, DL-1.0m, DL-1.5m로 설치하여, 수심별로 생물상과 생물량의 추이를 조사하였다. 주된 성과는 이하와 같다.

① 기설의 수직호안에 비교하여, 선반부에서는 10배 이상의 퇴적물 식자 생물(량)이 확인되어, 다종·다량의 생물 서식이 가능하다는 것이 밝혀졌다.

② 홍합 등 벽면의 부착동물에 유래하는 유기물을 선반부에서 받아들여, 퇴적물 식자 생물이 이용하는 것에 의해 해저로의 부하량을 종래의 수직호안에 비하여 64% 삭감할 수 있었다.

③ 해저로의 유기물 부하를 삭감하는 것에 의해 빈산소를 초래하는 해저에서의 산소소비량을 11% 삭감할 수 있고, 항내의 저층 DO농도의 개선에 기여하는 것이 밝혀졌다.

3) 인공간석지

인공간석지는 항내의 지반이 연약하여 비교적 지반이 양호한 개설의 호안을 따라 1/50의 경사를 가진 길이 32m, 폭 12m의 규모로 하였다. 또한, 간석지 면적의 2/3을 조간대로, 1/3을 조하대로 하였다. 조성한 간석의 물리적 환경 및 생물상의 변화를 모니터링함과 동시에 인위적으로 바지락을 넣어 성장과 생간에 대하여 조사하였다. 주된 성과는 이하와 같다.

① 3-7월 사이에 바지락의 성장에 의해 간석지 $1m^2$당 질소 18.8g, 인 1.86g이 흡수, 고정되는 것을 확인하였다.

② 정온성이 높은 곳에서는 홍합 등의 이매패가 매트를 형성하여, 바지락 등의 생육을 방해하는 것으로 드러났다. 이에 대한 대책으로서 간석지면에 소규모의 돌기상의 구조물을 두어 생기는 와류(渦流)가 저질에 인위적인 요란을 일으켜, 이매패에 의한 매트의 형성을 억제하는 효과를 실증하였다.

4) 석적제를 이용한 폐쇄성 간석지

바다 속의 현탁물을 제거하여 수질을 정화하는 기술로서 석적제로 둘러싼 폐쇄성 간석지를 조성하였다. 시설은 전체의 제체연장이 41m, 제체폭이 난바다 전면에서 4m, 측면에서 1.5-2m이다. 석적제로 둘러싼 폐쇄성 간석지는 폭 5m×만 안쪽으로의 길이 5m의 사각형으로 되어 있다. 주된 성과는 이하와 같다.

① 석적제에 의한 자갈간의 접촉산화효과에 의하여 최대 75%의 현탁물질 제거율이 얻어졌고, 제내부의 투명도를 높일 수 있었다.

② 정온성 및 투명도가 높기 때문에 내부에서는 부착 해조류의 활성이 높아져, 광합성에 의한 산소공급이 가능한 것을 확인하였다.

표 5.3. 각 기술이 가지는 기능

기술	기능		
	기능	단위	값
부체식 해조장	용존태의 영양염을 해조류가 흡수·고정	질소 $kg/100^2$ 년	0.6~2.0
eco-system 호안	선반부에 서식하는 생물에 의한 유기현탁물의 제거	%(수직호안에 대한 비율)	64
인공 간석지	이매패가 유기현탁물·퇴적물을 포식하여 제거	질소 $kg/100^2/5$개월	약 2.0
폐쇄성 간석지	자갈 사이의 접촉·산화 등에 의한 현탁물의 제거	%(현탁물 제거율)	최대 75

5) 유황(流況)제어

오사카만은 전체적으로 폐쇄성이 강한 해역이지만, 특히 만 안쪽의 니시노미야, 아마가사키항(尼崎港) 난바다로부터 사카이, 기시와다 난바다에 걸친 해역은 아카시 해협으로부터 만중앙부에 형성된 강한 순환류역에 눌려 저지된 상태로, 해수가 오랫동안 체류하는 정체성 해역을 형성하고 있다. 이 때문에 오사카만 전체의 해수교환을 촉진하기 위하여 아카시 해협의 조류를 이용하여 순환류를 만 안쪽으로 확장·촉진시키는 실험이 세토내해 대형 수리모형에서 이루어져, 그 효과가 검증되고 있다. 만의 특성에 응하여 순환류 형성의 핵심을 특정할 수 있다면 최소의 지형변화(구조물을 포함한다)로 유황제어가 가능하게 될 수 있을 것으로 생각된다. 그래서 정체성이 강한 해역의 수질개선이나 빈산소수괴의 해소, 투명도의 개선을 목적으로 아마가사키항을 재현한 수리모형을 사용하여 조류를 이용한 아마가사키항의 해수교환을 촉진하기 위한 유황제어기술의 적용방법에 대하여 수리실험을 행하였다. 아마가사키항 수리모형은 (독)산업기술종합연구소 중국 센터의 평면수조내에 만들어진 길이방향 18m, 횡방향 10m, 수평축적 1/500, 연직축적 1/63의 것으로 현지의 조석조류를 재현시킬 수 있다. 주된 성과는 이하와 같다.

① 항내의 해수교환을 높이는 방법으로서 매립지의 일부 폐삭(閉削), 매립지내의 유수지 조성이 유효하다는 것을 실증하였다.

② 항내의 영양염의 체류를 개선하기 위해서는 하수처리시설로부터의 방류위치를 바꾸는 것이 유효하고 현실적이라는 사실을 실증하였다.

다. 환경수복기술의 best mix

아마가사키항내의 실증실험시설의 모니터링과 수리모형에서의 실험결과에 기초하여 개별기술의 기능을 밝힘과 동시에 환경수복기술의 best mix에 대하여 검토하였다. 또한 기술의 조합에 의한 상승효과를 정량적으로 평가하기 위하여 생태계 모델을 사용한 시뮬레이션을 행하였다.

1) 환경수복기술의 기능보완관계

모니터링의 결과로부터, 각 기술이 가진 주된 기능을 표 5.3과 같이 정량화할 수 있었다. 또한 각각의 실증실험시설의 기능이 보완관계를 가지고 상승효과를 나타내는 것이 밝혀졌다. 이들의 상호관계를 그림 5.5에 나타내었다. 그림 중의 외측의 테두리 틀이, 흐름장 즉 유황제어이며, 유황제어와 부체식 해조장, ecosystem 호안, 인공 간석지, 자갈인 폐쇄성 간석지와의 보완기능을 grey착색의 틀내에 나타내고 있다. 또한 두꺼운 화살표는 부체식 해조장, ecosystem 호안, 인공 간석지, 폐쇄성 간석지 상호의 보완기능을 나타내고 있으며, 그 설명을 둥근 테두리 틀내에 나타내고 있다. 또한 해조장의 포자, 유주자, 부착동물이나 저서생물의 유생 등의 공급에 관해서는 모든 기술이 관계하는 기능이므로 이 그림에서는 생략하였다.

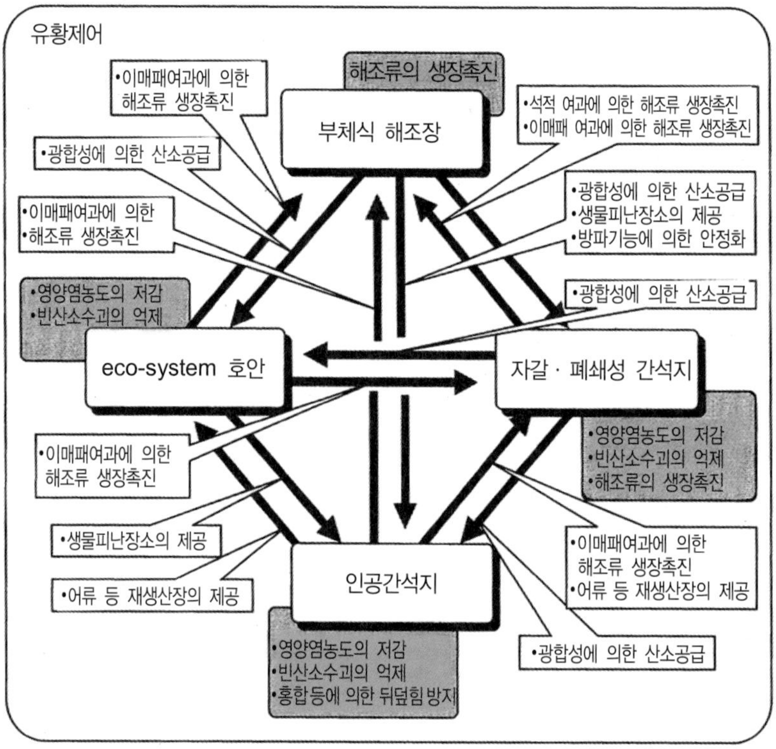

그림 5.5. 각 기술의 상호의 기능보완관계.

2) 상승효과의 정량화

실증실험에서 선택한 환경수복기술은 서로 많은 보완기능을 가지고 있으며, 게다가 복수의 기술이 서로 얽히는 것에 의해 기능의 증폭이 도모되고 있다. 이 중에서 현탁물 식자의 이매패의 여과에 의한 광환경의 개선이나 해조류의 광합성에 의한 산소공급 등, 물질순환형의 생태계 모형으로 정량화할 수 있는 보완기능에 착목하여, 기술의 조합에 의한 수질개선효과의 정량적 평가를 시도하였다.

실증실험을 행한 기술을 대상으로 모형화하고, 아마가사키항내 전역에서 환경수복기술을 적용한 경우를 상정하여, 기술적용의 유무, 조합의 차이 등의 비교계산을 행하였다. 여기서 사용한 생태계 모형은 물질순환형의 box model로서, 항내의 유동 변화를 고려할 수 없기 때문에 유동제어기술에 관해서는 하수처리장으로부터의 배수 위치를 항 입구부로 이동시킨 경우(부하량 감소에 상당)만을 다루었다.

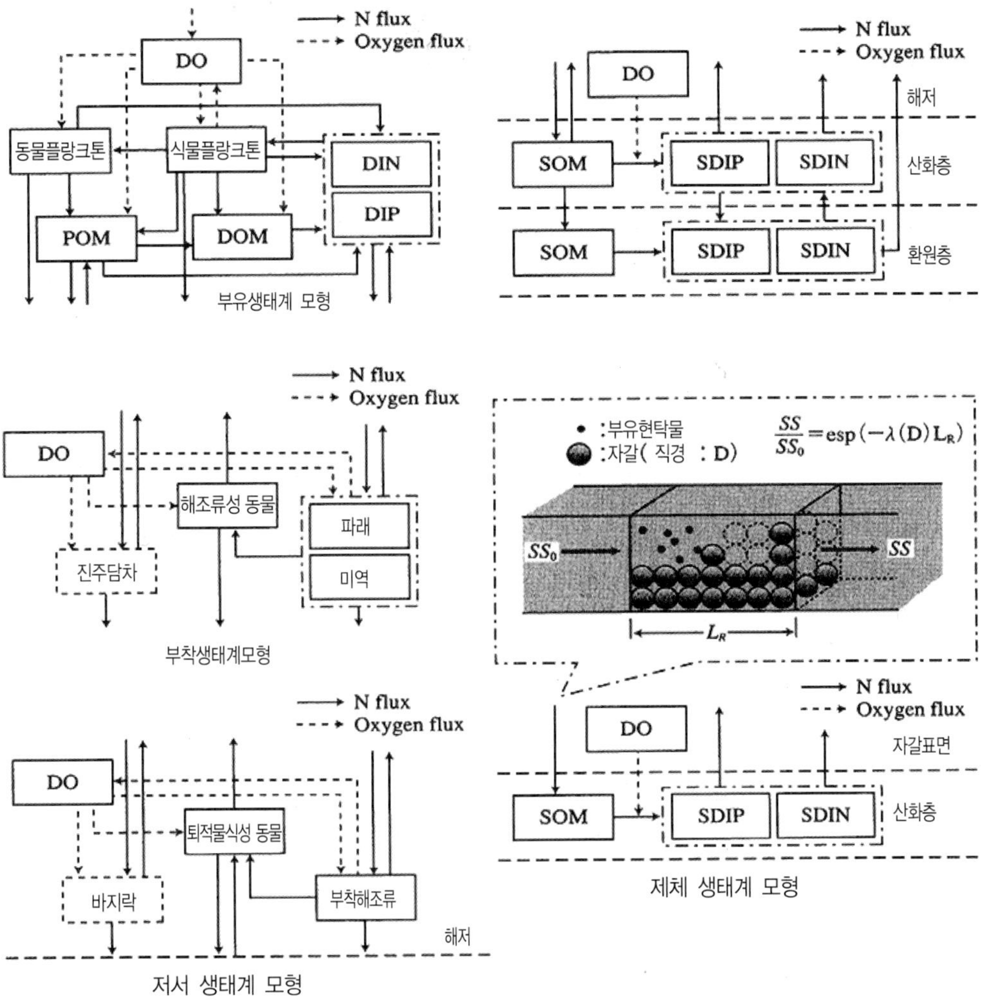

그림 5.6. 모형의 구성.

평가에 사용한 생태계 모형은 나카타니(中谷) 등이 임공공원내해(臨空公園內海)의 모형으로서 개발한 생태계 모형을 기초로 하고 있다. 이 모형은 그림 5.6에 나타나 있듯이 부유계, 부착계, 저서계, 저니계, 제체계의 각 생태계 모형을 독립적인 단위로서 다루어, box마다에 임의로 조합시킬 수 있다. 각 기술의 특징이 표현되도록, 미역, 진주담치, 바지락을 더하여, 그들의 현존량이 명확한 3월과 9월에 한정하여 정상계산을 행하였다.

부체식 해조장, ecosystem 호안, 폐쇄성 간석지, 유황제어의 각 기술을 조합한 10 case에 대하여, 투명도 및 DO를 지표로 효과 예측을 행하였다. 그 결과는 표 5.4에 나타낸 바와 같으며, 아마가사키항내에 ① 부체식 해조장 35ha, ② ecosystem 호안 4,600m, ③ 인공 간석지 42ha, ④ 암반지대 14ha를 설치하여 ⑤ 유황제어(하수처리수 방류 위치의 변경)라고 하는 조합 D에 의해 항내의 하계의 투명도가 약 4m(표 5.4에 나타내는 현재 상황 A의 투명도는 1.1-1.3이다 또한 현재 상황의 연평균은 2.5m), 저층 용존산소가 약 $3mg/l$(현재 상황의 DO의 값은 0.03-0.32)로 개선되는 것으로 예측되었다.

표 5.4. 각 시설의 조합에 의한 효과의 비교(주된 예측평가결과)

시설의 조합	적용기술					효과(9월의 수질)	
	부체식 해조장	eco-system 호안	인 공 간석지	폐쇄성 간석지	유황제어	투명도 (m)	저층 DO (mg/l)
A						1.1~1.3	0.03~0.32
B			○			1.5~3.1	0.88~2.02
C	○	○	○	○		2.2~3.5	1.12~2.24
D	○	○	○	○	○	2.4~3.7	1.56~2.85

주) 여기서의 유황예측은 하수처리수의 배출구의 이설을 의미한다.

3) 아마가사키항내에 있어서의 환경수복사업의 제안

아마가사키항내의 환경을 목표 수준까지 수복하기 위해서는 전술한 바와 같은 규모에서의 기술의 조합이 필요하다는 것이 밝혀졌다. 그러나 이 규모에서 기술을 적용한 경우 항만의 기능이 성립하지 않기 때문에 실현성을 고려하여, 기술의 배치, 규모의 설정, 시공방법에 관한 case study를 행하였다. 그 결과를 참고하여 간석지 22ha, 부체식 해조장 8ha, ecosystem 호안 1,100m의 실시에 의한 항내의 환경수복사업을 항만관리자에 제안하였다. 이들이 실시됨으로써 항내의 투명도가 2.2m, 저층의 DO가 약 $1mg/l$가 되고, 수복목표에는 달하지 않았지만, 해저의 무산소상태는 해소된다. 이들 사업에 필요한 비용을 계산한 결과는 표 5.5에 나타낸 바와 같다.

표 5.5. 비용의 산출 예

구분	제원·규모	개산 사업비
간석지 및 자갈	모래 고정 잠제 : 약 2,800m 간석지 : 약 22ha	2,800천만원 7,400천만원
부체식 해조장	약 8ha	50천만원
eco-system 호안	연장 약 1,200m	1,500천만원
합 계		11,750천만원

5.4. 폐쇄성 해역의 환경재생을 진행하기 위하여

폐쇄성 해역에 있어서 환경재생을 진행하기 위해서는 그림 5.3에 나타낸 수순으로, 환경진단, 목표 설정, 처방전의 검토, 기술의 선정과 조합, 그리고 효과 예측, 평가와 비용 계산에 기초하여 비용 대 효과(B/C) 검토와 같은 수순을 밟을 필요가 있다. 아마가사키항에 있어서의 대처는 그와 같은 수순을 실 해역에서 구체화한 선구적인 예라고 말할 수 있다.

그러나 전술한 바와 같이 주민의 환경의식 등 수요가 낮고, 제도나 자금 등의 조직도 불충분한 현재 상황에서는 이와 같은 수순을 따라 사업을 실시하는 것은 어렵다. 필자 등과 같은 기술을 전문으로 하는 사람도, 적극적으로 수요 환기나 조직 만들기에 관여하지 않으면 환경재생은 나아가지 않는다.

또 하나 환경재생의 속도를 늦추게 하는 원인이 기술의 효과 평가에 대한 불확실성이다. 특히 B/C의 의론을 할 때 혜택(benefit)인 환경개선효과의 견적(추산)은 중요하다. 그러나 복잡하고 예측 어려운 생태계가 효과의 열쇠를 쥐고 있는 상황에서는 어느 정도의 불확실성을 전제로 하여 결론을 얻지 않을 수 없다. 환경재생을 진행하기 위해서는 하면서 배운다고 하는 순응적인 관리수법이 불가결할 것이다. 또한 환경재생을 진행하는 것은 다양한 주체가 필요하며, 합의형성도 당연히 필요하다. 그러나 일본내의 풍토에서는 환경에 대한 열의나 이념이 부족하여, 자연과의 생활의 장을 많이 만드는 것이 선결이다. 게다가 환경재생의 사업화에는 역시 자연재생형 공공사업이 필요하다. 부수는 것에 돈을 썼다가는 고치는 것에도 돈을 쓰는 것이 당연하다. 일본도 미국과 같이 mitigation제도를 시행하는 것이 환경재생을 촉진하는 데 있어서 유효할지도 모르겠다.

환경재생을 위한 수요, 조직(계획), 기술 모두 과제가 많이 남아 있는 속에서 시민, 행정, 연구자가 장을 공유하여, 이미지만의 수복, 창조, 재생과 같은 말에 휘둘려서는 안 되며, 정도대로 착실히 대처해 나가는 것이 중요하다.

참고문헌

古川恵太, 港湾事業における環境修復への取り組み. 月刊海洋, 35, 502-507, 2003.

古川恵太·小島治幸·加藤史訓, 海洋環境施策における順応的な管理の考え方 海洋開発論文集, 21, 67-72, 2006.

国土交通省·海洋保安庁, 海の再生プロゼット. Web公開資料, http://www.kaiho.mlit.go.jp/info/saisei/index.html, 2007.

東京湾再生推進会議, 東京湾再生のための行動計画(最終とりまとめ), 21p., 2003.

東京湾再生推進会議, 東京湾再生のための行動計画. 第1回中間評価報告書, 2007.

シーブルー・テクノロジー研究会, シーブルー計画. 1989.

運輸省港湾局, 港湾と共生する港湾－エコポート－大藏省印刷局, 1994.

国土交通省港湾局, 沿岸域における自然再生事業. Web公開資料, http://www.mlit.go.jp/sogoseisaku/, 2001.

国土交通省港湾局, 港湾行政のグリン一化. 国立印刷局, 2005.

内閣府総合科学技術会議, 自然共生型流域圏・都市再生技術研究イニシヤチブ報告書. 2005.

高尾敏幸・岡田知也・中山惠介・古川惠太, 2002年東京湾広域環境調査に基づく東京湾の滞留時間の季節変化. 国総研資料, 169, 1-78, 2004.

国土交通省港湾局・環境省自然環境局, 干潟ネットワークの再生に向けて. 国立印刷局, 2002.

粕谷智之・浜口昌已・古川惠太・日向博文, 夏季東京湾におけるアサリ(*Ruditaoes philippinarum*)浮遊幼生の出現密度の時空間変動. 国土技術政策総合研究所報告, 8, 1-13, 2003.

粕谷智之・浜口昌已・古川惠太・日向博文, 秋季東京湾におけるアサリ(*Ruditaoes philippinarum*)浮遊幼生の出現密度の時空間変動. 国土技術政策総合研究所報 告, 12, 1-12, 2003.

日向博文・戸簾幸嗣, 東京湾におけるアサリ浮遊幼生の移流過程の数値計算. 水産総 合研究センター研究報告, 55-62, 2004.

風呂田利夫, 東京湾の環境回復への提言. 東京湾内湾底生動物の生残りと繁栄. 沿岸海洋研究ノート, 28, 160-169, 1991.

東京都環境局環境評価部広域監視課, 東京都内湾の水環境. 環境資料第133号, 2001.

五十嵐学・古川惠太, 東京湾沿岸域における付着生物および底生生物の空間分布性. 海洋開発論文集, 23, 459-464, 2007.

国土技術政策総合研究所・アマモサミット・プレワークショップ2006組織委員会, 海辺の自然再生に向けて干潟・藻場・サンゴ礁の再生技術. Web公開資料, http://www.meic.go.jp/, 2007.

上野成三, 大阪湾再生への取り組み事例－都市臨海部に干潟を取り戻すプロジェクト (阪南2区干潟創造実験)－雑誌港湾, 26-27, 2005.

古川惠太・岡田知也・東島義郎・橋本浩一, 阪南2区における造成干潟実験－都市臨海部に干潟を戻すプロジェクト－海洋開発論文集. 21, 659-664, 2005.

岡田知也・古川惠太, テラス型干潟におけるタイドプールのベントス生息に対する役割. 海洋開発論文集. 22, 661-666, 2006.

제6장__히로시마만 생태계의 보전과 관리

6.1. 히로시마만의 개요

히로시마만은 쿠라하시시마(倉橋島)와 야시로시마(屋代島)로 둘러싸인 폐쇄성 내만이며, 면적 1,043km^2, 용적 $2.69\times10^{10}m^3$으로, 온도세토(音戸瀬戸), 하시라지마수도(柱島水道), 오가타케세토(大畠瀬戸)에 의해 아키나다(安芸灘)과 이요나다(伊予灘)에 이어져 있다(그림 6.1). 히로시마만내에는 이쯔쿠시마(厳島)와 니시노미시마(西能美島)가 있고, 이들에 끼어 있는 나사비 세토(瀬戸)에 의해 북부해역과 남부해역으로 나누어지며, 북부해역은 폐쇄성이 강하다. 북부의 면적은 141km^2(쿠레만(呉湾), 에다지마만(江田島湾)을 넣으면 210km^2), 용적은 $2.2\times10^9m^3$이며, 용적에는 남부해역의 그것($2.47\times10^{10}m^3$)보다도 한 자리수가 작다.

그림 6.1. 오타가와(太田川) 유역권과 히로시마만.

북부해역에는 1급하천의 오타가와나 코세가와(小瀨川) 외에 세노가와(瀨野川) 등이 들어오고, 남부해역에는 야하타가와(八幡川), 니시키가와(錦川) 등이 유입하고 있다(그림 6.1). 이들 중 오타가와의 유역면적은 1,700km^2로 전술한 히로시마만 전체 면적보다 크며, 연간 유량 약 $2.7\times10^9m^3$이다. 따라서 북부해역은 담수유입에 의한 염분경사가 크고, 수주는 연직혼합이 일어나는 한랭기를 제외하고는, 언제나 염분차에 의해 성층이 형성되어 있다.

오타가와 유역면적의 약 80%는 삼림이며, 중류역의 유키모리가와(行森川) 합류점에서부터 기온(祇園) 수문까지는 1985년에 환경청(현재의 환경성)의 전국 명수백선에 뽑힌 것에서도 알 수 있듯이 상당히 청류(淸流)인 것을 알 수 있다. 그러나 히로시마만에 주입되는 바로 앞에서 히로시마시(인구 약 115만명)를 흐르기 때문에 여기서의 영양염 등의 유입이 크다.

히로시마만에 대한 전인(燐)의 발생 부하량은 환경성의 조사에서는 peak시에 비하여 약 60% 삭감되어 있다. 또한 본 연구자 등이 오타가와 하구역 3개 측점(오시바(大芝) 수문, 미유키바시(御幸橋), 니호바시(仁保橋))에서의 농도측정치를 집계하고, 약간 상류의 야구찌(矢口) 제1관측소에서의 유량을 곱하여 전인(燐)(TP) 및 용존태무기인(DIP)의 부하량을 계산해 본 결과, 양자 모두 감소경향은 분명하며, 특히 DIP 부하량은 1980년경의 peak시에 비하여 환경성의 발생 부하량조사와 마찬가지로, 현재는 약 1/3이라고 하는 현저한 감소를 나타내었다(그림 6.2). DIP농도의 감소에 크게 기여한 것은 무인(無燐) 세제의 이용과 하수도 보급(2003년 3월 시점의 보급률 91.1%; 히로시마시 하수도국 HP)이다.

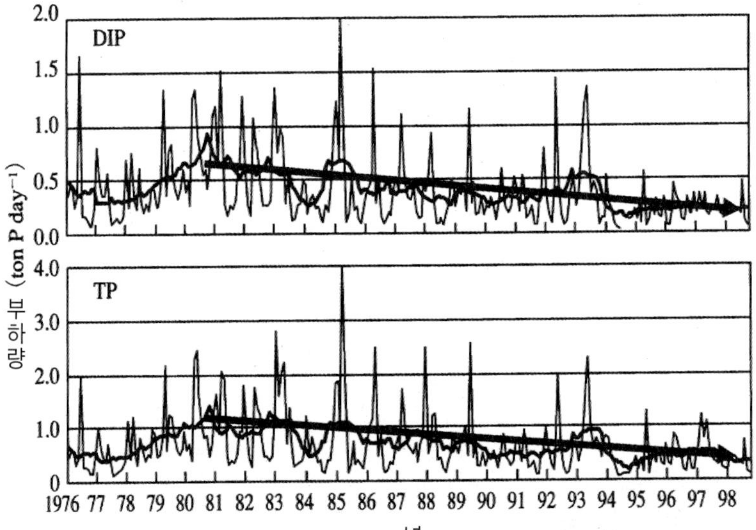

그림 6.2 오타가와(太田川)에 의한 히로시마만에 대한 인의 부하량 (위: 용존태무기인(DIP), 아래: 전인(TP), 하구 삼각주 구역 3개소에서 측정된 농도의 평균치에 야구찌(矢口) 제1관측소(상류부에서 삼각주가 되는 바로 앞)에서 측정된 유량의 연속측정치를 곱하여 구하였음).

환경청(현 환경성)은 폐쇄성 해역인 세토내해의 수질환경 보전대책으로서 1973년의 세토내해환경보전임시조치법과 그 개정법인 1978년의 세토내해환경보전특별조치법에 의해 육역으로부터의 부하 삭감을 중심으로 방책을 시행해 왔다. 그 결과, 한 때의 부영양화상태는 현재는 개선되었지만, 부하 삭감을 아무리 진행해도 많은 해역에서는 그 이상 수질이 좋아지지 않고 저질의 오탁도 개선되지 않는 것과, 어업생산에 어두운 그림자가 보이기 시작하는 등을 생각하여 오사카만을 제외한 해역에서는 제6차 수질총량규제에서는 삭감을 묵살하기로 하였다.

히로시마만에서는 양식 굴 생산이 peak시의 약 1/2로 저하하고 있는데, 이것은 부하 삭감에 의한 것이 큰 원인으로 지적되고 있다. 생태계는 수질이나 저질 등 무기질의 환경만으로 이루어진 것이 아니라 계내에는 다양한 생물이 서식하여 먹고 먹히는 관계나 생물-비생물간의 관계가 성립하고 있으며, 외적인 작용에 대하여 동적으로 변화한다. 따라서 히로시마만에 있어서도 부하량의 삭감이 해역의 수질개선에 작용하기 보다는 오히려 양식 굴의 생산에 타격을 주게 된 것은 생태학적인 관점에서 충분히 이해된다.

생태계내의 물질순환을 정량적으로 파악하여, 보다 좋은 환경보전시책을 세우기 위한 수법으로서 근년에는 생태계 모형이 사용되고 있다. 히로시마만에서는 양식 굴이 지속적으로 이루어지고 있다는 점에서 수산물 생산의 장으로서의 중요성을 무시한 생태계의 보전은 있을 수 없다. 그래서 부하에 대한 히로시마만 생태계의 응답, 특히 양식 굴의 성장이 어떻게 될 것인가에 대하여 이하에서는 본 연구자 등이 행한 굴을 포함한 히로시마만의 저차생태계 모형에 의한 계산결과에 대하여 기술한다.

6.2. 생태계 모형을 사용한 굴양식의 영향평가

굴의 생리특성을 고려한 저차생태계 모형을 구축하여 히로시마만에 적용하는 것에 의해, 저차생산이나 저질에의 유기물 부하에 대하여 굴 양식이 어느 정도 영향을 미치고 있는가를 검토한다.

굴 양식의 다수는 북부해역에서 이루어지고 있기 때문에 나사비(那沙美) 세토 이북의 북부해역을 대상해역으로 하고, 남부해역 및 쿠레만(吳湾)을 경계영역으로 설정하였다(그림 6.3). 또한 북부해역 중에 굴 양식장을 상정한 box를 설정하였다. 히로시마만 북부의 굴 양식장이 모두 이 box내에 존재한다고 가정하고, 그 면적은 굴의 벌(筏) 개수에 벌의 평균 크기인 $10m \times 20m$를 곱한 것으로 하였다. 히로시마만 북부해역에서는 하천수의 영향에 의해 염분성층이 발달하며, 간혹 동계에도 성층이 나타나는 것으로 알려져 있다. 보통 밀도 성층은 수심 약 5m부근에 발달하기 때문에 모형대상해역을 통년에 걸쳐서 수심 5m를 경계로 상층과 하층으로 분할하고, 북부해역 상층, 하층, 굴 양식장 상층, 하층의 4개의 box를 모형의 계산대상으로 하였다.

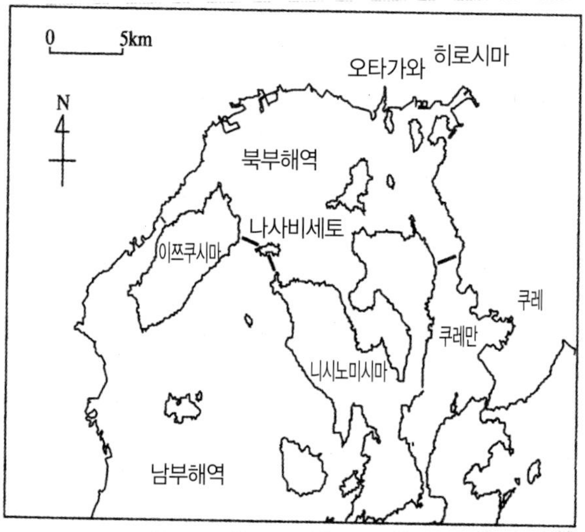

그림 6.3. 히로시마만의 지리적 형상(나사비(那沙美) 세토 이북의 북부해역을 계산영역으로 하였다. 그림 중의 선은 경계선임).

북부해역의 해수교환은 이류와 확산에 의해 이루어지는 것으로 가정하였다. 북부해역은 1급하천인 오타가와로부터 담수유입의 영향을 받고 있다. 오타가와로부터의 유입수(담수)는 해수보다 가볍기 때문에 상층을 통해 남부해역으로 유출하고, 거기에 동반하여 남부해역 하층으로부터는 유입하는 흐름(하구순환류)이 형성된다. 이 하구순환류를 이류로 하고, 조류 등, 그 외의 해수의 움직임을 모두 확산으로 하여 나타내었다. 이류 및 확산의 크기에 대하여는 실측된 염분을 바탕으로 하여 산출하였다.

여기서는 인을 대상물질로 하고, 북부해역에서는 영양염, 식물플랑크톤, detritus, 용존유기물, 동물플랑크톤 등 다섯 개의 compartment를, 굴 양식장에서는 굴을 더한 여섯 개의 compartment를 고려한 생태계 모형을 구축하였다(그림 6.4). 식물플랑크톤에 의한 광합성 등 굴의 생리 이외의 생물, 화학작용의 정식화나 매개변수의 설정은 기왕의 학술논문을 참조하였다. 수온 등의 환경 변화나 먹이농도에 대한 굴의 성장이나 배설 등, 굴의 생리적 응답의 정식화나 매개변수의 설정은 Songsangjinda et al.을 기본으로 하였다(그림 6.5). 오타가와로부터의 인 부하량 등은 공공기관이 발행하고 있는 자료를 바탕으로 산정하였다. 연안에 입지하는 공장 등으로부터 하천을 경유하지 않고 직접 해역에 부하되는 인의 양은 하천을 경유하여 히로시마만에 유입하는 전인(TP)의 양과 공장 등으로부터 유입하는 TP의 양과의 비로부터 구하여 가산하였다. 강수에 의한 DIP의 부하량은 유아사(湯淺)의 보고에 있는 강수 중의 DIP 농도의 값에 강우량을 곱하여 구하였다. 더욱이 굴 양식장의 용존산소농도의 변동을 계산하였다. 굴 양식장에서는 해저퇴적물에 대한 굴의 배설물(분뇨 등)에 의한 부하의 비율이 대단히 큰 것으로 가정하고 용존산소의 소비는 굴의 똥의 분해만을 생각하였다. 히로시마만 북부해역에서 실측된 용존산소농도를 계절마다 평균한 것을 경계조건으로서 주었다. 계산은 time step 0.002일로 1월 1일부터 1년간 행하였다.

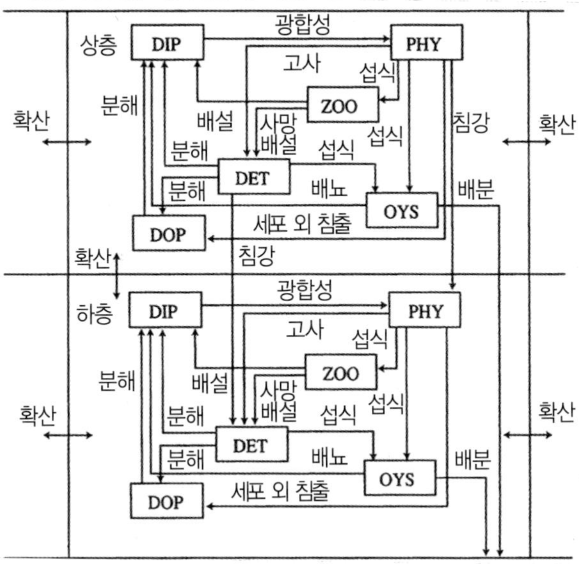

그림 6.4. 굴 양식장내의 모형의 개요(DIP: 용존태 무기인, DOP: 용존태 유기인, DET: detritus, PHY: 식물플랑크톤, ZOO: 동물플랑크톤, OYS: 굴).

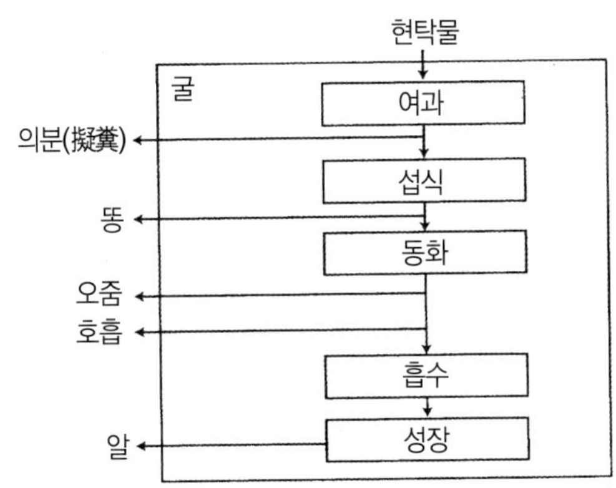

그림 6.5. 굴의 생리응답 모형의 개요.

계산결과와 실측치를 비교한 결과 (여기서는 히로시마만 북부해역 상층의 용존태 무기인 농도와 껍질을 깐 알굴 중량의 결과를 나타낸다(그림 6.6과 6.7). 모형은 현재 상황을 비교적 잘 재현하고 있는 것으로 판단되었다.

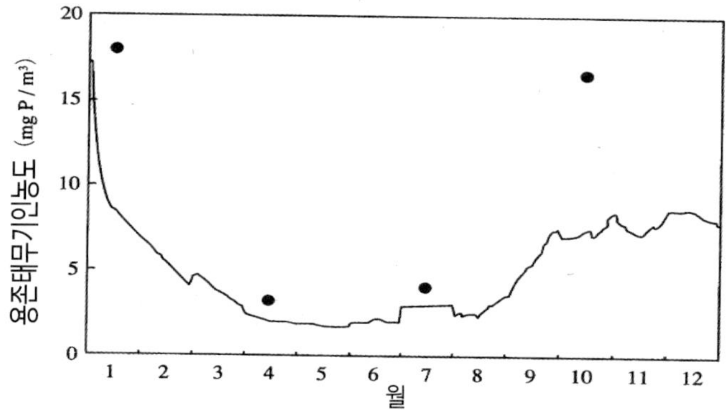

그림 6.6. 생태계 모형에 의한 계산결과(히로시마만 북부해역 상층의 용존태 무기인 농도의 경시변화 (실선이 계산결과, 검은 점은 실측치임).

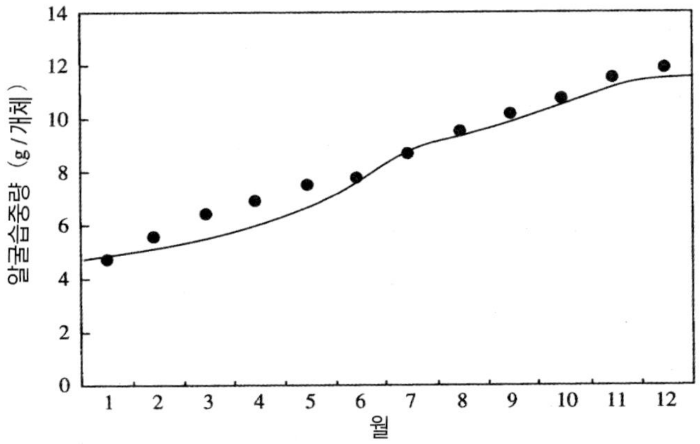

그림 6.7. 생태계 모형에 의한 계산결과 (굴 1개체당의 습중량의 경시변화. 실선은 계산결과, 검은 점은 실측치임).

굴로부터 방출되는 똥과 의분(擬糞)은 비중이 크기 때문에 침강속도가 빠르고, 굴의 벌 주변의 저니에 대한 직접적인 유기물 부하가 되며, 저질을 악화시킨다. 모형의 계산결과에 의하면, 굴의 똥과 의분(擬糞)에 의한 저니로의 인 부하량은 연간 23.9톤P이며, 이 값은 주로 오타가와로부터 히로시마만 북부해역에 부하되는 인의 양의 약 23%에 상당하였다. 이와 같이 대량의 유기물이 굴 양식장 주변의 국소적인 장소에 집중하여 부하되고 있다고 생각하면, 굴 양식의 저질에 대한 영향은 대단히 큰 것으로 생각된다. 굴 양식장 하층의 용존산소 농도의 계산결과(그림 6.8)를 보면 동계의 연직혼합기에는 높은 용존산소 농도를 나타내지만, 성층형성기인 하계부터 남부해역으로의 양식 벌의 이동에 동반하여 양식량이 감소함에도 불구하고 서서히 용존산소 농도가 저하하기 시작하여 9월 중순에 농도가 가장 낮았다. 저층의 용존산소 농도의 저하는 저서생태계에 큰 영향을 미치는 것으로 알려져 있다. 또한 대규모적인 빈산소수괴의 발달에 의해 어개류가 폐사하는 어장피해의 타격을 받는 경우도 자주 일어난다. 수산용수기준에서는 내만어장의 하계 저층에 있어서 최저한 유지하지 않으면 안 되는 용존산소 농도를 3.0*ml*/*l*로 하고 있다. 모형의 계산결과로부터 용존산소 농도가 가장 저하하는 9월의 굴 양식장 하층에 있어서의 용존산소 농도는 현재 상황의 양식장에서도 2.95*ml*/*l*가 되며, 근소하지만, 3.0*ml*/*l*를 밑돌았다. 본 모형에서는 6월부터 9월까지의 기간은 양식 벌이 남부에 이동하는 것을 고려하고 있다. 따라서 그 기간 중의 북부해역에 있어서의 굴의 개체수는 대폭 감소하고 있음에도 불구하고 하계의 용존산소 농도의 저하가 현저히 나타났다. 이들 결과로부터 굴의 배설물에 의한 유기물 부하는 양식장 주변 환경에 큰 영향을 주고 있는 것으로 추측된다.

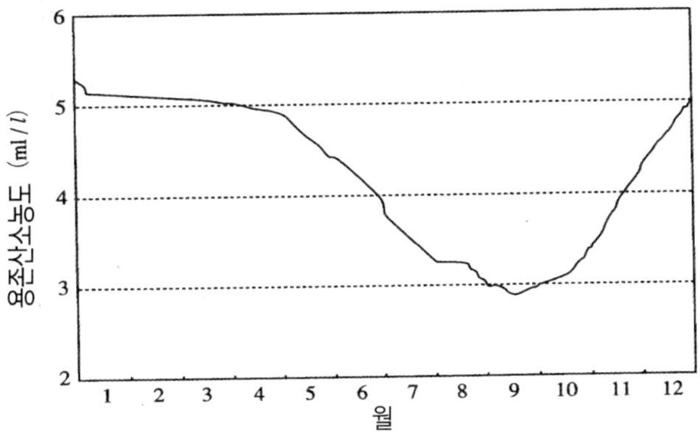

그림 6.8. 생태계 모형에 의한 계산결과 (굴 양식장 하층의 용존산소 농도의 경시변화).

본 모형을 사용하여 굴 양식량을 150%, 130%, 100%(현재 상황), 70%, 50%로 변화시켜, 양식량의 변화에 의한 환경에의 영향을 평가하였다. 우선 각각의 양식량 변화에 대하여 굴 양식장 하층의 용존산소 농도를 계산하였다. 그림 6.9에 현재 상황의 양식량의 경우에 있어서 용존산소 농도가 가장 저하하는 9월의 평균치를 나타내었다. 현재 상황보다 양식량을 증가시킨 경우 현재 상황보다도 더욱 더 용존산소농도는 저하하였다(130%:2.60 *ml*/*l*, 150%:2.38*ml*/*l*). 역으로, 현재 상황보다 양식량을 감소시킨 경우 용존산소농도는 상승하여(70%: 3.30*ml*/*l*, 50%: 3.53*ml*/*l*, 앞서 기술한 기준치가(3.0 *ml*/*l*)를 상회하였다. 저층의 용존산소농도의 상승은 저질의 개선이나 저서생물량의 증가를 야기하여 어장 전체를 건전한 상태로 만든다. 본 모형의 결과로부터 양식량의 축소 감축(또는 삭감)은 어장의 환경회복과 지속적인 이용에 유효한 수단이라고 생각된다.

1999년 1월에 히로시마 굴 긴급대책연락회의는 히로시마만내의 굴 벌수를 1999년내에 10% 삭감하고, 5년을 기점으로 30% 삭감하는 것을 결정하였다. 이 양식량 삭감목표는 과학적으로 근거에 기초하여 설정된 것은 아니지만, 본 모형의 결과는 이 삭감목표(30%)가 우연히도 적절한 수치인 것을 증명한 셈이다.

그러나 양식량의 감소는 수산업으로서의 수확량이 감소하는 것에 이어지기 때문에, 굴 양식에 생계를 의존하고 있는 어업자에는 간단히 받아들일 수 있는 것은 아니다. 굴 양식량을 삭감하게 되면 굴 1개체당의 먹이의 배분을 증가시켜, 결과적으로 개체중량을 증가시키는 효과를 야기한다. 본 모형에서 양식량을 70%로 한 경우 1개체당의 중량은 7.6% 증가하였다. 큰 덩치의 굴은 판매가치도 높고, 경제적으로 양식량의 감소를 채워주게 되는 것을 기대할 수 있다. 단, 생산된 굴이 어느 만큼의 가격이 될 것인가는 다른 해역으로부터의 출하량 등에도 관계하기 때문에 간단히 예상을 할 수 있는 문제는 아니다. 그러나 굴 양식량 삭감시책을 과학적으로 또한 현실적으로 실행하기 위해서는 금후 고려해야 할 중요한 과제이다.

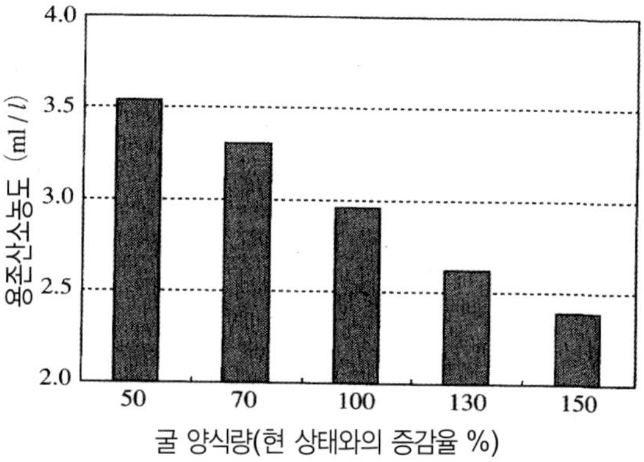

그림 6.9. 생태계 모형에 의한 계산결과(굴 양식량을 변화시킨 경우의 양식량 하층의 용존산소농도(9월의 평균치)).

6.3. 결어

벌에 매달아서 양식되는 굴은 현탁물을 먹고 성장하는 여과섭식자이다. 먹이가 되는 식물플랑크톤은 영양염의 부하량의 다과에 의존하기 때문에 그것을 먹고 성장하는 굴도 영양염 부하량에 크게 의존하는 것은 당연하다. 즉, 영양염 부하의 증감은 일차생산량의 크기를 결정하고 이어서 굴의 생산량에 영향을 준다. 그러나 본 장에서 기술한 바와 같이 잉여의 일차생산이나 굴의 똥 등이 빈산소를 야기하는 원인이 되고 있다. 생태계내에서의 물질순환은 복잡하고 다이나믹하기 때문에 머리에서 생각하고 있는 만으로는 답은 나오지 않는다. 굴을 최대한 지속적으로 양식할 수 있는 부하 수준의 설정, 즉 환경수용력의 추산은 과학적 근거에 기초하여 행하지 않으면 안 되며, 바로 여기에 생태계 모형에 의한 계산의 의미(가치)가 있다. 양식량 30% 삭감이라고 하는 히로시마현의 착상은 반드시 과학적 근거에 의존한 것은 아니지만 우연히도 본 연구자 등의 계산은 그것이 그만큼 틀리지 않음을 의미한다.

여기서 소개한 본 연구자 등의 수치모형은 비교적 단순한 것이지만 히로시마만의 환경보전시책을 생각하는 데 있어서의 힌트가 된다. 현재 중국경제산업국은 이것을 기반으로 고도의 유동모형과 부하량의 면밀한 집계결과, 나아가 저서생태계를 고려한 수치생태계 모형을 구축하고 다양한 환경재생 시나리오에 대하여 과학적으로 개연성이 높은 예측을 행할 계획을 세우고 있다. 한편, 중국지방정비국이 중심이 되어 관계 시(市), 정(町), 촌(村)이 참가한 히로시마재생추진회의가 설치되어 히로시마만 재생행동계획(2007년 3월)이 작성된 상황이다. 여기서는 히로시마만의 수질환경개선이 이미 부하의 삭감만으로는 성립하지 않는다는 인식하에 해역에서의 대책의 필요성이 거론되어 가장 비용 대 효과가 높은 대책을 검토하기로 하였다.

해역내부의 문제로서 저니로부터의 영양염 용출량이 상당히 크기 때문에 국소적으로는 복사(覆砂)나 준설 등의 대책이 필요할지도 모른다. 또한 지금까지 매립 등으로 축소 소실한 해조장이나 간석지의 수복, 재생도 필요할 것이다. 특히 히로시마만 북부해역의 얕은 곳의 소실은 현저하다(그림 6.10). 해조장이나 간석지에 대하여는 근년 급속히 연구가 진행되고 있으며, 예를 들면 간석지에 대하여는 생물서식을 위한 최적의 입도조성이나 유기물 함량 등에 대하여 밝히고 있다. 해조장에 대한 정량적 연구는 아직 적지만 어류의 산란장이며 자치어의 보육장인 것은 분명하다.

굴의 벌에는 굴 이상의 생물이 대량으로 부착한다. 부착한 미세조류, 대형조류는 영양염을 흡수하고 부착생물은 굴과 마찬가지로 현탁태 유기물을 여과한다. 즉 굴의 벌은 인공적인 부체 해조장이라고 말할 수 있다. 이러한 견해로부터, 마쯔다·야마모토는 굴의 벌에 부착하는 단위면적당의 해조류양이 천연 해조장의 것과 거의 동등하며, 이것에 굴의 양식벌의 총면적을 곱하면 히로시마만의 천연 해조장의 전체 해조류양보다도 크다고 추정하고 있다. 해조장이 거의 소멸해 버린 북부해역에 있어서 굴의 벌이 해조장으로서의 기능을 하고 있는 것은 히로시마만 생태계의 보전에 있어서 중요한 의미를 가진다고 생각된다.

이상 기술한 바와 같이 히로시마만 생태계의 보전, 재생은 하나의 기술로 달성되는 것은 아니다. 또한 여기서 첨부하고 싶은 것은 어떠한 히로시마만을 바라는가 하는 것은 사람마다 다를 것이기 때문에 다양한 주체의 참가에 의한 합의형성을 진행하는 작업도 필요하다. 이를 위한 의론과 시책결정의 과학적 근거로서, 정도 높은 수산생태계 모형에 의한 환경변동예측에 의해 시나리오를 그리는 것은 필요불가결하다. 이 중에서 히로시마만의 굴 양식은 규모의 크기에서부터 굴 양식을 고려하지 않은 생태계 모형은 있을 수 없고, 또한 생태계를 보전하고 굴의 지속적 생산이 여하히 가능할 것인가 하는 점은 계산 결과로서 가장 중요하다.

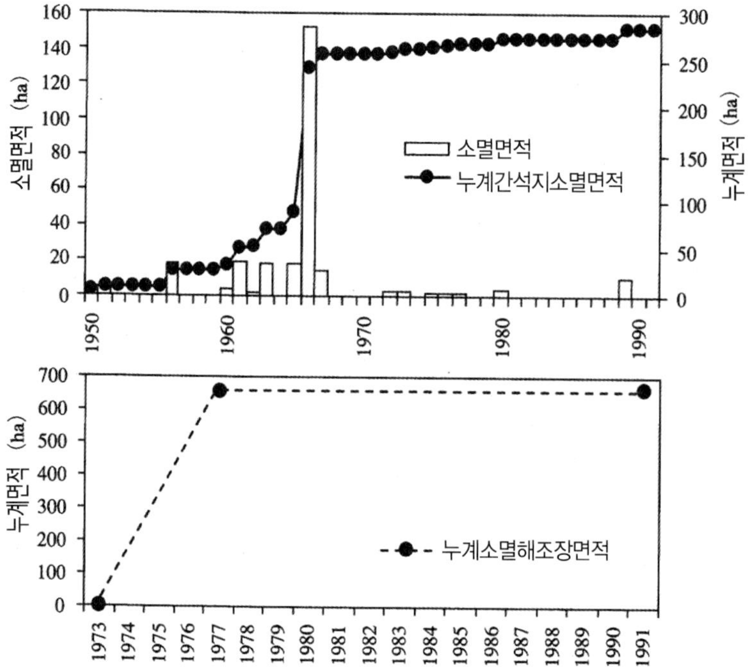

그림 6.10. 히로시마만에 있어서의 간석지, 해조장 소멸면적(위) 및 그 누계면적(아래)의 추이.

참고문헌

橋本俊也·松田 治·山本民次·米井好美, 広島湾の海況特性－1989~1993年の変動と平均像－広大生物生産学部紀要. 33, 9-19, 1994.

山本民次·石田愛美·清木 徹, 太田川河川水中のリンおよび窒素濃度の長期変動－植物プランクトン種の変動を引き起こす主要要因として. 水産海洋研究, 66, 102-109, 2002.

T. Yamamoto, Proposal of mesotrophication through nutrient discharge control for sustainable fisheries. *Fisheries Science*, 68, 538-541, 2002.

山本民次·橋本俊也, 陸地からの物質流入負荷増大による沿岸海域の環境収容力の制御, 養殖海域の環境収容力(古谷 研·岸道郎·黑倉 寿·柳 哲雄編), 恒星社厚生閣, 101-118, 2006.

山本民次·芳川 忍·橋本俊也·高杉由夫·松田 治, 広島湾北部海域におけるエスチュアリー循環過程. 沿岸海洋研究, 37, 111-118, 2000.

T. Yamamoto, A. Kubo, T. Hashimoto, Y. Nishii, Long-term changes in net ecosystem metabolism and net denitrification in the Ohta River estuary of northern Hiroshima Bay - An analysis based on the phosphorus and nitrogen budget. Progress in Aquatic Ecosystem Research (ed. A.R. Burk), Nova Science Publishers, Inc., 123-143, 2005.

M. Kawamiya, M.J. Kishi, Y. Yamanaka, N. Suginohara, An ecological physical coupled model applied to Station Papa. *J. Oceanography*, 51, 635-664, 1995.

橋本俊也·上田亜希子·山本民次, 河口循環流が夏季の広島湾北部海域の生物生産に与える影響. 水

産海洋研究, 70, 23-30, 2006.

P. Songsangjinda, O. Matsuda, T. Yamamoto, N. Rajendran, H. Maeda, The role of suspended oyster culture on nitrogen cycle in Hiroshima Bay. *J. Oceangraphy*, 56, 223-231, 2000.

山本民次･北村智顕･松田　治, 瀬戸内海に対する河川流入による淡水, 全窒素および全リンの負荷. 広大生物生産学部紀要, 35, 81-104, 1996.

中西　弘, 瀬戸内海の水質汚濁. 山口産業医学年報, 22, 16-33, 1977.

優浅一郎, 内湾の富栄養化に対する降雨の影響. 中工研研報, 12, 147-150, 1994.

日本水産資源保護協会, 水産用水基準(2005年度版), 1-95, 2006.

山本民次･松田　治･橋本俊也･妹背秀和･北村智顕, 瀬戸内海海底泥からの溶存無機窒素およびリン溶出量の見積もり. 海の研究, 7, 151-158, 1998.

西嶋　渉･中井智司･岡田光正･中野陽一, 土壌の物理化学的性質に注目した干潟生態系の創出. 日水誌, 73, 341, 2007.

国分秀樹･高山百合子･湯浅城之･石樋由香優, 英虞湾における干潟再生事例:浚渫土を用いた人工干潟の特徴と物質循環機能. 日水誌, 73, 341, 2007.

松田　治･山本民次, バイオフィルターならびにバイオハビタ-ト機能を評価したカキ養殖の新たな考え方. 第4回エメックス/第4回メッドコーストジョイント会議報告書(国際エメッスセンター編), 108-109, 2000.

広島県, 第2回自然環境保全基楚調査, 干潟･藻場･サンゴ礁分布調査報告書. 1978.

山口県, 第2回自然環境保全基楚調査, 干潟･藻場･サンゴ礁分布調査報告書. 1978.

環境庁自然保護局, 第4回自然環境保全基礎調査, 海域生物環境調査報告書, 干潟･藻場･サンゴ礁調査) 第1巻干潟, 1994.

環境省, 第4回自然環境保全基礎調査, 海域生物環境調査報告書, 干潟･藻場･サンゴ礁調査) 第2巻藻場, 1994.

PART 3

제3부 그 밖의 해만

제7장__아리아케해(有明海)·야쯔시로해(八代海)의 환경재생-쿠마모토현의 대처

7.1. 배경과 목적

아리아케해, 야쯔시로해(八代海)에서는 근년 해역환경이 악화하고 있는데, 그 원인으로서는 매립이나 해안선의 인공화, 간석지나 해저로의 미세입자의 흙 퇴적 등이 생각되며, 그 결과 니질화에 의해 간석지 연안역이 가진 수질정화기능이나 생물 서식과 생육장으로서의 기능저하가 염려되고 있다. 아리아케해, 야쯔시로해의 환경변화와 그 기구에 대하여는 다양한 요소가 복잡하게 관여하고 있어서, 현상을 과학적으로 해명한 다음 재생방책을 검토하는 데에는 장기적인 대처가 필요하다. 이를 위해 2006년 12월에 환경성의 아리아케해, 야쯔시로해 종합조사평가위원회에 의한 각종 조사 및 연구성과가 정리되었다. 그러나 구체적인 재생방책에 관한 의론이 충분하지 않고, 해명해야 할 과제도 많이 남아 있는 상황이다.

이들 중에 쿠마모토현에서는 연안해역의 재생방책 등을 정리하는 것을 목적으로 학자 및 일반시민, 어업대표자로 구성한 아리아케해, 야쯔시로해 간석지 등 연안해역재생검토위원회가 2004년 8월에 설치되었고, 2개 년도에 걸쳐서 검토를 행함과 동시에 기존 자료의 수집 등 각종 조사와, 위원회회원과 지역과의 의견교환회 등이 이루어져 왔다. 이러한 일련의 과정은 재생방책검토의 실천적 방법이며 또한 아리아케해, 야쯔시로해 재생의 현단위에서의 종합적이고 선구적인 시도로서, 해역환경재생을 위한 기본지침책정을 목적으로 한 것이다.

본 장에서는 이들 쿠마모토현에서의 조사검토수법이나 재생방책 정리의 경위에 대하여 소개함과 동시에 그 대처 중에 얻어진 새로운 지견이나 추출된 과제를 포함하여, 금후의 재생방책의 나아갈 방향이나 전개에 대하여 고찰한다.

7.2. 대처의 경위

가. 아리아케해, 야쯔시로해에 있어서의 쿠마모토현의 위상

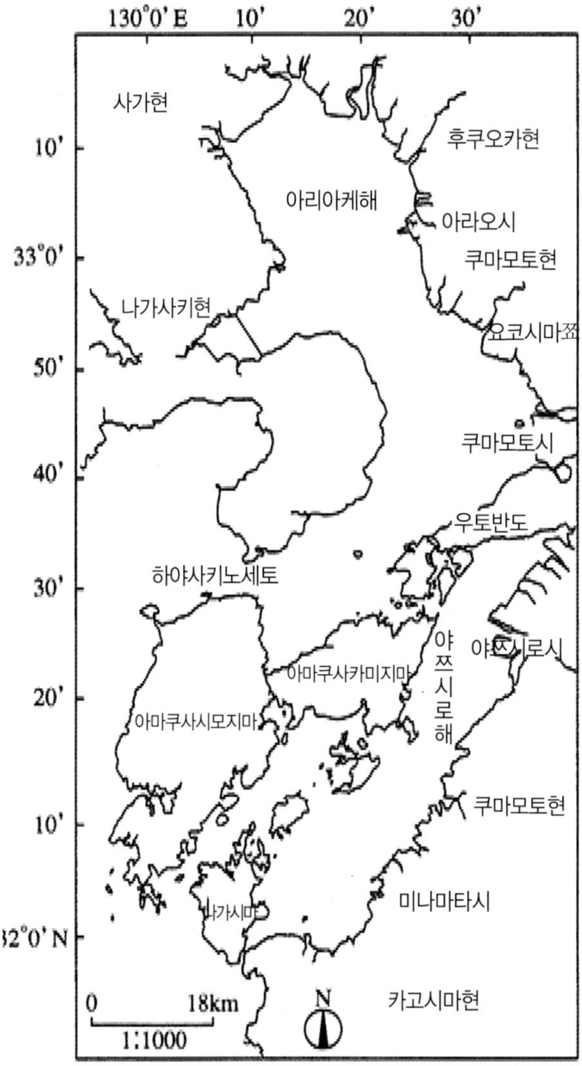

그림 7.1. 아리아케해, 야쯔시로해의 지형과 쿠마모토현 해역, 아리아케해, 야쯔시로해의 현재상황과 변천.

그림 7.1에 아리아케해, 야쯔시로해에 있어서의 쿠마모토현 해역을 나타내었다. 아리아케해, 야쯔시로해 연안에는 만 안쪽에서 시계방향으로 보아 사가, 후쿠오카, 카고시마, 나가사키의 5개현이 접하고 있는데, 이 중에 쿠마모토현만이 아리아케해, 야쯔시로해의 양 해역을 포함한다. 또한 그 해안 연장거리를 본 경우, 아리아케해에서는 만 안쪽에 가까운 아라오시(荒尾市)에서 만 구의 아마쿠사시모지마(天草下島) 북단 하야사키노세토(早崎瀬戸)에 이르는 해역의 약 절반, 야쯔시로해에서는 미나마타시(水俣市)보다 이남, 나가시마(長島) 및 시시시마(獅子島)의 카고시마현 해역을 제외한 거의 전역과, 쿠마모토현은 다른 현과 비교하여 군(郡)을 제외한 해안범위를 가진다. 이와 같이 광범위한 연안역을 가지고 있기 때문에 쿠마모토현에서는 인공화된 해안선이나 매립지의 비율도 높지만, 니질로부터 사질까지의 간석지역이 전국적으로 보아도 많이 잔존하며, 천초(天草)의 도서부를 중심으로 암초역이나 사니질성 해조장의 잘피장, 암초성 해조장의 거머리말 등 다양한 해역환경이나 생물서식역이 존재한다. 또한, 해안의 후배역도 도시부나 간척농지, 중산간부(中山間部) 등 다양하며, 쿠마모토 연안역은 다양한 지역특성을 갖추고 있는 것이 특징이다.

나. 쿠마모토현 위원회에 있어서의 검토 흐름

위원회에서의 검토 흐름은 그림 7.2에 나타내는 바와 같고, 각종 조사결과나 위원회에서의 의론에 의해, 우선 쿠마모토현 연안역의 지역특성을 파악·정리하고, 아리아케해 및 야쯔시로해마다 구역구분을 하였다. 다음으로 보다 구체적으로 재생방책을 검토하는 데 있어서 case study지구를 선정하고, 아리아케해 전체와 야쯔시로해 전체(master plan) 및 지구마다 검토를 진행하고, 간석지 등 연안해역의 재생을 향한 기본이념이나 기본방침, 재생방책 등을 나타낸 아라아케해, 야쯔시로해 간석지 등 연안해역의 재생의 모습(제언)이 정리되었다.

다. 검토과정에 있어서의 조사 개요

재생방책을 검토하는 과정에서 행한 각종 조사 개요는 이하와 같다.

1) 기존자료의 수집정리

사회환경이나 자연환경 등 다양한 항목에 대하여 자료를 수집, 정리하고, 현재 상황 및 과거로부터의 변천(기본적으로 1950년 이후)에 대하여 정리하였다.

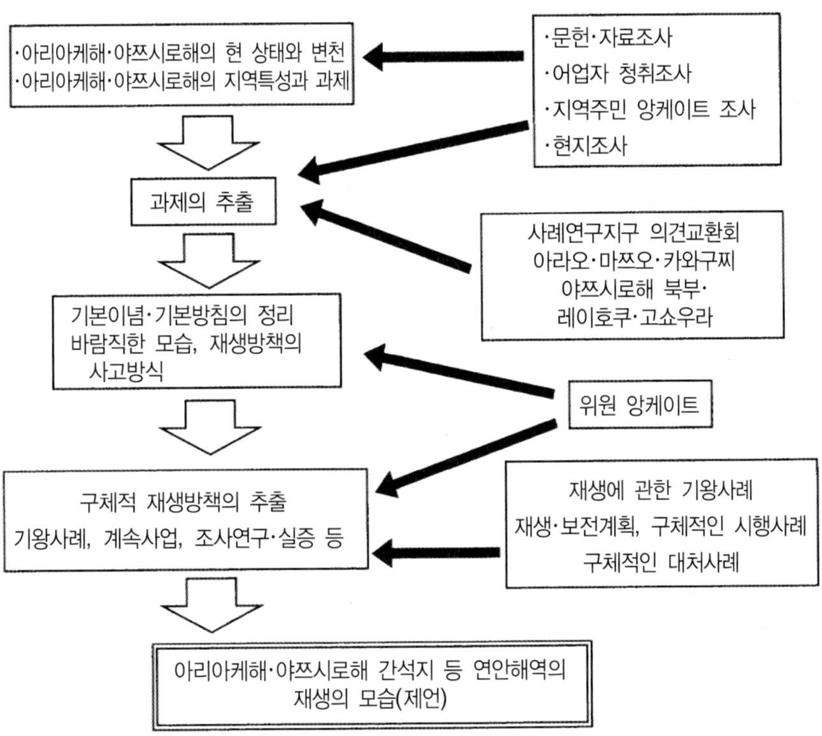

그림 7.2. 검토의 흐름.

2) 청취조사

기존자료에서는 충분히 정리할 수 없는 항목을 파악하기 위해 쿠마모토현의 연안역 어업자를 대상으로 청취조사를 행하였다.

3) 앙케이트조사

청취조사는 어업자를 대상으로 하였으나, 어업자만이 아니라 일반시민을 포함한 폭넓은 층의 의견을 수집하기 위해 내수면 어업자, 연안역 주민, 및 일부 연안역 어업자에 앙케이트 조사를 행하였다.

4) 현지조사

해안선을 조사하고, 만조시 및 간조시의 해안전면의 상황, 호안 상황, 후배지의 상황에 대하여 기록·정리하였다. 또한, 생태계의 풍요함을 나타내는 지표가 되는 염생식물의 분포 상황을 1급 하천의 하구부를 중심으로 조사하였다.

5) 간석지 등 연안해역의 재생방책에 관한 사례나 문헌의 수집정리

간석지 등 연안해역의 재생에 관하여, 전국 각지에서 행해지고 있는 재생 사례나 재생에 관한 연구문헌 등에 대하여 수집, 정리하였다.

6) case study지구에 있어서의 의견교환회

구체적인 재생방책을 검토하는 데 있어서 대표적인 특징을 가진 6개 지구를 선정하고, 지역 주민과 위원이 직접 의견을 교환하였다.

7.3. 쿠마모토 연안역의 지역특성

대처의 단서로서 기존 자료나 현지조사결과에 의해 쿠마모토현 연안역의 지역특성을 정리하였다. 정리에 있어서는 아리아케해 북부와 남부, 아마쿠사아리아케(天草有明), 야쯔시로해 북부와 남부, 아마쿠사야쯔시로(天草八代)지역의 6개 지역으로 구분하는 것을 기본으로 하여, 각종 조사결과를 정리하였다. 정리한 자료는 방대하기 때문에, 이하에서는 대표적인 조사결과에 대해서만 나타내었다.

가. 아리아케해의 간석지 등 연안해역의 현재상황과 변천

1) 기존자료에 의한 어획량의 변천

농림통계자료에 의해 쿠마모토현 아리아케해의 어업생산 중 어류 및 패류 어획량의 변천을 그림 7.3 및 7.4에 나타내었다. 어류의 어획량은 아리아케해 지역(북부, 남부)에서는 1970년 이후 경년적으로 상승하고 있는데, 1987년을 정점으로 그 이후는 크게 감소하고 있다. 한편, 아마쿠사아리아케(天草有明) 해역에서는 1990년 이후 다소 감소하는 경향이 보이지만, 아리아케해 지역만큼 큰 감소경향은 보이지 않는다(그림 7.3). 또한 패류 어획량은 아리아케해 해역(북부, 남부)에서 1977년을 정점으로 바지락이 크게 감소하고, 1995년 이후 어획량은 현저히 적은 상태가 계속되고 있다(그림 7.4).

2) 청취 및 앙케이트 조사결과

청취조사결과의 지역별 개요를 그림 7.5에 나타내었다. 아리아케해 북부지구의 아라오(荒尾)주변에서는 양식 김의 탈색이나 저질의 유기오염 등이, 또한 아리아케해 남부지구의 시라카와(白川)하구에서 미도리카와(綠川)하구에 걸친 쿠마모토시 지선주변에서는 저질의 유기오염이나 보리새우어장의 쇠퇴가, 아마쿠사아리아케(天草有明) 지구에서는 해조장의 쇠퇴 등이 각각 문제점으로서 거론되었다. 아리아케해 전역에 걸친 지역주민이나 어업자로부터 간석지, 해변의 환경이 악화하고 있다는 회답을 얻었다.

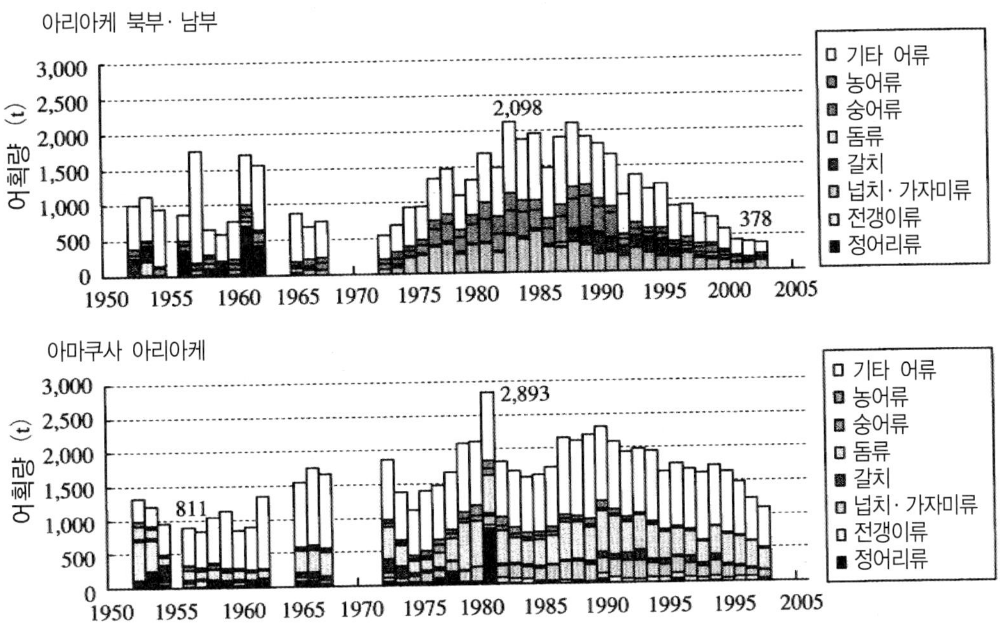

그림 7.3. 어류어획량의 변천(쿠마모토현 아리아케해).

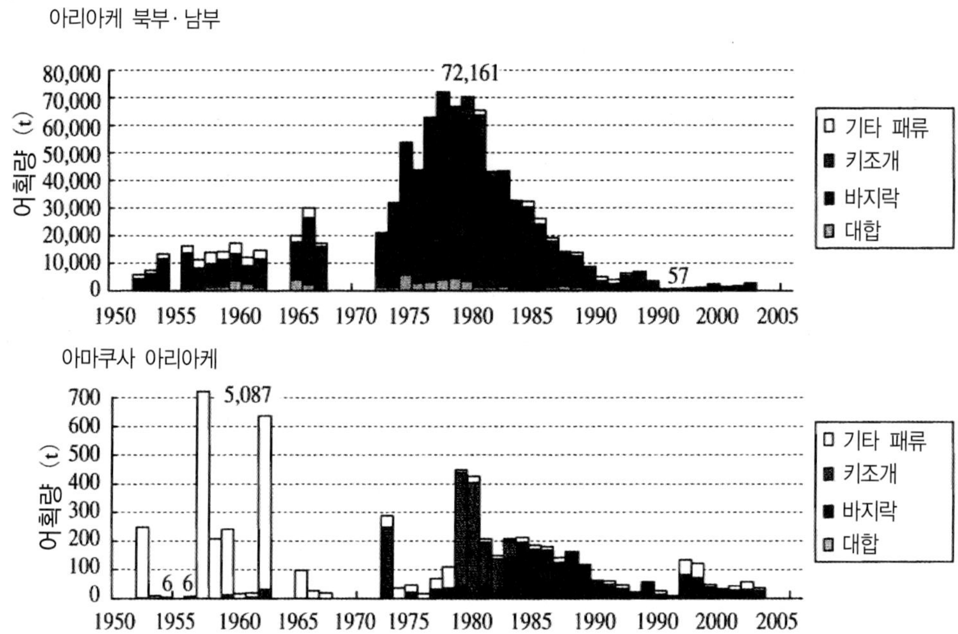

그림 7.4. 패류어획량의 변천(쿠마모토현 아리아케해).

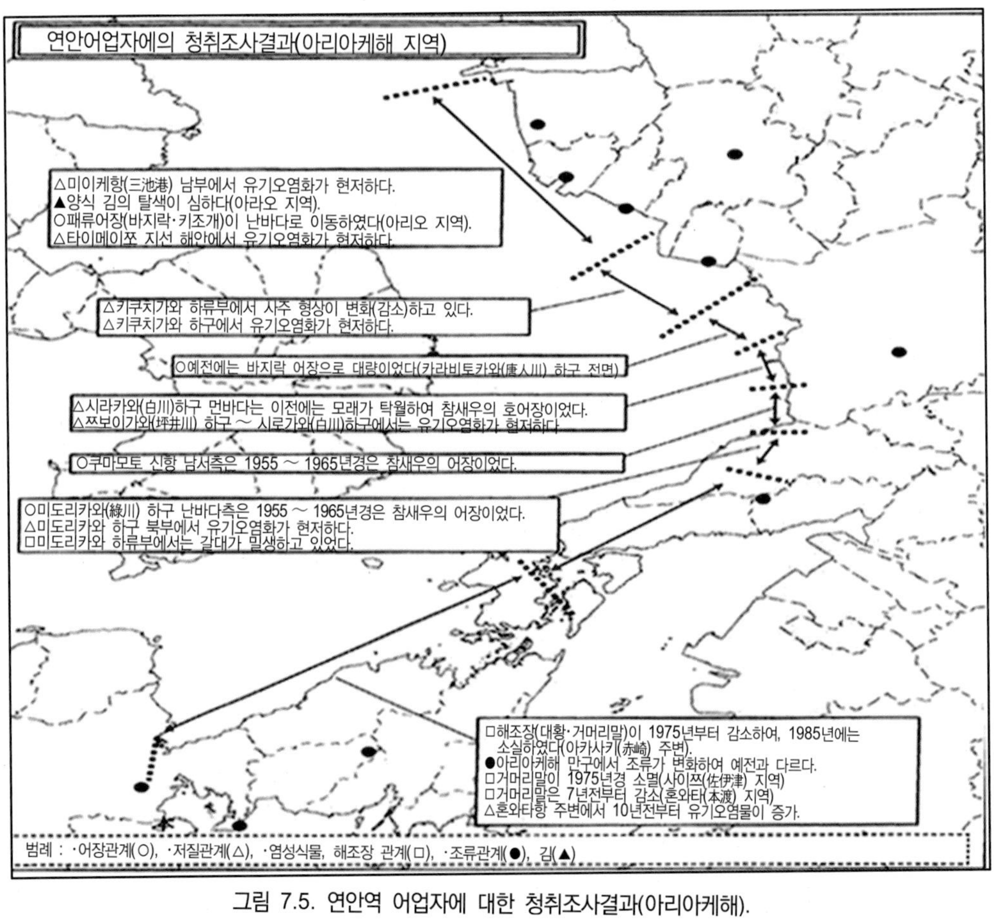

그림 7.5. 연안역 어업자에 대한 청취조사결과(아리아케해).

3) 해안 및 염생식물조사결과

해안 및 염생식물조사결과의 개요는 이하와 같다. 아리아케해 북부지구의 해안인 아라오시(荒尾市)부근에서는 만조시에도 사빈이 비교적 많은데 대하여 요코시마쪼(横島町)부근에서는 만조시 해안선(shoreline)이 거의 인공호안과 접하는 상황이 되는 등의 특징을 보였다. 염생식물은 황미시 부근에서는 거의 보이지 않았으나, 요코시마쪼 부근에서는 키쿠치가와(菊池川) 하구중심에 갈대숲이나 희소종이 확인되는 것이 특징이다.

아리아케해 남부지구의 해안에서는 북부 부근의 카와치(河內), 마쯔오(松尾)주변에서는 후배지에 산림이 많고 일부 자연해안도 존재하는 데 대하여 시라카와(白川)하구로부터 미도리카와(綠川)하구에 걸친 쿠마모토시 지선부근의 해안부에서는 후배지가 농지로 만조시 해안선은 인공호안이 되는 등 거의 균일한 상황을 보였다. 단, 염생식물에 대하여는 시라카와 하구부와 미도리카와 하구부에는 갈대숲이 넓혀져 있어서 희소종이 존재하지만, 쿠마모토 신항 주변에서는 거의 보이지 않는 등 차이가 나타났다.

나. 야쯔시로해의 간석지 등 연안해역의 현재상황과 변천

1) 기존자료에 의한 변천

농림통계자료에 의해 쿠마모토현 야쯔시로해의 어업생산 중 어류의 어획량 및 양식생산량의 변천을 그림 7.6 및 7.7에 나타내었다. 어류의 어획량은 야쯔시로해 북부 지역에서는 1989년 이후 경년적으로 감소하고 있다. 아마쿠사(天草) 야쯔시로해에서는 해에 따른 변동은 크지만 역시 1993년 이후 감소하는 경향이 보인다(그림 7.6). 또한 어류 양식의 총생산

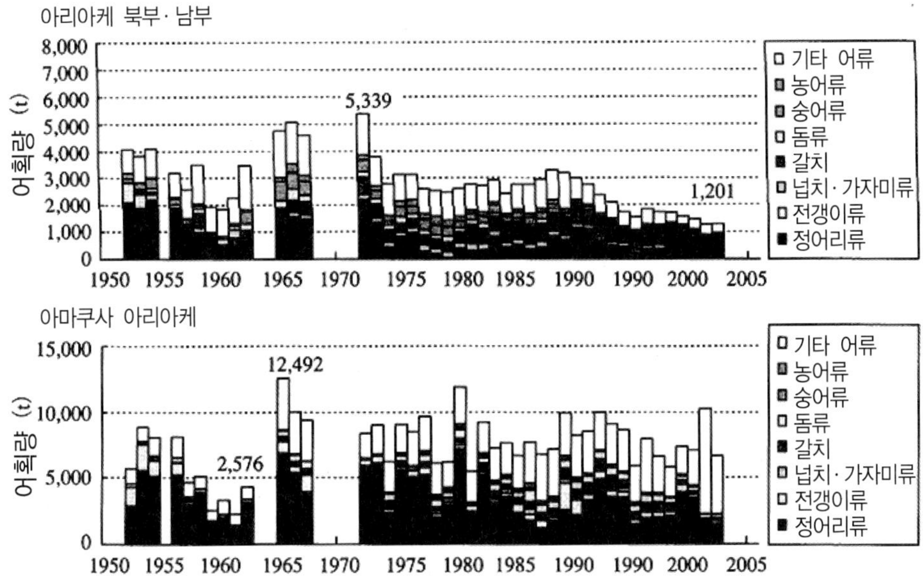

그림 7.6. 어류어획고의 변천(쿠마모토현 야쯔시로해).

량은 1995년을 정점으로 근년 감소 경향이 보인다. 감소 요인으로는 와편모조류에 의한 적조피해 등이 생각된다. 특히, 양식장에서는 *Cochlodinium*으로 대표되는 유해조류인 와편모조류 적조에 의한 피해가 큰 문제가 되고 있다(그림 7.7).

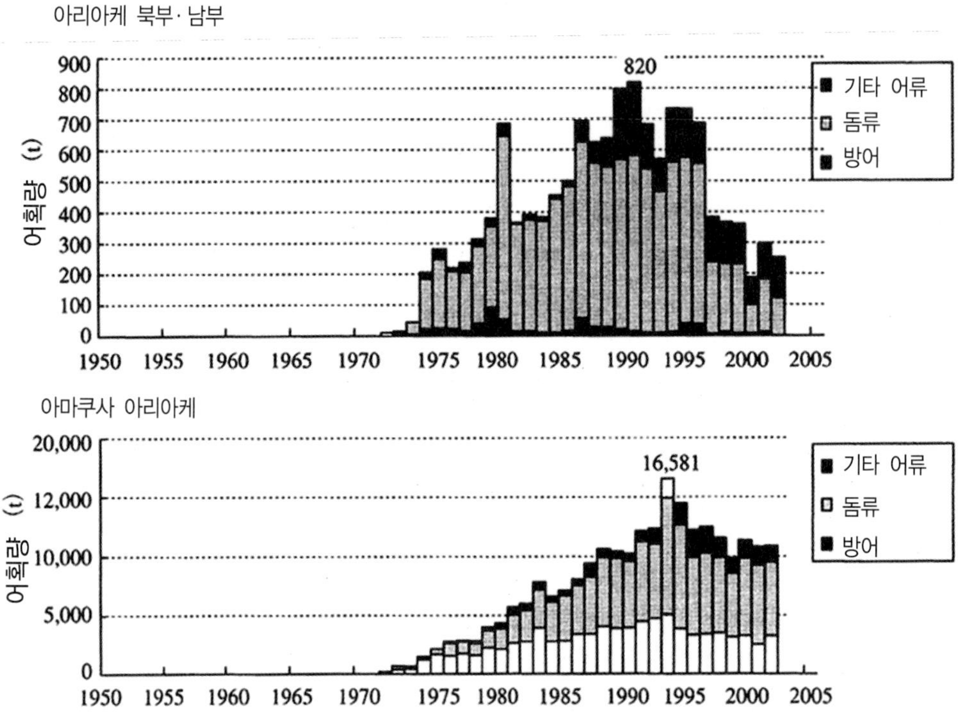

그림 7.7. 어류양식 생산량의 변천(쿠마모토현 야쯔시로해).

2) 청취 및 앙케이트 조사결과

청취조사결과의 지역별 개요를 그림 7.8에 나타내었다. 야쯔시로해 북부지역에서는 저질의 유기오염이나 잘피장의 감소, 또한 바지락의 감소 등이, 야쯔시로해 남부지역이나 아마쿠사(天草) 야쯔시로 지역에서는 거머리말장을 포함하는 해조장의 감소가 각각 큰 문제점으로서 거론된다. 야쯔시로해 전역의 지역주민이나 어업자로부터 해역이나 간석지 환경이 이전에 비해 악화하고 있다는 회답을 얻었다.

3) 해안 및 염생식물조사결과

해안 및 염생식물에 대한 조사결과의 개요는 이하와 같다. 야쯔시로해 북부지역의 해안은 만조시 해안선은 인공호안과 접하는 상황을 보이는데, 간조시에는 니질 간석지가 넓혀지는 지역이 많다. 또한 후배지는 같은 야쯔시로해 북부지역에서도 우토(宇土)반도 남안을 따라 도로나 산지로 되어 있는 데 대하여 만안쪽의 우키시(宇城市) 마쯔하시(松橋)

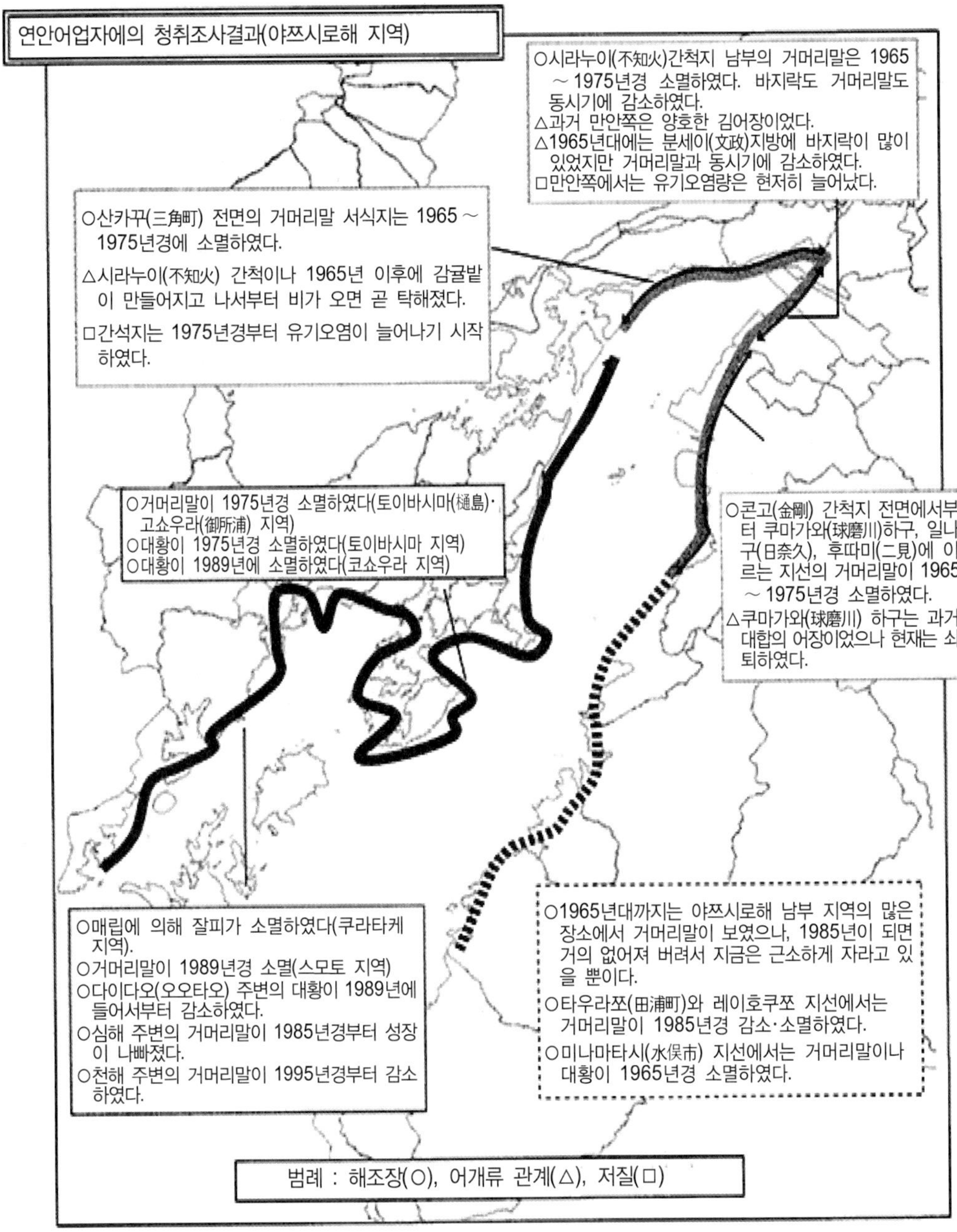

그림 7.8. 연안역 어업자에 대한 청취조사결과(야쯔시로해).

에서 야쯔시로시의 큐카가미마찌(旧鏡町)에 걸친 대안에서는 농지가 많은 것이 특징이다. 염생식물은 우토반도의 남안을 따라 천일사초 등의 희소한 식물이 국소적으로 분포하고 있다. 야쯔시로(八代) 북부지역에서도 야쯔시로시 근교의 해안에서는 간조시는 니질 간석지 이외에 사질 간석지도 보이며 약간 다른 양상을 나타낸다. 후배지도 시가지, 공업지,

농지 등 다양한 상황으로 되어 있다. 또한, 쿠마가와(球磨川)하구 주변에서는 염생식물이 희소종도 포함하여 야쯔시로해역에서 가장 많이 분포하는 것이 특징이다.

야쯔시로해 남부지역의 해안에서는 만조시 해안선은 인공호안과 접하는 상황을 나타내는데, 북부지역과 달리, 간조시에는 모래 간석지가 보이는 지역이 많고 후배지는 산지나 도로가 많은 것이 특징이다. 염생식물은 야쯔시로해 북부와 비교하면 적은 경향이 있다.

7.4. 의견교환회의 실시와 과제 추출

가. case study 지구의 설정과 의견교환회의 실시

기존자료에 기초한 지역특성과 현지조사결과에 의한 지역특성을 일람표로 정리하고 이들과 해안역의 성상을 바탕으로 아리아케해, 야쯔시로해 지역을 zoning화하였다. case study지구는 전술한 기존자료정리결과나 위원에의 앙케이트 결과를 바탕으로, 각 지역의 문제점, 지역으로부터의 의견, 요망을 고려하여 아리아케해, 야쯔시로해의 각 zone으로부터 대표적인 지구가 선정되었다(표 7.1). 이들 6개 지구에 대하여 2005년 8월부터 11월에 걸쳐 의견교환회가 개최되었다.

표 7.1. 선정된 case study 지구

사례 지구		개요
아리아케해	아라오 지구	아리아케해 쿠마모토현 북부 지구에 있어서의 대표 지구
	마쯔오 지구	쿠마모토 주변 지구에 있어서의 대표 지구 (주로 시라카와·쯔보이카와 하구부)
	카와구찌 지구	쿠마모토 주변 지구에 있어서의 대표 지구(주로 미도리카와 하구부)
야쯔시로해	야쯔시로해 북부 연안역	야쯔시로 쿠마모토현 북부 지구 (우토(宇土)반도 남안～쿠마가와 지역)
	레이호쿠 지구	야쯔시로 쿠마모토현 남부 지구
	고쇼우라 지구	아마쿠사 야쯔시로 지구에 있어서의 대표 지구

나. 과제의 추출과 정리

의견교환회나 청취조사결과로부터 각 지구에 있어서의 문제점을 정리하기 위해 각 위원에 대한 앙케이트를 실시하고(2005. 12-2006. 2), 이하와 같이 대표적인 과제를 추출·정리하였다.

1) 아리아케해, 야쯔시로해 공통의 과제

① 해수온 상승
② 외양의 조석진폭의 감소
③ 엘니뇨, 라니냐, dipole mode(쌍극 모드) 현상, 기상 기후의 주기변동
④ 지구온난화
⑤ 연안개발에 따른 염생습지나 해안선의 소실
⑥ 어항 등의 정비에 의한 매립이나 방파제의 건설
⑦ 부하삭감대책의 강화
⑧ 저질의 니화(泥化), 펄의 퇴적, 간석지 등 지형의 평탄화
⑨ 준설니의 재이용에 관한 연구나 기술의 부족
⑩ 하천으로부터의 토사공급의 감소
⑪ 토사수지의 관리
⑫ 저질악화에 따른 새우, 패류의 감소, 서식장소의 감소
⑬ 생태계나 주변 환경을 배려한 어업관리, 어업종사자의 의식개혁
⑭ 환경악화에 대한 공통인식과 재생을 향한 협동체제의 확립
⑮ 육역과 해역을 포함한 종합관리
⑯ 일반시민, 어민, 초중고, 매스컴 등을 포함한 환경교육, 계몽활동의 실시
⑰ 육역으로부터의 쓰레기의 유입에 의한 어업에 대한 영향
⑱ 생활배수나 쓰레기에 대한 주민의 의식향상

2) 아리아케해에 특유한 과제

① 아리아케해의 생산력과 김 양식업과의 균형의 필요성
② 물질수지 관리
③ 규조류 적조와 김과의 영양섭취의 경합관계의 충분한 검토

3) 야쯔시로해에 특유한 과제

① 와편모조류, 라피드조 적조의 발생시기(주년화, 장기화)나 종조성의 변화
② 와편모조류, 라피드조 적조의 요인, 원인 해명과 대책
③ 잘피장, 거머리말 장 등의 해조장의 소실, 감소에 따른 어개류의 서식장소 감소

7.5. 재생의 모습과 종합계획

재생의 모습을 포함한 master plan(제언)에 대하여는 쿠마모토현의 이하의 home page상에서 상세히 공개되어 있다.

http://www.pref.kumamoto.jp/eco/saisei_plan/saiseikentou_1.htm

구체적 내용에 대하여는 홈페이지를 참조하면 좋을 것이다. 다양한 자료나 의론을 거쳐, 기본이념과 기본방침을 이하와 같이 정하여 공통의 목표로서 거론하였다.

[기본이념] 간석지 연안역에 있어서 역사적 변천, 자연적, 사회적 조건, 현재상황의 과제 등과 같은 지역특성과 아리아케해, 야쯔시로해 각각의 해역전체의 조화를 포함한 바람직한 모습을 염두에 두면서 현, 시정촌, 어업자, 지역주민을 필두로 하는 현민, 나라, 관계현이 연계하고 협력하여 아리아케해, 야쯔시로해를 풍요로운 바다로 재생하고, 후대의 국민에게 계승한다.

[기본방침] 상기한 기본이념에 기초한 간석지 등 연안역의 재생, 보전을 향한 기본방침은 다음과 같다. ① 어업대상 생물을 포함하는 다양하고 풍요로운 생태계의 회복·유지, ② 산, 하천, 바다의 연속성과 보전·이용·방재의 조화에 대한 배려, ③ 재생과 보전의 주체가 되는 관계자간의 상호의 이해와 합의형성 및 적극적 참가

이하에 제언이 정리되는 과정의 의론 중에서 시점이 된 사항을 나타내었다.

가. 기본이념과 기본방침에 있어서의 시점

해역환경에 있어서 수질정화기능을 가진 생물서식, 생육의 장으로서 중요한 역할을 하는 간석지 등 연안해역의 재생과 보전을 통하여, 아리아케해, 야쯔시로해를 풍요로운 바다로서 재생시키기 위해서는 어업대상 생물을 포함하는 다양하고 풍요로운 생태계를 회복·유지시킨다는 사고가 필요하다.

또한, 육역의 삼림이나 평야부에서의 강우가 하천, 지하수 등을 통해 해역으로 유입하여 유황이나 염분농도에 변화를 주는 것, 동시에 질소, 인 등의 영양염을 제공하는 것이나, 모래 간석지의 유지에는 반드시 필요한 양의 모래를 공급하고 있는 것을 생각할 것, 삼림의 황폐나 하천환경의 악화는 해역환경에 악영향을 야기하는 것이다. 특히, 아리아케해, 야쯔시로해와 같은 폐쇄도가 높은 해역에서는 이와 같은 건전한 물질순환의 관점이 중요하기 때문에 산, 하천, 바다의 연속성에 대하여 충분한 이해와 배려가 이루어진 시책이 전개되어야 한다. 이에 덧붙여 연안환경이 가진 세 개의 중요한 시점, 생물의 서식, 생육환경,

양호한 해안경관 등의 자연환경의 보전, 어업, 해운, 레저, 관광 등의 인간의 생업, 편리를 위한 이용, 태풍, 고조(폭풍해일), 홍수 등 불시의 천재에 대한 방재에 있어서는 다양한 주체의 행동이나 비용의 부담이 필요하며, 상호 이해에 기초한 합의형성을 도모해 가는 것이 중요하다. 이를 위해 넓게 현민이 해역에 관심을 가지고 해역은 모두의 재산으로서 모두가 소중히 한다고 하는 의식 하에 현, 시정촌, 어업자, 지역주민이 각각의 역할을 분담하여, 재생을 위한 대처에 적극적으로 참가하는 것이 바람직하다. 또한, 양 해역은 복수의 현에 있어서 자랑스러운 것이기 때문에 쿠마모토현과 국가나 관계현과의 연계강화가 필요하다. 이상의 것을 포함하여 간석지 등 연안해역의 재생, 보전을 향한 기본이념과 기본방침이 정해졌다.

나. 아리아케해, 야쯔시로해 전체의 바람직한 자세와 재생방책의 시점

아리아케해, 야쯔시로해 연안의 각 지역에 공통하여 또한 광역적인 시점에서 대처할 필요가 있는 주요한 과제에 대하여 재생방책을 검토하였다.

해역 전체의 바람직한 자세로서는 금회의 조사결과, 기본이념, 기본방침을 포함하여, 궁극의 재생목표인 풍요로운 바다의 이미지에 연결되는 다양하고 풍요로운 생태계의 회복을 기조로 하여, 사람과 바다의 관계에 대한 목표를 설정하였다. 재생 방책에 대하여는 과제의 항목마다 대응하여 설정한 위에, 구체적인 사례를 나타내고 있다.

다. 재생방책 추진을 위한 방법

위원회에서는 재생방책의 추진에 있어서 우선 어업자를 포함하는 지역주민, 관계단체, 시정촌, 현, 연구기관 등의 관계자에 의한 협의의 장이 필요하며, 관계자에 있어서는 아리아케해, 야쯔시로해가 국민 공통의 재산임을 이해한 위에, 지역의 특성도 고려하여 그 입장에 맞는 역할과 책임을 지기 위해, 적극적인 참가가 바람직하다고 제언하였다. 또한 재생방책의 실시에 있어서는 협의의 장에 있어서의 구성원간의 합의에 기초한 목표상 (바람직한 자세)의 설정과 공유가 필요하므로 목표상의 설정으로부터 재생방책 실시의 각 단계에서 지역주민이나 관계자가 관심을 가지고, 참가, 협력하는 것에 의해 지역특성을 깊이 이해할 수 있음과 동시에, 보다 좋은 재생방책의 효과를 기대할 수 있다고 합의형성의 단계에 대해서도 언급하고 있다. 또한 재생방책의 유의점도 의론되었는데, 그 개요를 이하에 나타낸다.

① 각 지역이나 개별적으로 행해지는 재생방책이 해역 전체로서의 균형을 고려한 방책이 중요하며, 이 시점이 전부의 질을 높이게 된다.

② 대증요법, 장기적인 대처, 광역연계적 대처, 원인해명의 연구, 현민의 의식개선, 환경교육 등의 soft대책을 적절히 조합하여, 지역특성이나 과제에 응한 재생방책의 효과

적인 재생방책을 언급할 것

③ 과학적 합리성의 추구가 정책의 늦춤이나, 사회적 합리성과의 괴리를 초래하지 않도록 함과 동시에 괴리가 보일 경우 주민참가와 사회적 합의형성에 의해 회피, 극복한다.

④ 재생의 대처의 진행상황을 현민 및 관계자에 의해 조직되는 제3자에 의해 정기적으로 평가하는 등 재생방책의 평가 시스템을 도입할 것

⑤ 방책의 실행성을 담보하기 위해 필요에 응하여 법이나 조례, 제도 등의 장치에 대한 수정 등을 검토한다.

7.6. 주요한 결과와 과제

가. 정리와 주요한 결론

이상, 쿠마모토현의 대처에 대하여 소개하였으나, 쿠마모토현은 광대한 연안역을 가지고 지역특성도 다양하다. 한편, 아리아케해, 야쯔시로해와 같은 광범위한 해역의 중에서 공통하는 과제도 많다. 그와 같은 중에서 재생을 향한 시책을 전개하는 데는 연안역을 zoning에 의해 유형화하고 대표지구를 선정하면서 과제를 추출하고 재생방책을 검토하는 금회의 과정이 대단히 유효하다도 생각된다.

금회 실시한 조사 중에서 신규로 사용된 수법으로서는 연안역의 특성을 해안역의 성상으로 구분한 것이나 과학적인 자료가 부족한 부분을 청취조사로 보완한 것이 거론된다. 해안역 성상구분에 관해서는 간석지역이 잔존하지만, 개발에 따른 해안선의 호안화에 의해 해안선이 소실하고 연안부의 생물서식역이나 정화의 장으로서의 기능이 저하하고 있는 현재 상황에 착목한 수법이 바로 해안선의 회복이다. 이것은 직립제 등으로 인공화된 해안의 전면에 완경사의 해안선(water front)을 조성하여 지형의 연속성을 만드는 것에 의해 생태계의 연속성을 창출하는 것이다. 이 해안선의 회복수법은 문부과학성 중요과제해결형 연구- 아리아케해 생물서식환경의 부감적(俯瞰的) 재생과 실증시험-물가선의 회복기술 연구로 현지에서의 실증시험이 진행되고 있고, 금후 우수(雨水) 등의 육수의 침출상황의 조사와 합하여 발전이 기대된다.

청취조사에서는 과학적 자료가 존재하지 않는 과거의 해조장의 분포와 소장상황이 밝혀졌다. 특히 야쯔시로해 북부의 잘피장은 1965년대 초에는 쿠마가와(球磨川) 하구부를 중심으로 넓게 분포하고 있었으나, 환경청에 의해 처음 전국조사가 실시된 1978년경에는 이미 쇠퇴, 소실한 상태였던 것이 여러 지역의 어업자 증언에서 거의 확실하게 되었다. 쿠마모토현의 잘피장의 소실원인에 대하여는 현재 상황에서는 밝혀져 있지 않으나 전후 침수식

물군락의 극적인 쇠퇴가 일본 각지에서 생긴 것이 히라쯔카(平塚) 등의 청취에 의해 밝혀지고 있다. 쿠마모토현도 포함한 이들의 청취에서는 육역에 있어서의 댐, 둑의 건설, 하천개수나 모래·자갈 채취, 지하수의 취수 등의 개발행위, 또한 해역에 있어서의 간척, 매립, 하구둑의 건설, 해안정비사업, 모래·자갈 채취 등의 개발행위, 게다가 어류양식, 김양식 부하 등 쇠퇴요인에 관한 지적도 많이 있으며, 금후 재생을 향한 방책을 생각하는 데 있어서 청취조사는 유력한 정보원이 될 것이다.

나. 문제점과 과제

금후 책정한 master plan에 대하여는 macro적인 계획이며, 금후 개별의 상세에 대하여는 지구마다 문제를 발굴해 내는 등의 검토를 요한다. 또한 책임의 명확화, 역할분담에 대한 관계자의 합의 등 책정한 계획을 실행에 엮는 방법도 과제이다. 금후 모니터링 등의 자료의 공표나 청소활동 등의 지역주민참가형의 대처를 계속하고, 주민의식의 양성을 도모하면서 의론을 깊게 하는 작업이 필요하다. 재생을 행한 기본이념, 방침, 바람직한 자세 등은 본래는 지역주민 등 관계자의 이해와 합의하에 결정되어야 할 것이라는 점이 지적되고 있으며, 위원회 보고를 살리면서 주민참가를 도모하는 노력이 필요하다.

청취조사의 타당성 검증도 큰 과제이다. 증언 중에는 기억잘못이나 의도가 들어간 요소가 포함된다. 별도의 지구에 생활하는 복수의 주민으로부터 같은 증언이 얻어진 경우 확실성은 높지만, 증언수가 적은 경우 중요한 정보가 숨겨져 있다고 해도 타당성 검증이 곤란하다. 또한 실제로 생긴 현상을 파악할 수 있어도 그 현상이 생긴 기구의 해명까지는 어렵다. 지역주민 등으로부터의 의견청취를 행한 경우 다른 공간이나 시간에서 의론한다든지, 듣는 측의 이해가 부족하여 잘못된 이해를 한다든지 할 가능성도 있다. 나아가 지역주민의 사이에서도 관심의 정도나 파악의 상황은 다른 것을 전제로 한 검증이 필요하다.

다. 금후의 응용전개에 대하여

이 제언을 받아서, 쿠마모토현은 금후 시책의 조정, 검토를 행하면서 case study 지구의 follow up 등 구체적인 대처를 위해 노력하고 있다. 과거의 환경변천에 관한 쿠마모토현의 청취조사성과는 문부과학성 중요과제인 해결형연구 아리아케해 생물서식환경의 재생과 실증시험-생물서식환경의 역사적 변천특성-의 연구에 포함되어, 후쿠오카, 사가, 나가사키의 3개현의 청취와 합쳐져 정리가 이루어지고 있다. 또한 NPO아리아케해 재생기구에 의한 사가현의 어업자에 대한 청취조사에서도 쿠마모토현의 조사와 같은 수법으로 조사가 실시되고 있다. 이들의 연구, 조사의 누적에 의해 과거의 상황을 포함하여 아리아케해의 환경변화가 금후 밝혀질 것으로 기대된다.

참고문헌

環境省, 委員会報告. 環境省有明·八代海総合評価委員会, 1-85, 2006.

熊本県: 委員会報告書~有明海·八代海干潟等沿岸海域の再生に向けて~. 有明海·八代海干潟等沿岸海域再生検討委員会, 1-353, 2006.

滝川 清·増田龍哉, なぎさ線の回復技術. 文部科学省重要課題解決型研究 有明海生物生息環境の俯瞰型再生と実証試験パンフレット, 同事務局, 1-27, 2006.

熊本県, 環境庁委託第2回自然環境保全基礎調査干潟·藻場·サンゴ礁分布調査報告書, 1-538, 1978.

平塚純一·山室真澄·石飛 裕, 里湖モク採り物語50年前の水面下の世界. 生物研究社, 1-144, 2006.

滝川 清·園田吉弘, 生物生息環境の歴史的変動特性. 文部科学省重要課題解決型研究 有明海生物生息環境の俯瞰型再生と実証試験パンフレット, 同事務局, 1-9, 2006.

NPO法人有明海再生機構, 18年度再生機構の活動状況. ABRO, 第3号, 1-4, 2007.

제8장 아리아케해 니질 간석지에 대한 부유계-저서계 결합 생태계 모형의 적용

생태계 모형은 간석지역의 생태계가 가진 기능을 이해하고 물질순환을 정량적으로 평가하기 위하여 유효한 수법이라는 것이 최근 인식되고 있다. 일본 국내에 있어서도 생태계 모형의 구축과 그 적용예가 늘어나고 있으나, 이들 대부분은 주로 사질 간석지역을 대상으로 한 것으로서, 니질 간석지역을 대상으로 한 생태계 모형의 적용예는 거의 보이지 않는다. 한편, 아리아케해는 그 대부분이 니질 간석지 및 천해역으로 이루어져 있다. 이 니질 간석지 및 천해역은 사질역과는 다른 물리적·화학적 특성을 가진 해역이기 때문에, 사질 간석지역을 대상으로 하여 구축된 생태계 모형을 그대로 적용하여 물질순환을 재현하는 것은 곤란하다.

그래서 본 장에서는 이와 같은 상황을 생각하여 동 해역을 대상으로 하여 현지조사나 실내시험을 통해 얻어진 자료 등을 기초로, 니질 간석지와 천해역의 물질순환의 특성을 고려한 부유계-저서계 결합생태계 모형을 구축하고, 아리아케해의 니질 간석지, 천해역에서의 질소 및 인의 순환을 정량화함과 동시에 수질정화기능을 추정하였다. 여기서는 큐슈 농정국과 야스오카(安岡) 등의 조사, 연구성과와 함께 질소순환에 관계하는 정량화 조치를 중심으로 소개한다.

8.1. 대상해역

아리아케해는 면적 1,700km^2, 평균수심 약 20m로, 지형적 폐쇄성이 높은 천해역이다. 아리아케해는 간만차가 큰 것으로 알려져 있으며, 만 안쪽에서는 대조시에는 5-6m에 달한다. 또한, 만내에는 일본에서 두 번째로 넓은 조석 간석지(면적: 약 200km^2)가 존재하고 있다.

아리아케해에서는 최근 해역환경의 변화가 지적되고 있으며, 그 원인 해명과 아리아케해의 재생을 향한 조치가 시급한 실정이다. 그 일환으로서 아리아케해 간석지의 생태계나 물질순환, 수질정화에 대하여 과학적인 지견을 찾고, 해역환경에 있어서의 간석지역의 역할을 가능한 한 정량적으로 평가하여, 효율적인 대책이 요구된다.

여기서는 아라아케해에 존재하는 간석지 중에, 만안쪽 서부의 니질간석지·천해역을 대상으로 하여 생태계 모형을 구축하였다(그림 8.1A). 대상영역은 시오타가와(塩田川) 및 시카시마가와(鹿島川)의 하구 간석지와 그것을 둘러싸는 천해역으로 이루어져 있다(그림 8.1B). 이 해역은 김양식과 채패(採貝)에 활발히 이용되고 있으며, 하구역에 굴 양식을 위한 어초(바위)가 넓게 자리하고 있을 뿐만 아니라 늦은 가을부터 이른 봄에 걸쳐서 하구역과 영역면적의 약 50%를 점하는 수심이 얕은 장소(대략 21km^2)에서 양식이 행해지고 있다.

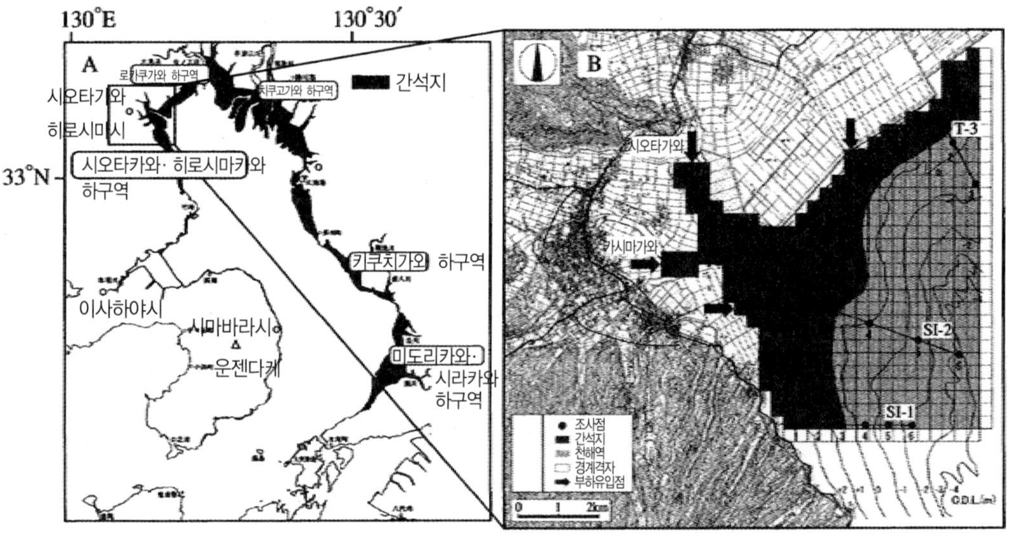

그림 8.1. 대상영역.

8.2. 모형의 개요

본 생태계 모형은 수중(부유계)의 생태계와 저니 중(저생계)의 생태계를 상호 결합시킨 수치모형이며, 생태계를 구성하는 다양한 생물과 비생물을 기능 등으로 그룹화하고 그들의 상호작용을 주로 먹이연쇄 등에 기초하여 수식화한 다음 생체원소인 질소, 탄소 및 인을 지표로 하여 생물 등의 현존량이나 물질순환을 산출한다(그림 8.2).

모형의 구축에 있어서는 사질 간석지역을 대상으로 한 기존의 간석지 생태계 모형을 기초로, 니질 간석지역에 적용하는 생태계 모형으로서 다음과 같은 특징을 고려하여 모형화를 시도하였다. 또한, 그 구축에 있어서는 2001년 4월-2002년 3월에 걸쳐서 그림 8.1B의

측선(SI-1, SI-2, T-3)에서 수질, 플랑크톤, 저질, 저서생물 등의 계절별 자료를 취득한 외에 (표 8.1), 모형의 매개변수 설정을 위해 현지조사나 이매패의 대사속도실험, 현지의 저니 샘플을 이용한 탈질속도실험 등을 행하였다.

가. 구성요소

저서생물에 관계하는 현지조사결과를 고려하고 퇴적물 식자를 세 개의 구성요소로 나누어 모형화하였다. 또한 인의 순환에 관해서는 수중에서 흙입자 등의 현탁물에 무기인이 흡착한 후, 현탁물과 함께 침강하여 저니로 이행하는 과정이 중요하다고 생각되기 때문에 현탁태 무기인에 대하여도 고려하였다. 또한 모형의 기본식은 식 (1)에 나타낸 바와 같이, 수평, 연직방향의 이류항, 확산항과 그들을 제외한 생성, 소멸항으로 구성되어 있다.

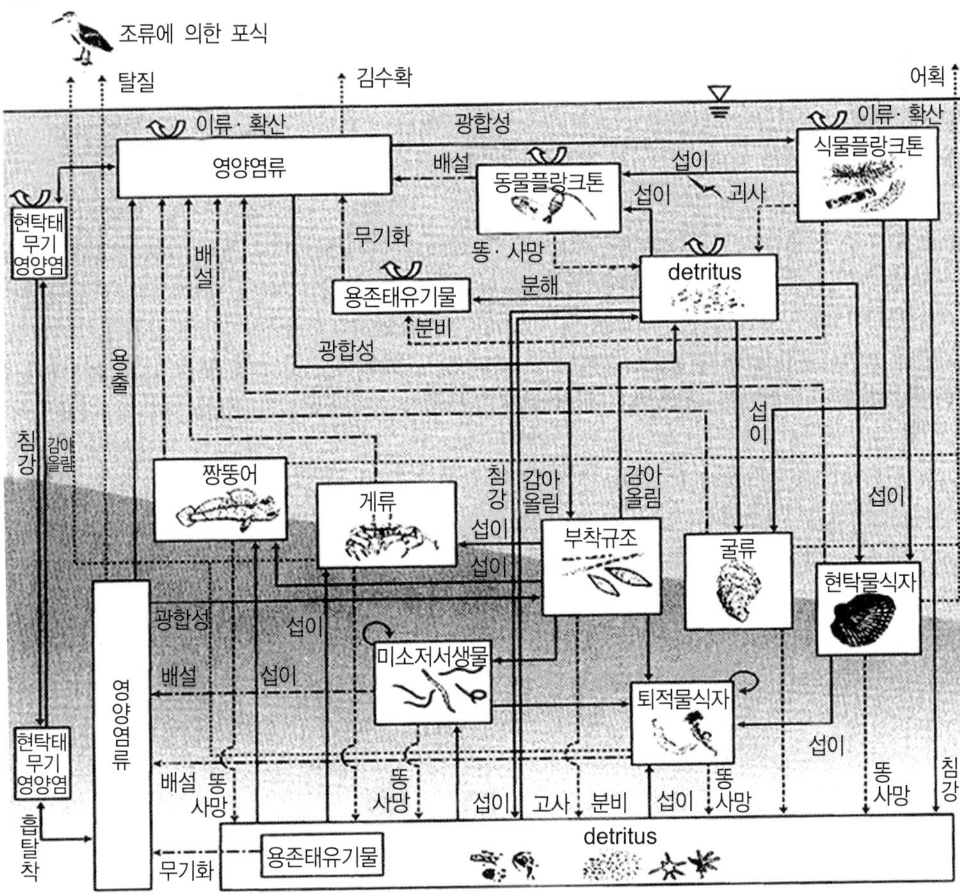

그림 8.2. 수치모형의 개념.

표 8.1. 측선조사의 개요

항목	시료의 채취 방법	조사항목 등
수질	해면하 $0.5m$ 와 해저상 $1.0m$ 의 2개층에서 채수	염분, pH, 용존산소(DO), 영양영류, 부유물질(SS), 클로로필_a, 유기물 등
플랑크톤	해면하 $0.5m$ 와 해저상 $1.0m$ 의 2개층에서 채수하여 혼합함. 또한, 동물플랑크톤에 관해서는 net법도 사용하여 채취함.	식물·동물플랑크톤 (출현종, 종류수, 개체수, 세포수 등)
저질 등	저니를 아크릴 코어로 채취(표층에서부터 $0 \sim 5cm$ 와 $20 \sim 30cm$ 의 2개층으로 나누어 채취함).	저질(함수율, 강열감량, 클로로필_a, 황화물, 산화환원전위, TOC, 영양염 등), 간극수($D-TN, NO_2-N,$ $D-TP, DOP, DOC, DON, NO_3-N,$ NH_4-N, PO_4-P 등)
저서생물	저니를 아크릴 코어로 채취함.	대형저서동물, 중형저서동물, 부착해조류 등 (출현종, 개체수 등)

생성 및 소멸항의 예로서, 부유계에서는 식물플랑크톤, 저서계에서는 현탁물 식자를 들 수 있는데, 상세한 것은 야스오카(安岡) 등에 의한 보고를 참조하기 바란다.

$$\frac{\partial}{\partial t}(h \cdot S) = \underbrace{-\left(u\frac{\partial}{\partial x}(h \cdot S) + v\frac{\partial}{\partial y}(h \cdot S) + w\frac{\partial}{\partial z}(h \cdot S)\right)}_{\text{이류항}} + \underbrace{\frac{\partial}{\partial x}(K_x \cdot h\frac{\partial S}{\partial x}) + \frac{\partial}{\partial y}(K_y \cdot h\frac{\partial S}{\partial y})}_{\text{확산항}}$$

$$\underbrace{+\frac{\partial}{\partial z}(K_z \cdot h\frac{\partial S}{\partial z}) + (\frac{\partial}{\partial t}(h \cdot S))}_{\text{생성·소멸항}} \qquad (1)$$

여기서, S: 각 구성요소의 물질농도(g/m^3), h: 층두께(m), x, y, z: x, y는 오른손 좌표계의 직교좌표축, z는 연직상방향을 +로 함. u, v, w: x, y, z방향의 유속성분(m/s). K_x, K_y, K_z: x, y, z방향의 와동확산계수(m^2/s), $(\frac{\partial}{\partial t}(h \cdot S))$: 생성·소멸항

[부유계]

식물플랑크톤에 관계하는 구성식은 식 (2)에 나타내는 바와 같다.

$$\frac{dPPHY}{dt} = \text{광합성} - \text{호흡} - \text{세포외 분비} - \text{고사} - \text{침강} - \text{피식(동물플랑크톤, 현탁물 식자)} \qquad (2)$$

여기서, $PPHY$: 식물플랑크톤

한편, 식물플랑크톤에 관한 주된 모형식을 표 8.2에 정리하였다.

표 8.2. 식물플랑크톤에 관한 주된 모형식

물질순환과정	주된 모형식
광합성	광합성 속도(PP_1)는 수온(T), 광량(I), 영양염(N, P)에 의존하는 것으로 하여 모형화 $PP_1 = \mu\max_{pphy} \cdot f(T) \cdot f(I) \cdot f(N, P)$ $\mu\max_{pphy}$: 최대광합성 속도(18℃, 1.8[/일]) $f(T) = \exp(\theta_{pphy}(T-18)^2)$, θ_{pphy}: 온도계수($-0.004[-1]$) $f(I) = \frac{I_L}{Iopt_{pphy}} \cdot \exp(1 - \frac{I_L}{Iopt_{pphy}})$ $Iopt_{pphy}$: 최적광량 ($923[\mu E/m^2/초]$), I_L: 제 L층에서의 평균광량 여기서 제 L층의 광량은 SS와 클로로필_a($Chl-a$)농도에 따라 제 L층의 상단(h_1)에서부터 하단(h_2)에 걸쳐서 광량감소가 생긴다고 가정하여 설정 $I_{h2} = I_{h1} \cdot \exp(-k \cdot (h_2 - h_1))$ $k(소산계수:/m) = 0.06147 \cdot (SS) + 0.00930 \cdot (Chl-a) + 0.3180$ $f(N, P)$ (영양염 의존항)에 대하여는 반포화형의 함수를 적용
호흡	호흡속도(PP_3)는 수온(T)에 의존하는 것으로 하여 모형화 $PP_3 = RESPpphy \cdot \exp(Q10Rpphy \cdot (T-20))$ $RESPpphy$: 호흡속도 (20℃, $0.01[/일]$) $Q10Rpphy$: 온도계수 ($0.0693[-]$)
세포외 분비	세포외 분비속도(PP_2)는 광합성량에 대하여 일정한 비율이 세포외 분비하는 것으로 하여 설정 $PP_2 = EXCpphy \cdot PP_1$, $EXCpphy$: 세포외 분비계수 ($0.12[-]$)
고사	고사속도(PP_4)는 수온(T)에 의존하는 것으로 하여 모형화 $PP_4 = MORTpphy \cdot \exp(Q10Mpphy) \cdot (T-20)$ $MORTpphy$: 고사속도 (20℃, $0.0125[/일]$) $Q10Mpphy$: 온도계수 ($0.0693[-]$)
침강	침강속도(PP_5)는 일정치($SINKpphy$)로서 설정 ($0.1[m/일]$)

[저서계]

대상영역내에 있어서는 습중량으로 보면 굴과 피조개가 대표적인 현탁물 식자로 생각되는데, 양자에는 여과속도에 차이가 있기 때문에 굴류와 피조개 등의 그 외의 현탁물 식자

두 개로 구별하여 다루었다. 굴류 이외의 현탁물 식자는 실내실험에서 얻어진 자료 등에 기초하여 정식화와 매개변수의 설정을 행하였다. 굴류 이외의 현탁물 식자에 관계하는 구성식은 식 (3)에 나타내는 바와 같다.

$$\frac{dBSF}{dt} = \text{섭이(동물플랑크톤, 현탁태 유기물)} - \text{호흡, 배설} - \text{배분(排糞)} - \text{사망} - \text{어획} - \text{피식 (퇴적물식자)} \quad (3)$$

여기서, BSF : 굴류 이외의 현탁물 식자

또한, 굴류 이외의 현탁물 식자의 섭이에 관한 모형식을 표 8.3에 정리하였다.

표 8.3. 굴류 이외의 현탁물 식자의 섭식에 관한 모형식

물질순환과정	모형식
섭이	실내실험결과에 기초하여, 섭식속도(BS_1)가 먹이농도($CONC$), 온도(T) 등에 의존하는 현상을 모형화 $BS_1 = V_{bsf} \cdot f(T) \cdot f(CONC) \cdot f(BSF)$ V_{bsf}(기준여과속도)는 개체 크기와 여과속도의 관계와 관측 개체의 평균 크기를 참고로 설정 (25℃, $0.000041[m^3/gC/\text{시}]$ 온도 의존항($f(T)$)은 새꼬막의 온도와 여과속도의 관계를 바탕으로 25℃를 경계로 온도계수($Q10G_{bsf}$)는 다른 값을 설정 $f(T) = \exp(Q10Gbsf \cdot (t-25))$ $Q10Gbsf$: 온도계수 ($0.09(T < 25℃ < T) - 0.02[-]$) 먹이농도 의존항($f(CONC)$)은 새꼬막의 먹이농도와 여과속도의 관계를 바탕으로 설정 $f(CONC) = \exp(Q10CONCbsf \cdot (CONC - 0.536))$ $Q10CONCbsf$: 농도계수 ($-1.1(CONC < 0.53mg/l < CONC) - 0.3[-]$) $f(BSF)$: 현탁물 식자의 밀도 의존항 $f(BSF) = \frac{BSF}{BSF + Kbsf}$, $Kbsf$: 반포화정수 ($1-200[gC/m^2]$)

나. 저니의 감아올림(winding up)과 침강

대상영역에서는 점토 및 실트분이 차지하는 비율이 표층 5cm에서 93.8-99.7%이며, 함수율도 평균 71.7%에 달하고 또한 큰 조차 때문에 저니는 감아올림과 침강을 반복하고

있다. 이 때문에 조시에 따라 수중의 SS농도와 투명도가 크게 변화하고, 식물플랑크톤의 광합성 등에 영향을 주는 외에, 현탁물로의 흡착, 응집이 생기며, 감아올림, 침강에 동반하여 흡착태 물질의 저니로의 이행이나 수중으로의 재현탁 등이 행해지고 있는 것으로 생각된다.

그래서 모형화에 있어서는 주로 조석류의 속도에 기인하는 저니의 감아올림과 침강을 고려하였다. 또한 현탁물의 영향으로서, 일차생산에 대한 광투과율의 감소와 무기태 인의 흡착, 유기태 질소, 인의 응집, 현탁물에 동반하는 감아올림과 침강에 대하여도 고려하였다.

다. 산화층과 환원층의 형성

산화층과 환원층의 형성은 저질내에서의 다양한 반응속도나 생물활성에 영향을 주고 있는 것으로 생각된다. 현지조사결과에 있어서 산화층이 저니 표면에서 근소한 범위에 머물고, 표면 부근에서 환원층이 형성되고 있음과 동시에 산화환원전위의 연직구조는 계절적으로 변화하고 있는 것이 확인되었다. 이 때문에 간극수 중의 용존산소에 대하여도 구성요소로서 계산하고, 산화층과 환원층의 형성이나 그 층 두께의 계절변화의 재현을 꾀하였다. 또한 초화(硝化), 탈질, 흡·탈착에 관하여 간극수 중의 용존산소농도에 의한 영향을 검토함과 동시에 유기물의 분해활성에 대하여도 호기분해와 혐기분해를 고려하였다.

8.3. 계산영역과 계산조건

가. 계산영역

계산영역은 그림 8.1B에 나타내듯이 $300m \times 300m$의 정방형 격자로 분할하였다. 또한, 각 격자는 구성요소의 연직분포를 재현하기 위해 부유계, 저서계 모두 연직다층으로 하였다. 부유계는 제 1층을 3.5m두께로 하고, 그 이후의 각 층은 1m마다 분할하였다. 저서계는 저니 표면에서부터 30cm 깊이까지를 6개 층으로 분할하고, 층 두께는 각각 0-1cm, 1-2cm, 2-3cm, 3-5cm, 5-10cm 및 10-30cm로 하였다.

나. 계산기간

계산기간은 2002년 4월-2003년 3월의 1개년으로 하였다. 또한 계산 시간간격은 300sec로 설정하였다.

다. 계산조건

1) 유동조건

유동장을 주기 위해 아리아케해 해역환경조사에 있어서 구축된 nesting을 활용한 level model을 사용하여 아리아케해 전역을 대상으로 한 계산을 행하였다. 구체적인 격자설정은 그림 8.1B에 나타내는 생태계 모형의 계산대상영역인 시오타가와(塩田川), 카시마가와(鹿島川)의 하구역 300m격자로 분할함과 동시에 아리아케해 전역을 900m격자로 하고, 또한 그 외측에 2,700m격자의 대영역을 설정하여, 3개 영역을 동시에 계산하였다. 유동계산결과로부터, 각 격자, 각 층의 30분 적산유량, 수온, 염분의 30분 평균치를 작성하고 유동조건으로 하였다.

2) 경계 및 초기조건

경계조건은 계산영역의 해역측 경계격자(그림 8.1B의 흰 동그라미 격자)에 근방의 공공용 수역, 천해정선조사결과와 현지조사결과를 선형으로 보관하여 매일의 수질을 추정한 후, 이동평균에 의해 평활화하여 경계수질농도를 설정하였다. 또한 초기치의 설정에는 주로 2002년 5월의 현지조사결과와 2002년 4월의 공공용 수역, 천해정선조사결과를 이용하였다.

3) 기상조건

일사조건은 지상기상실황보의 전천일사량의 1시간 값을 사용하였다.

4) 부하조건 등

육역으로부터의 유입부하 중 시오카가와로부터의 부하량에 대하여는 시오타가와의 순류(順流) 최말단의 수질기점에서의 수위자료에 기초하여 유량을 산출하고, 통상시 홍수시의 L(부하)-Q(유량)식으로부터 유출부하량을 구하였다. 하천 감조역과 직접 유입역에 대하여는 frame부하량과 부하량 원단위를 곱하여 합치는 원단위법에 의해 산정하였다. 또한 카시마가와 유역이나 이들의 유역에 포함되지 않는 지역은 직접 유입역으로서 다루고, 유출부하는 카시마가와 하구와 근방의 통문으로부터 유출하는 것으로 설정하였다(그림 8.1B의 화살표).

한편, 어획에 의해 계외로 빠져나가는 양에 대하여는 어획량이나 공판실적과 구획어업권도로부터 대상영역에 있어서의 어획량을 추정하고, 어기 중의 일평균치로서 대상격자에 설정하였다. 또한 김양식에 있어서의 질소비료의 투입에 대하여도 김의 어구(漁區)에 상당하는 격자로 설정하였다. 더욱이 조류(鳥類)의 채이(採餌)에 의해 계외로 빠져나가는 양에 관해서는 대상영역내에서 행해진 조류출현수 조사결과와 기초대사량으로부터 설정하였다.

8.4. 모형의 재현성 검토

그림 8.3A-F에 조사측선 SI-2의 각 측점에 있어서의 부유계 계산항목의 관측치와 계산결과의 비교를 나타내었다. 식물플랑크톤은 적조가 원인으로 생각되는 2003년 1월의 높은 값을 제외하면 계산결과는 관측치와 근사적인 결과를 나타내고 있다(그림 8.3A). 구축 모형은 1년간의 평균적인 물질순환을 재현하는 것을 목적으로 한 것이기 때문에 이 단기적인 사건인 1월의 적조를 재현하기 위한 매개변수 등의 tuning은 행하지 않았다. 영양염류에 대하여는 미세한 변동은 완전히는 재현할 수 없으나 해안 난바다 방향이나 1년간을 통한 변화경향은 대략 재현되었다(그림 8.3D-F). SS에 대하여는 관측치가 하루 중에도 비교적 농도가 낮은 만조시의 자료라는 점에서 일평균치로 나타내고 있는 계산결과가 관측치를 상회하고는 있지만, 조석의 변화에 동반하여 농도가 변화하는 상황이 재현되었다(그림 8.3C).

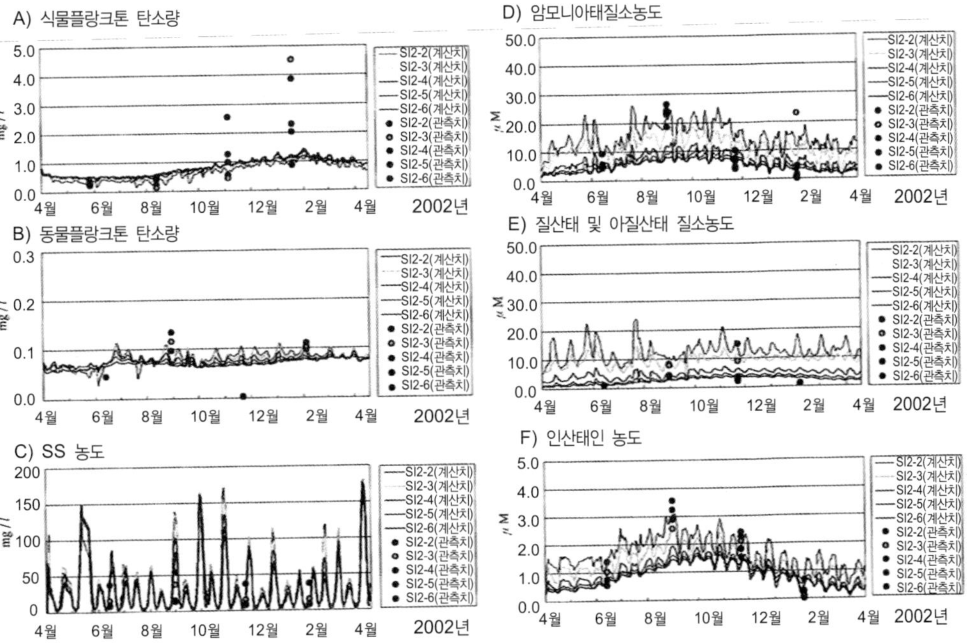

그림 8.3. 아리아케해 니질 간석지에 적용한 부유계-저서계 결합 생태계모형의 출력결과 (부유계 항목의 관측치와 계산결과의 비교(측선 S1-2)).

그림 8.4A-H에 측선 SI-1의 측점 2(간석지역의 대표지점으로서 선정)에 있어서의 저니간극수중의 수질과 저서생물에 관계하는 관측치와 계산결과의 비교를 나타내었다. 간극수 중의 용존산소의 계산결과는 계절적인 변화가 있으며, 관측에서 보여지는 경향과 일치하고 있는 것이 확인되었다(그림 8.4D). 간극수 중의 질산(NO_3-N)과 아질산(NO_2-N)은 낮고, 암모니아(NH_4-N)농도는 높아지는 경향 외에 암모니아태 질소 및 인산태 인에 관계하

는 연직방향의 농도변화가 재현되었다(그림 8.4A-C). 또한 저서생물에 관계하는 현존량의 계산결과는 관측결과와 대략 같은 수준이었다(그림 8.4E-H). 이 중에서 현탁물 식자의 2003년 11월의 실측치가 다른 3개 계절과 비교하여 높고, 계산결과와의 괴리가 생기지만, 이것은 국소적으로 존재하는 조개류 군집 지점을 샘플링한 것에 기인하고 있는 것으로 생각된다.

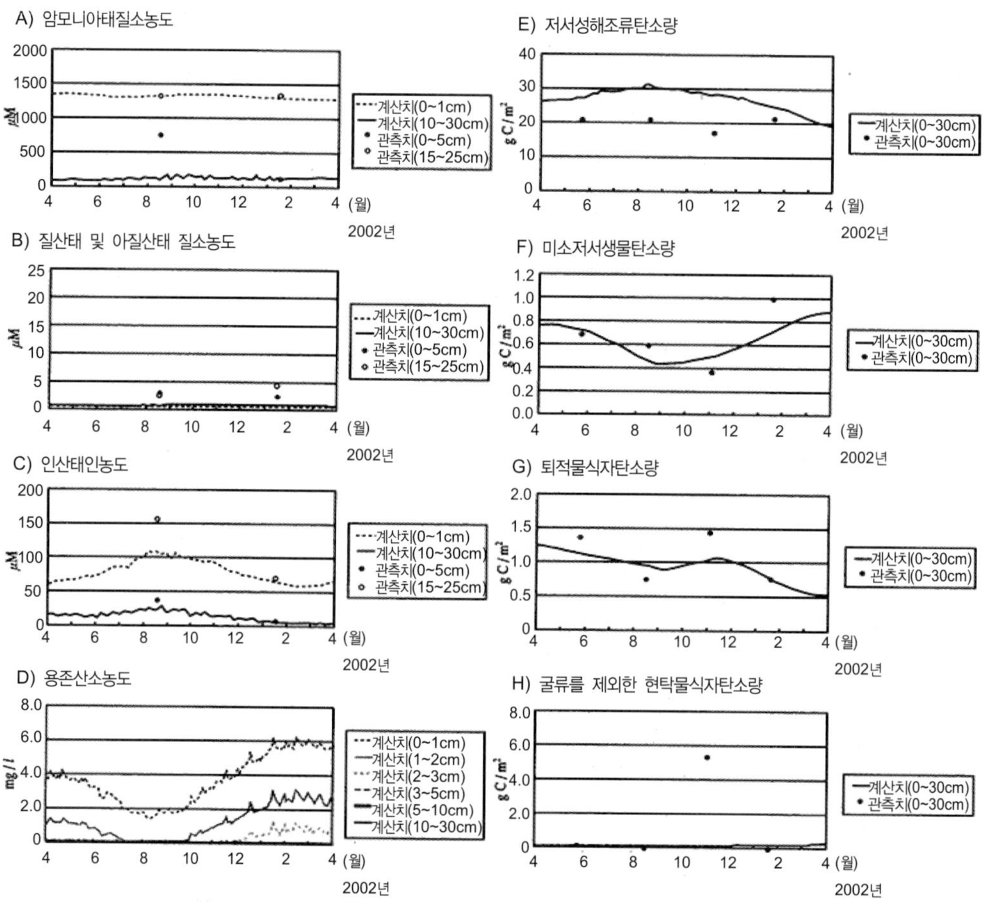

그림 8.4. 저서계 항목의 관측치와 계산결과의 비교(측선 SI-1의 측점 2).

8.5. 모형의 적용

구축 모형에 의한 계산결과는 실측치를 대략 재현한 이외에 계절적인 경향에 대한 재현성도 확보되었고, 니질 간석지역의 특징을 잘 재현하였기 때문에 대상 간석지, 천해역에 모형을 적용하여 질소순환의 정량화에 의한 수질정화기능의 추정을 행하였다.

가. 질소순환

계산대상의 간석지, 천해역 전역의 질소순환에 관계하는 계산결과(연간평균)을 그림 8.5에 나타내었다. 또한, 현존량(그림 중의 테두리내의 수치)은 연간평균치이며, 물질순환량(그림 중의 화살표에 붙어 있는 수치)은 일평균속도로 나타내었다.

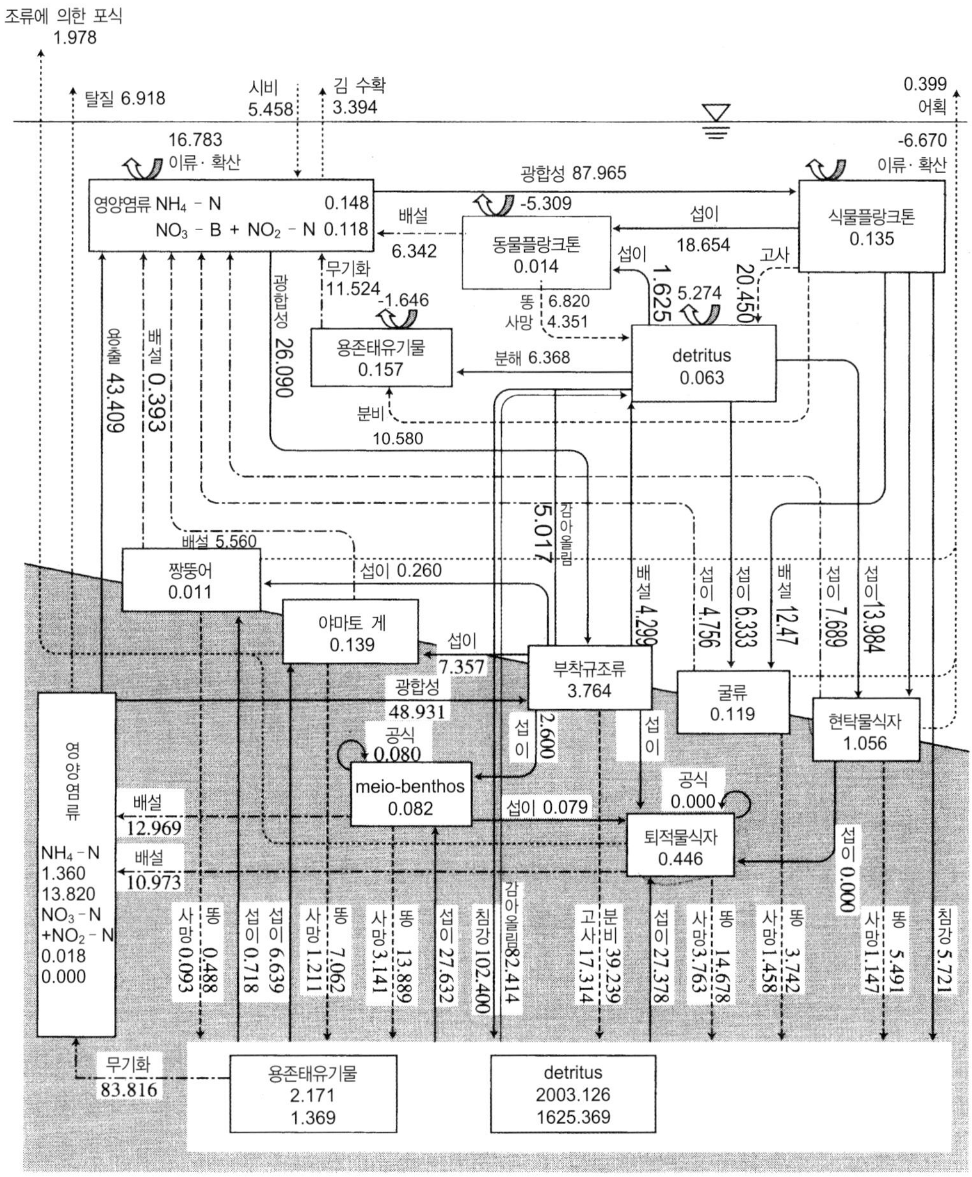

그림 8.5. 대상 간석지 및 천해역 전역에 있어서의 연평균의 질소순환에 관계하는 계산결과.

간석지 및 천해역에 있어서의 질소순환에는 부유계에서는 식물플랑크톤, 저서계에서는 부착 규조류나 박테리아의 관여가 크고, 현탁물 식자 등 다른 생물군의 관여를 크게 상회하고 있다. 저서계에서는 저서성 규조류의 광합성에 의해 해수나 간극수 중의 무기태 질소를 유기태 질소로 동화하는 과정이나 그 결과 생성된 유기태 질소를 박테리아가 분해하고, 간극수 중에 무기태 질소(주로 암모니아)를 공급하는 과정 등이 주요한 과정이 되고 있다.

또한 퇴적물 식자나 meio-benthos도 현존량은 작지만, 순환과정 중에 주요한 역할을 하고 있다. 부유계(수중)에서는 식물플랑크톤의 광합성량이 크고, 계내 뿐만 아니라 계외로부터 유입하는 무기태 질소도 이용하여 광합성이 이루어지고 있고, 증식한 식물플랑크톤은 계내의 순환에서 완전히 소비되지 않고, 계외로 유출하는 결과가 되었다.

나. 질소수지

저서계와 부유계의 사이의 질소수지나 계내외의 질소수지를 검토하기 위해 유기태 질소와 무기태 질소에 관한 수지를 정리한 결과를 그림 8.6에 나타내었다.

계산결과로부터는 간석지 및 천해역에 있어서는 이매패류 등의 현탁물 식자에 의한 질소순환에 대한 역할이 비교적 한정적이며, 한편 부착 해조류나 박테리아가 저서계의 질소순환에 중요한 역할을 하고 있는 것이 시사되었다. 한편, 기존의 사질 간석지 모형의 결과에서는 바지락 등 간석지역에 서식하는 이매패가 부유계와 저서계의 사이의 물질순환의 구동력이며, 간석지역의 기능으로서는 여과에 의해 현탁태 유기물을 수중에서 제거하여, 무기영양염의 형으로 되돌리는 식으로 하여, 무기화가 이루어졌다. 이에 대하여 계산영역의 연간의 질소수지로부터는 무기태 질소가 유입하는 한편, 유기태 질소는 유출하는 결과가 되어, 니질 간석지는 유기물의 분해보다는 기초생산에 의한 영양염의 흡수를 통해 유기물의 형으로 주변해역에 공급하는 생산의 장으로서 기능하고 있는 것으로 밝혀졌다.

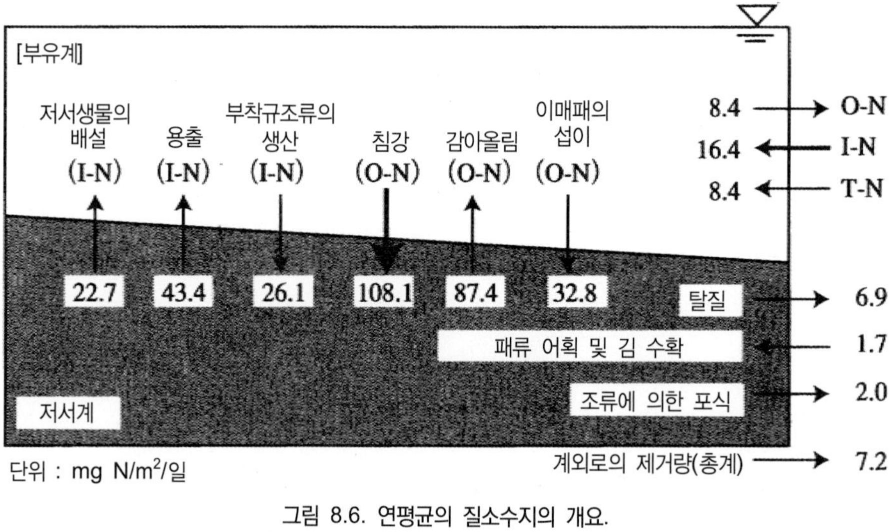

그림 8.6. 연평균의 질소수지의 개요.

또한, 대상 간석지역 및 천해역 전역에 있어서의 연평균 질소수지에 관계하는 평가결과를 그림 8.7에 나타내었다. 영역 전역의 물질수지로부터 수질정화기능을 평가하면, 대상영역의 수질정화기능은 0.34*tN*/일이 되고, 이것은 시오타가와, 카시마가와 유역으로부터의 질소부하유입량의 11%에 상당한다. 이 물질수지로부터 얻어진 정화량의 대부분은 탈질에 의한 것으로 나타났다.

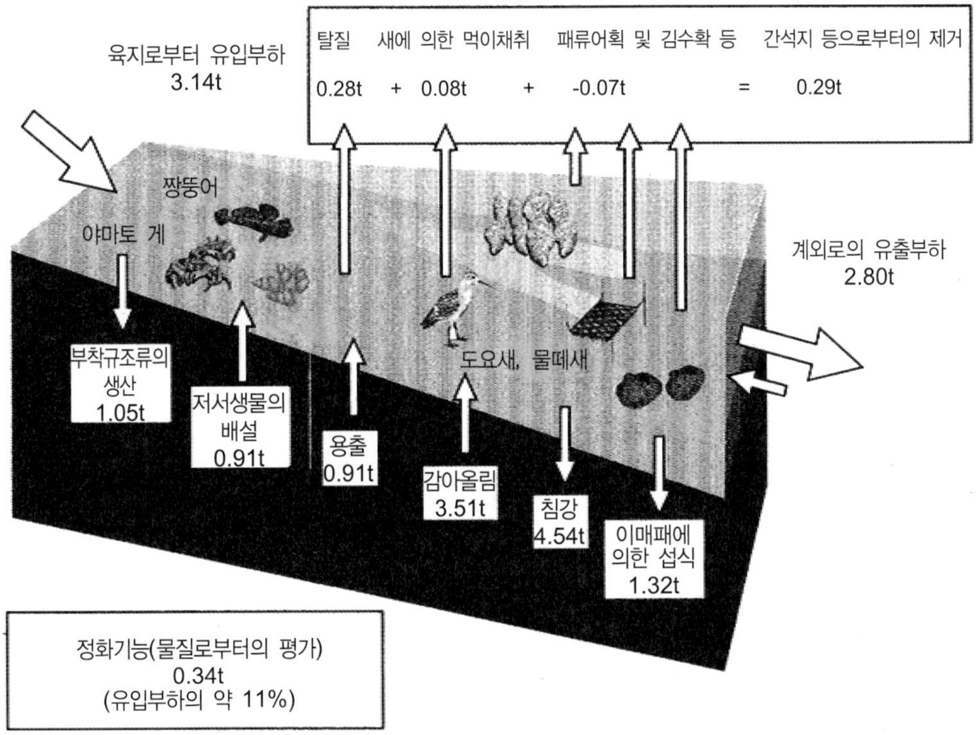

그림 8.7. 대상 간석지, 천해역 전역에 있어서의 연평균의 질소수지에 관계하는 평가결과.

8.6. 결론

아리아케해의 니질 간석지 및 천해역을 대상으로 니질 지역의 생태계나 물질순환의 특성을 고려한 부유계-저서계 결합 생태계 모형을 구축하고, 연간의 질소순환과 질소수지 등을 추정하였다. 이 모형에서는 니질역에 특징적인 생물의 역할 외에, 저니 중의 환원적 환경의 형성, 저니의 감아올림, 침강 등에 의한 물질순환과정에 대한 영향 등을 고려하였다. 이 결과, 계산결과는 실측치를 대략 재현한 외에, 계절적인 경향에 대한 재현성도 확보되는 등, 니질 간석지역의 특징을 재현하는 모형이 구축되었다.

이 부유계-저서계 결합 생태계 모형에 의한 계산결과로부터 니질 간석지역의 물질순환에 대한 정량적인 파악이 이루어졌다. 그 결과, 이매패류 등의 현탁물 식자의 질소순환에 있어서의 역할은 비교적 한정적인 한편, 부착 해조류나 박테리아가 저서계의 질소순환에 중요한 역할을 하고 있는 것이 시사되었다. 또한, 연간을 통한 질소수지를 보면, 무기태 질소의 유입이 있는 한편, 유기태 질소는 유출하는 결과가 되어, 대상 영역이 유기물의 분해보다 생산의 장으로서 기능하고 있을 가능성이 시사되었다. 영역 전역의 물질수지로부터 수질정화기능을 평가하면, 대상 영역의 단위면적당의 수질정화기능은 $8.4mgN/m^2$/일, 대상영역 전역에서는 $0.34tN$/일이 되는데, 이것은 대상 영역에 육역으로부터 유입하는 질소부하의 약 11%에 상당하는 것으로 나타났다. 또한 인위적인 관여의 정도가 높고, 현탁물 식자의 현존량이 큰 지점에서는 유기물을 분해하는 장으로서 기능하고 있지만, 현탁물 식자의 여과속도는 식물플랑크톤의 증식속도에 비하여 낮고, 식물플랑크톤의 증식을 억제하는 효과는 한정적이라고 생각된다.

이와 같이 니질 간석지를 대상으로 한 생태계 모형의 구축과 활용을 통해 아리아케해만 안쪽의 니질 간석지역에서의 질소순환의 정량화와 수질정화기능에 대하여 고찰하였다. 또한, 수질정화기능의 향상을 향한 환경개선조치 등을 행함에 있어서는 단순한 수질정화기능과 같은 관점에서가 아니라 해역환경, 물질순환 등에 어떤 영향을 미치는가를 충분히 고려한 다음 대처를 진행하는 것이 중요한데, 이번의 조치는 수질정화기능의 향상 등이 시도되는 효과적인 환경개선대책을 검토하는 데 있어서 유용한 도구가 될 것으로 생각된다.

금후 추가적인 현지조사 등을 통해, 지견의 축적함으로써, 니질 간석지 생태계 모형의 범용성과 유용성을 더욱 높일 수 있을 것으로 생각된다.

참고문헌

J.W. Baretta, P. Ruardij, Tidal flat estuaries. Simulation and analysis of the Ems estuary. Ecological Studies, 71, Springer-Verlag, 1-353, 1988.

中田喜三郎·畑 恭子, 沿岸干潟における浄化機能の評価. 水環境学会誌, 17, 158-166, 1994.

K. Hata, I. Oshima, K. Nakata, Evaluation of the Nitrogen cycle in a tidal flat. *Estuar. Coast. Model., Am. Soc. Civil Eng.*, 542-554, 1995.

畑 恭子·大島 嚴·中田喜三郎, 底生生態系モデルを用いた海岸生態系の物質循環の評価. 海洋理工学会誌, 3, 31-50, 1997.

鈴木輝明·青山裕晃·畑 恭子, 干潟生態系モデルによる窒素循環の定量化. 海洋理工学会誌, 3, 63-80, 1997.

K. Hata, K. Nakata, Evaluation of eelgrass bed nitrogen cycle using an ecosystem model. Environ. *Model and Software,* 13, 491-502, 1998.

K. Hata, K. Nakata, T. Suzuki, The nitrogen cycle in tidal flats and eelgrass beds of Ise Bay. *J. Mar. Sys.,* 45, 237-253, 2004.

九州農政局, 干潟浄化機能調査報告書, 1-287, 2004.

安岡澄人・畑 恭子・芳川 忍・中野拓治・白谷栄作・中田喜三郎, 有明海の泥質干潟・浅海域での窒素循環の定量化－泥質干潟域の浮遊系－底生系結合モデルの開発－. 海洋理工学会誌, 11, 21-33, 2005.

環境省水環境部, 平成12年度藻場・干潟等の環境保全機能定量評価基礎調査報告書, 1-197, 2001.

九州農政局, 諫早湾干拓事業. 開門総合調査報告書, 1-397, 2003.

安岡澄人・石川知樹・中野拓治・白谷栄作・中田喜三郎, 有明海泥質干潟・浅海域における底泥窒素循環の特性－塩田川・鹿児川河口域における現地調査および室内試験結果－. 海洋理工学会誌, 11, 54-61, 2005.

農林水産省水産庁・農林水産省農村振興局・経済産業省資源エネルギー庁・国土交通省河川局国土交通省港湾局・環境省環境管理局, 平成14年度国土総合開発事業調整費, 有明海海域環境調査報告書, 1-611, 2003.

佐々木克之, 内湾および干潟における物質循環と生物生産[12] 一色干潟の窒素循環における二枚貝の役割. 海洋と生物, 95, 487-492, 1994.

제9장__하마나코(浜名湖)의 환경과 보전을 위한 대처

9.1. 하마나코의 개요

하마나코는 시즈오카현 남부에 위치하는 기수역(汽水域)이다. 이 호수는 본 호 및 이노하나코(猪鼻湖), 호소에코(細江湖) 등 복수의 지호(支湖)로 이루어져, 말하자면 "손바닥 모양"과 같은 모습을 이루고 있다(그림 9.1). 등심선을 보면 호의 남부는 평균 수심 2.5m로 얕으나, 중앙부-북부에서는 급격히 깊어진다. 최대 수심은 본 호의 북동부에 위치하는 호심(湖心)이라 불리는 지점으로, 수심 약 12m이다. 남부의 이마키리구찌(今切口)라 불리는 호의 입구에서 엔슈나다(遠州灘)와 이어져 있으며, 해수의 유입, 조석 등 전형적인 내만의 특징을 나타낸다.

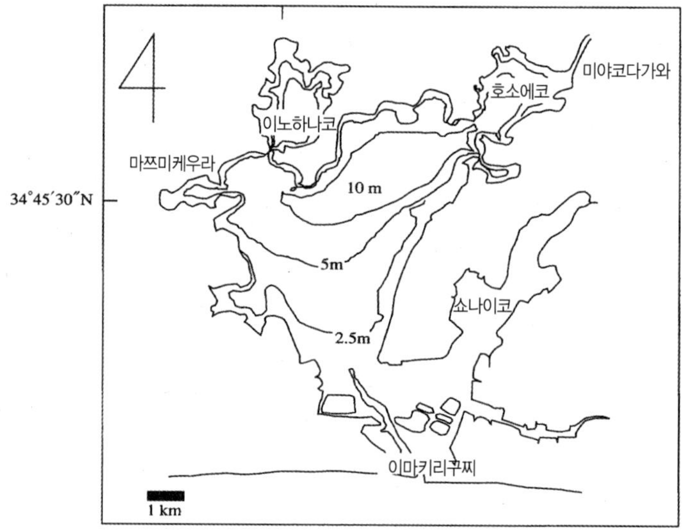

그림 9.1. 하마나코의 지도.

하마나코와 엔슈나다를 잇는 이마키리구찌는 폭이 약 200m이며, 호 전체의 면적(약 70.4km^2)에 비해 좁은 편이다. 또한 각 지호와 본 호를 잇는 수로도 좁아서 호 전체, 또한 호내에서도 국소적으로 폐쇄성이 높은 지점을 가지고 있다고 말할 수 있다. 이 지형상의 특징 때문에 하마나코의 수질은 지점마다 다른 특징을 나타낸다. 특히 수심이 깊은 북부에서는 여름의 고온과 강우에 의해 호수에 온도약층과 이에 동반한 밀도성층이 발생한다. 약층의 상하에서는 물 교환이 작기 때문에 호 저부에는 빈산소수괴가 형성된다. 특히 9-10월에는 호 저부의 용존산소량(DO)이 0에 가까워진다. 소위 무산소상태가 되는 것도 드물지 않다. 하계의 성층에 의해 호 북부에서는 표층과 저층에서 수온, DO 등의 차가 현저하다. 동계가 되면 성층상태가 해소되고 표층과 저층의 수질은 거의 균일해진다. 한편, 수심이 얕은 호 남부에서는 성층이 발생하지 않고, 1년을 통해 수심에 따른 수질의 차는 적다.

지형상의 폐쇄성, 또한 하계의 성층에 의해 저층으로의 DO공급이 발생하지 않고 환원적 환경이 되는 등, 호수는 부영양적인 상태가 되기 쉽다고 말할 수 있다. 화학적 산소요구량(COD)의 측정치를 예로 들면, 2000년 이전은 호내의 수질관측점 12개 정점 중, 반수 이상의 지점에서 환경기준치(2mg/l이하가 7점, 3mg/l이하가 5지점)가 미달성되는 등, 호수의 부영양화가 진행하고 있었다. 2001년 이후는 전 관측점에서 COD평균치가 환경기준치를 밑돌고 있는 것에서 알 수 있듯이, 하마나코의 부영양적 상태는 개선되고 있다고 말할 수 있는데, 특히 폐쇄성이 강한 북부의 호심, 이노하나코 등에서는 하계에는 COD 3-4 mg/l로 비교적 높은 값을 나타내는 경우도 많다. 또한, 춘계-추계에 걸쳐서는 주로 식물플랑크톤에 의한 적조발생도 자주 보인다.

폐쇄적이고 부영양적인 환경이라는 말은 현탁태 유기물이 고농도로 존재하고, 풍부한 영양염에 의해 식물플랑크톤의 증가가 일어나기 쉽다는 것을 의미한다. 이들은 수질악화의 한 원인이 되는 한편, 일차생산에 기여하기 때문에 해역의 생산성의 높이를 나타내고 있다고도 말할 수 있다. 이러한 특성을 반영하여 하마나코는 다른 많은 폐쇄적 해역과 마찬가지로, 천해에 서식하는 수산생물의 유용한 어장이 되어 있다. 어획량이 많은 어종은 바지락, 농어, 감성돔, 보리새우 등이다. 그 중에서도 바지락은 어획량의 90% 이상을 점하고 있으며, 하마나코를 대표하는 어획물이다. 단위면적당 어획량은 2005년의 경우 54.5 t/km^2로 시산되었다. 일본 유수의 바지락 어획량을 자랑하는 미카와만(三河湾)에서 단위면적당의 생산량이 약 11t/km^2인 것을 생각하면, 그 생산성을 실감할 수 있을 것이다. 뿐만 아니라, 참굴, 김류의 양식도 호내의 각지에서 이루어지고 있다.

그러나 근년 하마나코에 있어서의 어획량은 감소 추세에 있으며, 어장으로서의 생산성을 재고해야 할 시점에 와 있다고 생각된다. 특히 바지락 어획량은 1981년을 정점으로 하여 감소를 계속하고 있고, 2000년 이후의 어획량은 2,000-4,000t미만으로 최성기의 1/2-1/3 수준이다(그림 9.2). 어획량 감소에는 난획(亂獲)이나 골뱅이에 의한 포식 등, 다양한 원인이 추측되고 있는데, 아직 충분한 해명은 이루어지지 않고 있다. 그 외의 호면어업

(湖面漁業)에 있어서도 1970년대에는 약 800t의 어획량을 기록하였으나, 2005년에는 약 319t으로 감소하였다.

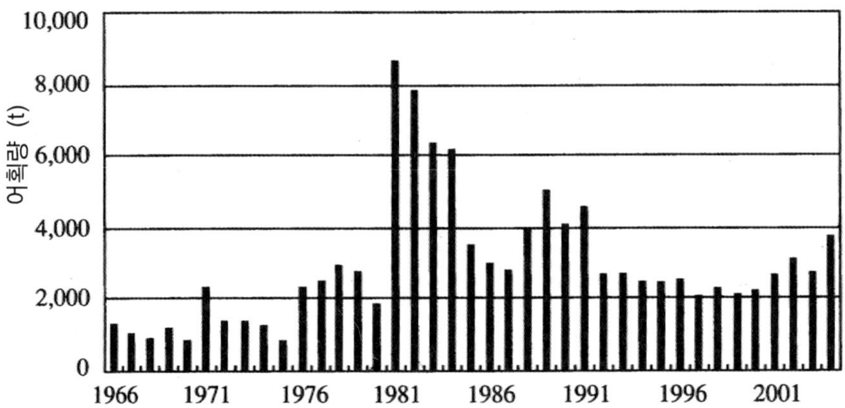

그림 9.2. 하마나코에 있어서의 바지락의 어획량(1966-2004년까지의 추이).

어장으로서의 하마나코를 보전하기 위해 어업의 장으로서의 환경조건의 수정이 지금 요구되고 있다. 시즈오카현에서는 주로 수질개선의 관점에서 하마나코에 있어서의 몇 가지 환경보전사업을 실시해 왔다. 이들 사업은 직접적으로 어획량의 증대나 어장의 보전을 목적으로 한 것은 아니지만, 구조물 조성에 의한 환경개변은 어장으로서의 환경조건에도 영향을 주며, 사업실시과정에 있어서의 환경조건의 고찰은 지금부터의 어장환경보전에도 힌트를 줄 것으로 생각된다. 금회는 주로 1999-2003년도에 행한 인공간석지의 조성조사로부터 하마나코의 환경보전과 어업에 미치는 영향을 고찰한다.

9.2. 하마나코에 있어서의 수질개선대책의 추출

하마나코는 그 폐쇄성 때문에 생산성이 높은 어장인 반면, 수질보전의 관점에서는 COD 값의 상승이나 적조 발생 등이 문제가 되어, 개선을 위한 대책사업이 필요시되고 있다.

시즈오카현에서는 하마나코의 수질개선에 유효한 사업을 추출하기 위한 시뮬레이션을 수회에 걸쳐 실시해 왔다. 1994-1997년에는 수질개선대책의 추출사업인 하마나코 폐쇄성 개선조사를 실시하였다. 하마나코 전역의 해수유동 모형, 및 유기탄소, 질소, 인의 순환 모형을 구축하고 작령(作澪-나뭇잎의 잎맥처럼 호내에 물길을 만드는 것), 간석지 조성 등의 수질개선사업을 행한 경우의 조건을 부가하여, 수질 변동을 예측한 것이다. 해수의 유동 및 물질순환은 하마나코 전역을 250×250m의 격자상으로 분할하고, 연직방향은 0-2.5m,

2.5-5m, 5m 이상의 3개 층으로 자른 3차원 다층모형을 사용하여 계산하였다 방정식과 매개변수에 대하여는 통산성의 자료를 참조하였다. 1995년까지 10년간 행한 실제 모니터링 값과의 상관계수는 0.64-0.81이었다. 이 모형에 하마나코에서 적용할 수 있는 수질개선대책을 행한 경우의 조건을 맞추어본 결과 인공 간석지 조성은 작령, 폐색(閉塞) 등과 비교하여 비용이 싸고, COD삭감에도 일정한 효과가 기대되었다. 표 9.1에 주된 수질개선대책을 실시한 경우의 예측결과를 나타내었다.

표 9.1. 하마나 호수에 있어서의 수질개선대책의 시뮬레이션 예측결과

대책	장소	조건	비용	COD삭감효과 (mg/l)
작령(作澪)	호수 중부	100만m^3, $100m$폭, 수심 $2m$	1,200억 원	0.02~0.65
개삭(開削)	호수 입구	폭을 현재의 두 배로 함	2,000억 원	0.24~0.60
간석지 조성	와시쯔만(鷲津湾)	2ha	110억 원	0.01~0.13
	쇼나이코(庄内湖)	2ha	100억 원	0.03~0.39
자연 호안	하마나코 전역	전 호안을 자연 호안으로 함	8,000억 원	0.04~0.36
유입부하 삭감	하마나코 전역	유역의 전체 처리조를 합병 처리조로 함	1,700억 원	0.03~0.28

또한 하마나코의 COD값 상승 및 부영양화 기구를 해명하기 위해 하마나코 부영양화방지대책조사를 1997-2000년에 걸쳐 실시하였다. 부영양화의 원인으로서 저질로부터의 영양염의 용출, 식물플랑크톤의 증식에 착목하여, 이들의 동태를 조사하였다. 저질의 코어 샘플링을 채취하여 약교반개폐식(弱攪拌閉鎖式), 연속주배수식(連續注排水式)의 실내실험장치에 정치하여, 실험개시시와 종료시의 영양염 농도의 측정에 의해 용출속도를 구하였다. 또한, 현장에 있어서 명암병법으로 플랑크톤의 생산속도를 측정하였다. 저면 직상에 설치한 sediment trap에 의해 포집한 침강입자의 질소농도를 측정하였다. 또한, 수온 및 유황의 연속측정을 행하였다. COD기원분석으로서 milli pore filter($0.47\mu m$)로 해수를 여과하여 여수(濾水) 중의 COD를 용존태 COD, 시수(試水) 전체의 COD분석치와 용존태 COD와의 차를 현탁태 COD로 하였다. 그리고 여과지에 남은 현탁물을 SS로 하였다. 또한, 아세톤 추출에 의해 클로로필_a를 측정하였다. 이들 측정치에 대하여 단위시간당의 변화를 구하여, 영양염의 표층으로의 확산을 계산하였다.

그 결과, 하계의 성층기에 있어서의 COD값 상승에는 호의 바닥 퇴적물이나 현탁물에서 영양염이 용출하여, 그들이 약층 파괴에 의해 표층으로 야기되는 것과, 또한 식물플랑크톤의 증식이나 표층에서의 유입유기물 등 복수의 요인이 겹쳐져 있는 것이 밝혀졌다. 추정된 부영양화 기구에 의해 퇴적물이나 저층수로부터의 영양염 공급을 억제하는 것이 호

내의 부영양화 방지에 이어지는 것으로 생각되었다. 영양염 용출 억제에 효과가 기대되는 경운(耕耘), 복사(覆砂), 굴패각 살포, 굴 패각 소성품(燒成品) 살포에 대하여 실내실험에 의한 검증을 시도하였다. 하마나코로부터 코어 샘플러로 채취한 저니를 항온배양장치에 설치하고 저니의 표면에 경운, 1cm복사, 굴 패각 및 굴 패각 소성품을 살포하였다. 설치전과 설치후의 직상수 측정에 의해 영양염의 용출속도를 구하였다. 또한 저니 코어 직상수 중에 DO센서를 설치하여 DO농도의 감소로부터 시간당의 산소소비량을 구하였다. 그 결과, 복사가 질소, 인의 용출억제효과가 높고, 산소소비량도 저위안정(低位安定)하는 경향을 나타내었다(표 9.2).

표 9.2. 실내실험으로부터 산출한 부영양화 방지대책의 효과

방지대책	영양염 용출속도		표면산소 소비속도*	비고
	DIN*	DIP*		
경운	-151.0	-15.0	50	약 14시간에 안정
복사	-242.0	-48.9	30	약 20시간에 안정
굴껍질 살포	65.6	-32.6	–	–
굴껍질 소성품 살포	31.0	-21.9	–	–
대조구	130.0	13.2	30	–

* 단위: $mg/m^2/$시
– : 실험실시 없음

두 개의 수질정화개선대책 시뮬레이션사업의 결과, 하마나코의 생태계에 큰 변화를 야기할 가능성이 적고, 또한 수질개선효과가 높은 방법으로서 인공 간석지 조성 및 복사가 좋다고 판단되었다.

9.3. 하마나코에 있어서의 인공 간석지 실증시험

가. 인공 간석지에 기대되는 효과

1970년대 중반, 일본 전국에서 인공 간석지의 조성이 행해지게 되었다. 그 배경에는 1930-1991년의 약 60년간 약 31,200ha의 천연 간석지가 소실하는 등, 천해역의 환경변화가 증대한 것을 들 수 있다. 바지락의 어획량 감소도 일본 전국에서 현저하게 되는 등, 수산업에의 영향도 시사되어 왔다. 1980년대에는 간석지의 수질정화기능에도 주목하게 되어, 수질개선을 목적으로 한 조성도 이루어지고 있다. 2000년까지 전국에서 약 271ha의 인공

간석지가 조성되었다. 대규모적인 조성예로는 요코하마시 카나자와(46ha)나 아리아케해(쿠마모토 시내: 60ha) 등이 있다.

인공 간석지에 기대되는 일반적인 효과로서 저질개선, 생물의 증식, 생물상의 개변, 수질정화 등이 열거된다. 준설이나 객토를 행하기 위해 일반적으로 지반고가 개변되어 평탄한 지형이 되고, 저질도 사질 또는 니질이 된다. 이들의 환경개변에 의해 저질에는 저서성 해조류나 호기적인 박테리아 등이 부착하게 된다. 해조류의 광합성에 의해 호기적인 환경이 지속적으로 형성되어, 미생물에 의해 유기물의 분해, 무기화가 촉진된다. 또한, 사질 해안에 서식하는 이매패, 다모류, 갑각류 등의 macro-benthos의 정착·증가가 촉진되며, 이들 macro-benthos를 포식하는 조류(鳥類)도 날아오게 된다. 이와 같이 인공 간석지의 조성에 의해 새로운 생태계가 구축된다. 간석지에 서식하는 macro-benthos에는 수중의 유기물을 여과하여 섭식하는 종이 많이 포함되어 있어서, 유기물 정화량의 증대도 기대할 수 있다. 또한 간석지에 서식하는 생물에는 바지락, 보리새우 등 천해역에서의 중요한 어획대상종이 포함되어 있어서 간석지 조성에 의한 수산유용생물의 정착·증식도 기대할 수 있다.

나. 하마나코에 있어서의 인공 간석지 조성

시즈오카현에서는 2절에서 실시한 시뮬레이션사업의 결과로부터 하마나코의 수질개선 대책으로서 인공 간석지의 조성에 착목하였다. 그래서 1999-2003년도에 환경성 위탁사업인 자연을 활용한 수환경개선 실증사업으로서 하마나코에 실험용 인공 간석지를 조성하고 호내에서의 인공 간석지 기능조사를 시도하였다. 또한 이하에서 별도로 인용을 명기하지 않은 자료는 환경성 시즈오카현 자연을 활용한 수환경실증사업 평가검토조사 및 사업총괄 보고서를 참조하였다.

간석지 조성장소는 하마나코 북서부의 마쯔미케우라(松見ケ浦)이다. 그림 9.3과 같이 1999년 7월에 인공 간석지 2면을 조성하였다. 호안에서의 거리 45m, 수심 2m 이하에, 기반굴삭과 객토에 의해 1/10의 경사로 사질 해안을 조성하였다. 호안으로부터 30m까지가 조석에 의해 노출면적이 변화하는 구역이며, 이 구역을 간석지로 간주하여 실험구를 설정하였다. 간석지 면단(面端)에는 저질의 유출을 방지하기 위한 차수벽을 구축하였다. 간석지보다 외측의 구역은 외빈(外浜)으로 간주하였다. 또한, 실험구 A부근의 간석지 미조성구역을 대상구로 하였다. 객토에 사용한 저질은 하마나코 남동부의 무라쿠시오키(村櫛冲) 준설토이다. 굴삭한 조성지의 저질은 후술하듯이 실험구 B로의 객토에 사용한 것 이외 일부를 차수벽의 메꾸기 흙으로서 이용하였다.

두 개의 실험구는 저질의 조성에 의한 환경개선효과의 차이를 검토하기 위해 설치하였다. 조성시의 각 실험구의 개요는 표 7.3과 같다. 실험구 A는 무라쿠시오키 준설토만을 객토로 하여 조성하였다. 실험구 B는 무라쿠시오키 준설토에 기반굴삭시에 발생한 조성지의 저질을 10% 혼합한 저질을 객토로 하여, 입도조성 및 수분함유율을 변화시켰다. 이들 실험구에 있어서, 환경개선기능을 평가하기 위해 저질, 수질, 생물 조사를 행하고, 실험구 A, B에서의 결과를 비교하였다. 주된 조사항목 및 그 측정법을 표 9.4에 정리하였다.

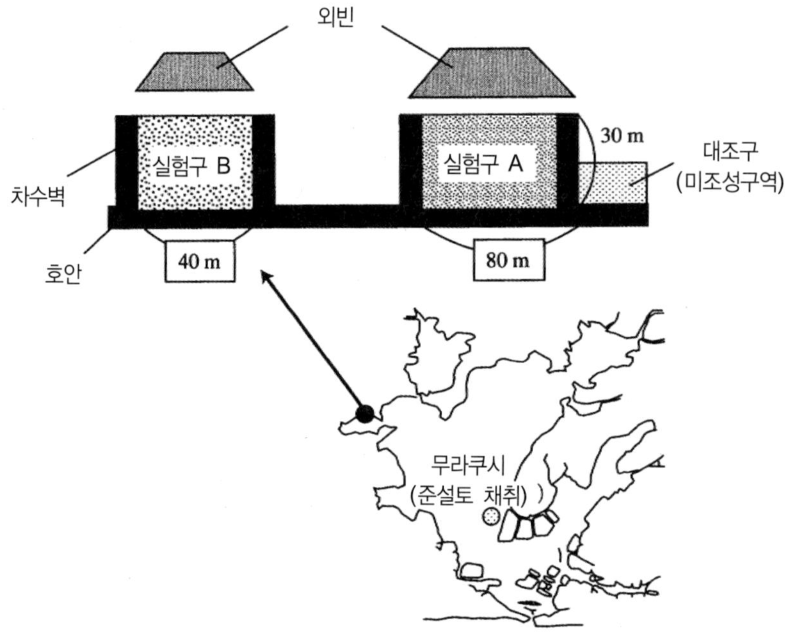

그림 9.3. 마쯔미케우라에 조성한 인공 간석지의 개요(조성장소, 조성한 실험구, 면적을 약도로 보여준다. 입도조성이 다른 두 개의 실험구 A, B를 조성하였다. 실험구의 조건은 표 9.4를 참조).

표 9.3. 마쯔미케우라에 조성한 실험구의 개요 (조성장소, 각 실험구의 위치는 그림 9.3에 나타내었음)

	실험구 A	실험구 B	대조구
면적(조간대 : m)	80×30	40×30	40×30
저질의 기원	무라쿠시오키 준설토	무라쿠시오키 준설토 실험구 난바다 준설토(배합율 9:1)	–
중앙입경(mm)	0.17	0.15	4.40
수분함유량(%)	33.3	41.1	19.4

표 9.4. 인공 간석지 조성실험에 있어서의 주된 조사항목

	조사항목		방법	빈도
저질	강열감량		JIS 측정법	년 6회
	유기탄소·질소함유량		CN cord로 측정	
	산화환원전위		다점전극법	
	미생물에 의한 호흡속도		CO_2 정량법	
	탈질속도		아세틸렌 저해법	
	입도분석		JIS 측정법	
수질	수온, 염분, DO		자동계측	년 6회
	COD		JIS 측정법	
	부유현탁물(SS)		JIS 측정법	
생물	미소저서생물	개체수	코드라이트법	년 4회
		습중량		
		출현종		
	어류	개체수	정치망으로 채집	
		습중량		
		출현종		
	식물·동물 플랑크톤	출현종	플랑크톤 네트로 채집	
		세포수		

다. 간석지 조성에 의한 환경개선효과

인공 간석지 조성에 의해 저질이나 생물서식상황에 큰 변화가 보였다. 간석지 조성지는 조성전은 암석과 혐기적 저질로 된 해안(자갈분 76.8%, 중앙입경 4.4mm)이었으나, 조성에 의해 사질(입경 $\mu m-2mm$) 70%이상의 사지가 되었다. 화학분석에서는 조성 약 8개월 후부터 호기적인 환경을 나타내는 측정치가 얻어졌다. 산화환원전위는 A,B 두 실험구 모두 2000년 3월부터 +의 값을 보이게 되어, 조사종료시까지 0-100mV의 사이에서 추이하였다. 황화물 함유량은 대조구에서는 1.3mg/g이었으나, 간석지 조성지에서는 0.1mg/g이하가 되어, 간석지 조성에 의해 저질의 황화물 함유량이 감소하였다.

생물서식상황에서는 특히 macro-benthos의 서식상황에 큰 변화가 보였다. 조성한 실험구에서는 조성직후에는 macro-benthos 서식수는 20개체/m^2로 소수였으나, 3개월째 이후에는 1,000개체/m^2이상, 습중량으로 500g/m^2이상을 기록하게 되었다. 우점종은 조성 1년째는 예쁜이깨고둥붙이, 둥근계란담치 등 주변에서의 이입으로 생각되는 혐기적 환경을 좋아하는 생물종이었으나, 2년째 이후는 바지락, 민띠접시조개 등의 호기적 저질에 서식하는 생물이 우점하였다. A, B의 두 실험구를 비교하면 A쪽이 이매패 등의 내재성 저서생물이 많고, 개체수, 습중량 모두 많은 경향이 보였다. 하마나코내의 사질 해안에 있어서는 바지락, 민띠접시조개, 일본경합(백합 조개류의 일종) 등의 이매패가 많이 나타나, 생물서

식환경의 변화로부터 환경개선효과를 정성적으로 볼 수 있었다. 대조구에서는 주걱따개비, 다모류 *Capitella*속 등의 혐기적 환경에 서식하는 생물 및 참굴 등의 부착성 생물이 많은 데 대하여, 조성한 간석지의 생물상은 바지락, 동죽(백합목 개량조개) 등의 이매패가 다수를 점하게 된 결과로 볼 때 간석지 조성에 의한 생물서식상황개선이 실증되었다(그림 9.4).

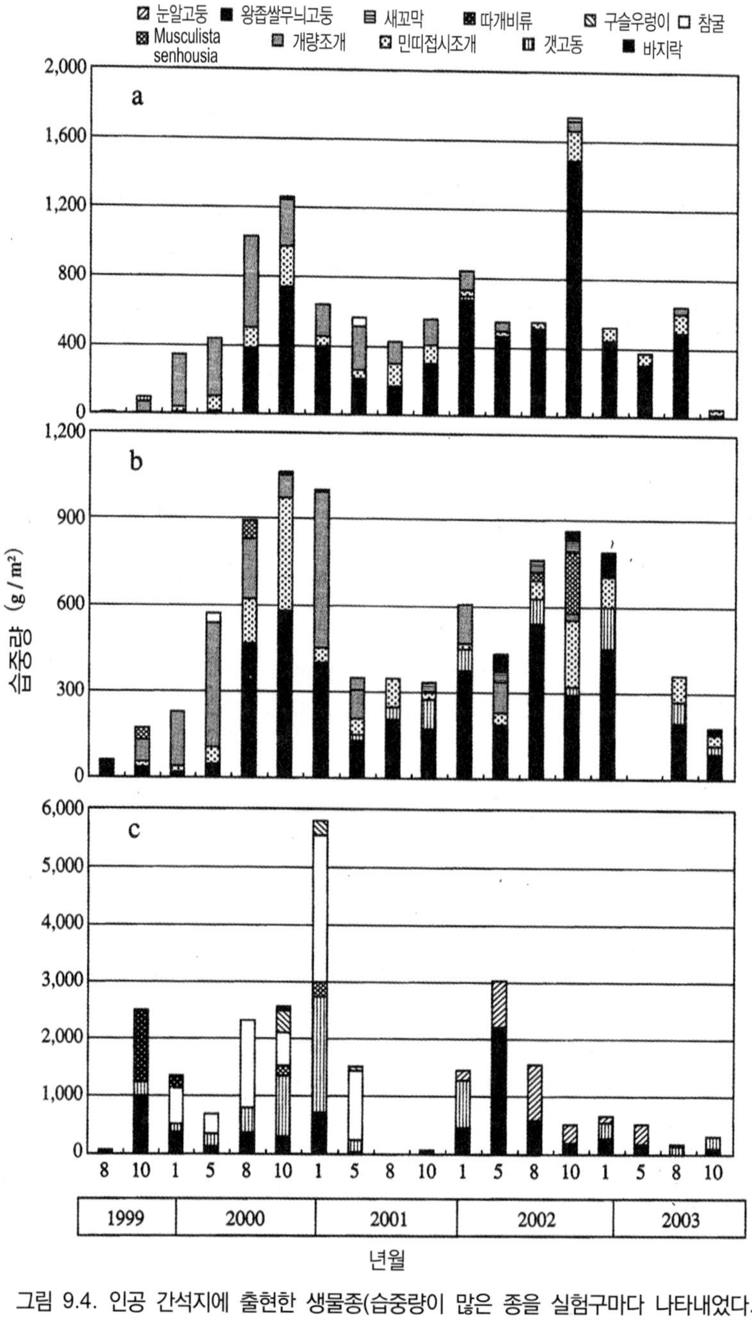

그림 9.4. 인공 간석지에 출현한 생물종(습중량이 많은 종을 실험구마다 나타내었다.
a: 실험구 A, b: 실험구 B, c: 대조구).

인공 간석지 조성에 의한 저질정화작용의 정량화를 검토하였다. 일반적으로 간석지의 저질에는 일차생산에 기여하는 저서해조류나 유기물을 무기화하는 세균이 부착하고 있다. 인공 간석지 조성에서는 객토에 의해 입도조성을 변화시키는 것에 의해, 이들의 미생물이 서식할 수 있게 되어, 유기물의 분해, 무기화나 질소제거능력의 부가를 기대할 수 있다. 또한 조성 후에 macro-benthos의 호흡에 의한 무기탄소발생도 정화에 기여한다고 생각된다.

실험구에서의 미생물에 의한 유기물의 분해, 무기화 속도 및 탈질속도를 실내실험에서 측정하였다. 저질의 코어 샘플을 채취하여, macro-benthos를 제거하여 실험에 사용하였다. 유기물의 분해, 무기화능력은 저질을 현지 해수로 4배 희석한 0.2MTris 완충액 중, 저질채취일의 토양온도와 같은 온도로 24시간 배양하여, 배양액 중의 무기탄소를 무기탄소측정기로 측정하여 구했다. 질소제거능력은 아세틸렌 저해법(NO_2에서 N_2로의 환원작용을 가진 산소를 저해)에 의해 구했다. 실험에는 배양병을 사용하여, 병 속의 기체에 아세틸렌을 농도 2%가 되도록 충진하고, 질산칼륨용액(질소로서 100μM)을 가하여 저질을 20분간 배양한 후 염화수은(II) 포화용액을 넣어 활성을 정지시키고, 배양병 속의 기체상을 gas chromatography(색층분석기)에 제공하여, N_2O농도를 측정하여 구했다. 그 결과, 실험구에서는 조성 2년째인 2000년부터 측정치가 상승하였다. 측정치는 2000년이 가장 높고, 무기탄소발생속도 0.5-20.4$\mu g-C/g-dry/day$, 탈질속도 0.3-39.1$\mu g-N/g-dry/day$가 되었다. 특히 설험구 A에 있어서는 대조구보다 높은 값을 보였다(그림 9.5). 저서생물의 호흡속도는 기존의 연구에 의한 저서생물 동물문별 호흡율과, 측정한 저서생물 습중량으로부터 계산하였다. 5년간의 평균치는 실험구 A에서 0.353$mg-C/g-dry/day$, 실험구 B에서 0.375 $mg-C/g-dry/day$가 되어, 저서생물에 의한 정화능력이 부여되었다고 생각되었다.

인공 간석지에 대한 수질의 정화능력추정을 시도하였다. 실험구 A, B 각각에 있어서 채수를 행하고, COD, 클로로필_a, 부유현탁물(이하 SS), 전질소, 전인 함유량을 측정하였다. 지점간의 측정치의 차이와 간조, 만조까지의 시간으로부터, 단위시간당의 수질변화를 계산하고, 측정치의 증감에 의해 정화능력의 유무를 추정하였다. 그 결과, 양 실험구 모두 COD제거능력을 가진 것이 시산으로 나와, 실험구 A에서는 0.075$g/m^2/day$, 실험구 B에서는 0.178$g/m^2/day$의 정화능력이 계산되었다. 실험구 A에서는 2.75$g/m^2/day$의 SS 제거능력도 확인되었다. 조사결과에서는 수치감소를 나타낸 항목은 소수였지만, 인공 간석지의 조성에 의해 수질정화효과가 부가된 것으로 추찰되었다.

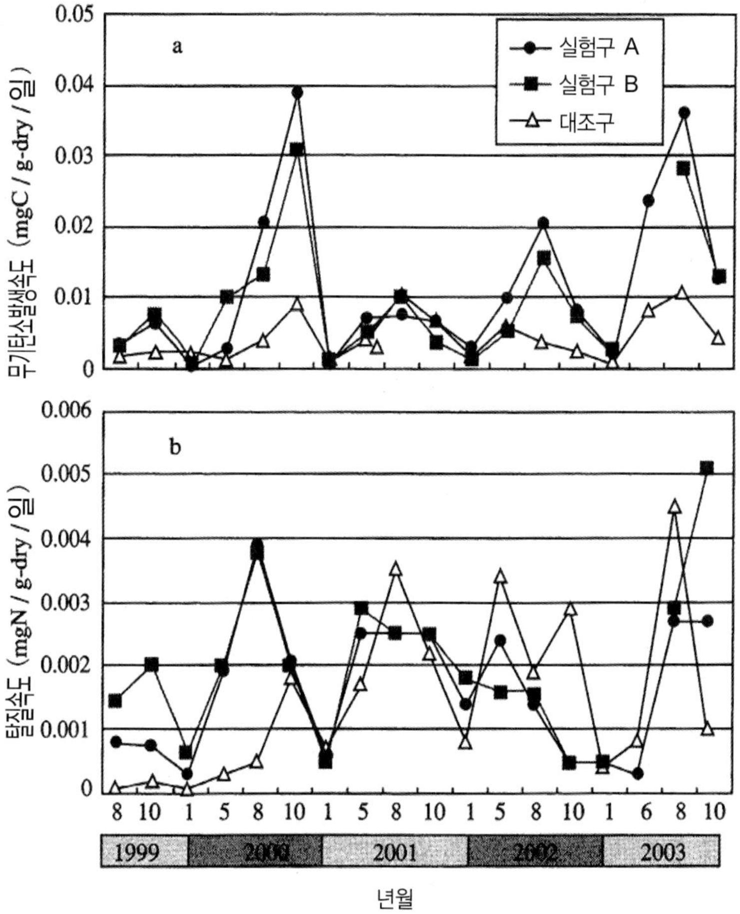

그림 9.5. 마쯔미케우라 인공 간석지의 무기탄소 발생속도, 탈질속도.

라. 수산업에의 파급효과와 과제

호기적 사질 간석지를 조성하는 것에 의해 하마나코에서 중요 어획종인 바지락 등의 저서성의 유용수산생물의 증식을 기대할 수 있다. 마쯔미케우라 인공 간석지에 있어서의 바지락의 개체수 변화를 연차별로 보면, 조성 2년째부터 증가를 보여, 200개체/m^2 이상이 확인되었다(그림 9.6). 저질의 변화에 의해 바지락의 부유유생이 착저하여, 생잔·성장을 할 수 있는 환경이 된 것으로 생각되었다.

전술한 바와 같이 하마나코에 있어서의 바지락의 어획량은 낮아지는 기미를 계속 보여 왔으나, 인공 간석지 조성에 의한 착저, 증식장의 증대는 바지락 자원량의 회복을 위한 하나의 방법이 될 수 있다고 생각되었다. 또한 어류의 먹이가 되는 소위 다모류의 개체수 변화를 보면 호내에 빈산소수괴가 형성되는 여름-추계에는 감소하는 경향이 보이지만, 조성전에는 0이었던 개체수가 조성 2년째부터는 100개체/m^2이상, 최대 12,890개체/m^2가

되었다(그림 9.7). 어류의 개체수는 실험구 A, B, 대조구 모두 500-1,500개체이며, 조사일마다의 출현수에 유의한 차이는 보이지 않았다. 어류의 증가에의 직접적인 영향을 나타내는 자료는 얻어지지 않았으나, 다모류의 출현은 인공 간석지 조성후, 저질이 호기적 환경으로 개선된 시기에 시작되고 있어서, 저질개선의 효과를 나타내는 결과의 하나라고 말할 수 있다.

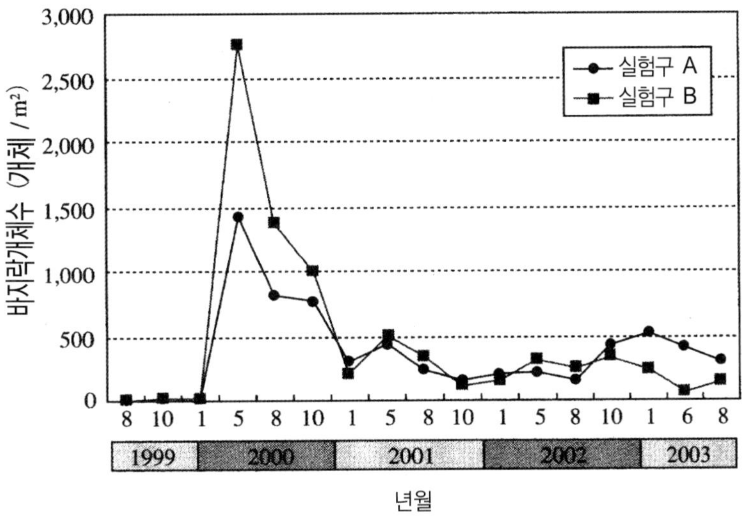

그림 9.6. 인공 간석지에 있어서의 바지락 개체수의 변동.

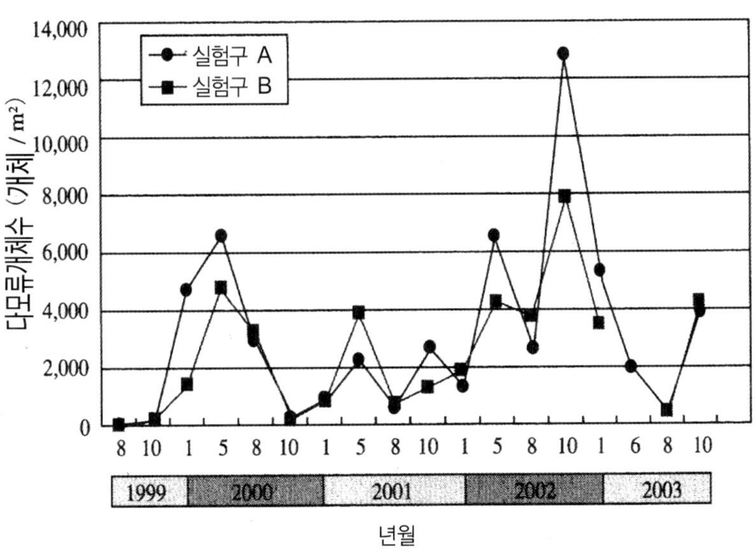

그림 9.7. 인공 간석지에 있어서의 다모류 개체수의 변동.

이와 같이 인공 간석지 조성에 의해 수산환경의 개선, 자원량의 회복이 기대되지만, 한편으로는 간석지 유지에 드는 문제점도 밝혀졌다. 인공 간석지는 파랑이나 풍력 등의 영향을 받아, 형상이 경시적으로 변화해 간다고 하는 사실은 이전부터 지적되어 왔다. 마쯔미케우라 인공 간석지에 있어서도 지형 및 입도분석으로부터 연차 경과에 따른 저질 변화를 조사한 결과, 조성 약 3년째부터 저질의 유출이 현저해져서, 조성 5년째인 2004년 1월에는 $0.15m^3/m^2$의 저질이 유출하고 있음이 밝혀졌다. 실제로 간석지의 저질을 표층에서 약 2cm 파내려 가면 조성 3년째인 2001년경부터는 원래의 환원적인 저질이 출현하는 상황을 보였다.

사빈 해안의 형상변화는 수산생물의 분포량에도 영향을 미치는 것이 지적되고 있다. 본 조사에 있어서의 바지락의 개체수를 경시적으로 보면 조성후 2년은 증가경향이 보였으나, 3년째 이후는 감소하였다(그림 9.6). 바지락의 감소는 저질 유출의 상황과 시기가 일치하고 있으며, 객토한 저질의 유출, 환원적인 저질의 노출에 의해, 바지락 서식에 적합한 환경조건을 잃게 되는 것으로 생각된다.

이상의 결과로부터, 인공 간석지의 유지에는 정기적인 객토 등이 불가결하다고 생각된다. 본 조사는 간석지의 기능시험이지만, 장기적인 환경개선을 목적으로 한 간석지 조성에서는 유지를 위한 정기적인 금전적, 인적 조치 등도 고려하여 실시하는 것이 불가결할 것이다.

9.4. 앞으로의 하마나코 보전을 향하여

인공 간석지 실증시험에 의해, 간석지의 유지, 보전이 하마나코의 수산환경보전에 유효한 하나의 방법이라는 사실이 시사되었다. 그러나 하마나코의 환경은 계속 변화하고 있어서, 지속적으로 이용하는 데 있어서 새로운 문제를 던지는 것도 많다. 근년 호수의 염분상승이 지적되고 있으며, 과거의 작령(作澪)사업과의 관련성이 추찰되고 있다. 호내에서는 1970-1986년에 걸쳐 어장환경개선을 목적으로 한 대규모적인 작령사업이 이루어졌다. 해수의 유입량은 조성전의 1.5-1.6배 증대했다고 일컬어져, 호내의 염분은 작령전(1962-1969), 작령후(1987-1994)에 평균치 28.66-29.70으로 상승하였다. 작령 직후인 1980년대에는 그때까지 바지락의 분포가 보이지 않았던 작령 장소부근에서 착저 치패가 대량으로 분포하게 되는 등, 어장으로서의 환경개선을 나타내는 조사결과도 얻어졌다. 그러나 근년의 어획통계조사에서는 장어, 전어 등 기수성 어류의 감소, 쥐치, 농어 등 고염분성 어류의 증가가 밝혀져서, 호내의 환경이 크게 변동하고 있을 가능성이 보인다. 바지락의 포식자인 말구슬우렁이 등의 구슬우렁이류도 대량 발생하게 되어, 어업에 피해를 주고 있다. 그래서 2005년에는 지역의 어업협동조합을 중심으로 한 대규모적인 구제활동도 이루어졌다. 하마나코에서는 구슬우렁이류에 의한 바지락의 피식율은 2001년경부터 급격히 증가한 것으로 일컬어지고 있으며, 구슬우렁이류의 증가와 염분 상승과의 관계도 지적되고 있다. 그 결과, 하마나코의 수산환경을 둘러싸고, 새로운 문제가 표면화되고 있다. 따라서 변화를 계속하는 하마나코의 환경을 언제나 잘 살펴 적절히 보전해가는 것이 요구된다.

참고문헌

静岡県環境衛生科学研究所, 平成12年度静岡県公共用水域及び地下水の水質測定結果, 静岡県, 1-374, 2001.

静岡県環境衛生科学研究所, 平成17年度静岡県公共用水域及び地下水の水質測定結果, 静岡県, 1-374, 2006.

岡本 研, 浜名湖の植物プランクトン一汽水性の強い内湾の事例として. 水産海洋研究, 59, 175-179, 1994.

愛知県, H17年度刊愛知県統計年鑑. 愛知県, 137-138, 2006.

小泉康二, 平成17年度の浜名湖漁獲統計, はまな, 513, 2-4, 2006.

静岡県環境部, 浜名湖閉閉鎖性改善調査概要版, 靜岡県,1-124, 1997.

通商産業省立地公害局工業技術院資源環境技術総合研究所, 平成3年度浜松·盤田地区産業公害総合事前調査－浜名湖水質シミュレーション報告書, 通商産業省, 1-111, 1992.

静岡県環境部浜名湖保全室, 平成11年度浜名湖富栄養化防止対策調査報告書. 静岡県, 1-132, 2000.

日本海洋開発建設協会海洋工事技術委員会編, これからの海洋環境づくり－海との共生を求めて－, 山海堂, 1-213, 1995.

柿野 純, アサリ漁業をとりまく近年の動向. 水産工学, 29, 31-39, 1992.

細川恭史, 干潟生態系の創出技術, 環境保全·創出のための生態工学(岡田光正·大沢雅彦·鈴木基之編), 丸善株式会社, 160-169, 1999.

運輸省港湾局エコポート(海域)技術WG編, 港湾における干潟との共生マニュアル. 財団法人港湾空間高度化センター, 1-138, 1998.

桑江朝比呂·細川恭史·古川惠太·三好英一·木村英治·江口菜穗子, 干潟実験施設における底生生物群集の動態 港湾技術研究所報告, 36, 3-35, 1997.

木村賢治·西田幹雄·三好康彦, 人工海浜の養浜工事と底生生物の生息との関係. 東京都環境科学研究所年報, 220-224, 1993.

青山裕晃·鈴木輝明, 干潟の水質浄化機能の定量的評価 愛知県水試年報, 3, 17-28, 1996.

環境省·静岡県, 自然を活用した水環境改善実証事業評価検討調査. 干潟水環境改善機能調査事業総括報告書, 静岡県, 1-82, 2004.

黑倉 寿, 浜名湖の環境特性と生物生産. 日本海水学会誌, 49, 122-128, 1995.

S.S. Epstein, Microbial food webs in marine sediments II. Seasonal changes in trophic interactions in a sandy tidal flat community. *Microb. Ecol.*, 34, 199-209, 1997.

西嶋 渉·岡田光正, 人工干潟生態系の構造と機能, 環境保全·創出のための生態工 学(岡田光正·大沢雅彦·鈴木基之編), 丸善株式会社, 169-179, 1999.

西嶋 渉·李 正奎·岡田光正, 自然および人工干潟の有機物浄化能の定量化と広島 湾の浄化に果たす役割, 水環境学会誌, 21, 149-156, 1998.

古川惠太·藤野智亮·三好英一·桑江朝比呂·野村宗弘·萩本幸将·細川恭史, 干潟の地形変化に関する現地観測ー盤州干潟と西浦造成干潟ー. 港湾技研資料, 965, 1-29, 2000.

柴田輝和·柿野 純·村上亜希子, 冬季の漁場における砂の流動に対するアサリの定位性ならびに餌料量·運動量とアサリの活力との関係. 水産工学, 33, 231-235, 1997.

浜名湖地区水産振興協議会編, 浜名湖地区の水産. 浜名湖地区水産振興協議会, 1-63, 2001.

津久井文夫, 浜名湖における作澪事業前後の漁業量変化についての一考察. 静岡県水試研報, 31, 19-25, 1996.

花井孝之, アサリの出現状況から見た大規模漁場保全事業の効果. はまな, 343, 1-2, 1989.

後藤裕康, 漁獲量変動からみた浜名湖の漁場環境の変化. 静岡水試研報, 39, 31-50, 2004.

鷲山裕史·小泉康二·松浦玲子·和久田昌勇, アサリ生産安定化総合研究(アサリ). 静岡県水産試験場平成16年度事業報告, 155-159, 2005.

後藤裕康·鷲山裕史·小泉康二·和久田昌勇, アサリ生産安定化総合研究(アサリ). 静岡県水産試験場平成15年度事業報告, 139-149, 2004.

제10장__신지코(宍道湖)에 있어서의 야마토 재첩 생산 환경의 보전

10.1. 기수역의 특징과 야마토 재첩

기수역을 해역으로부터 구별하는 가장 기본적인 특성은 염분 환경이다. 특히, 신지코, 오카와라코(小川原湖), 히누마(涸沼), 또는 예로부터의 토네가와(利根川) 하구역 등, 하천이나 수로를 통하여 간헐적으로 해수가 소상하는 호소나 감조하천에서는 낮은 염분 환경이 유지되기 때문에, 침투압의 조정기능이 뛰어나 그 환경에 적응한 소수의 생물이 우점화하기 쉽다. 그와 같은 대표적인 생물로서, 야마토 재첩이 있다. 예를 들면 시마네현에 위치하는 신지코는 호소로서는 일본 국내 제1의 어획량을 자랑하고 있으며, 어획대상종 대부분이 야마토 재첩이다. 저서생물(benthos)의 현존량으로 보아도 대부분이 야마토 재첩이다. 같은 기수호에서도 하마나코나 나카우미(中海)와 같이 염분이 해수의 반 정도 이상인 높은 환경이라면, 해산성의 생물이 주체이며, 같은 이매패에서도 바지락 등이 주요한 어획대상종이 된다.

현재 신지코는 일본 국내 최대의 재첩어장이지만, 과거에는 토네가와(利根川) 하구역 등, 신지코를 상회하는 어획량을 나타내는 수역이 존재하였다(그림 10.1). 이들 수역에서 어획량이 감소한 이유는 담수화나 매립 등에 의해 재첩의 서식장, 특히 산란에 필요한 낮은 염분 환경을 상실하였거나 또는 부영양화가 과도하게 진행하였기 때문에, 빈산소수괴가 형성되기 쉽게 된 영향 때문이 아닌가 생각된다. 또한, 하치로가타(八郎潟)에서는 담수화 후에 신지코의 성패(成貝)를 방류하고 있는데, 그 전에는 제방이 부서져 해수가 유입한 사고로 인하여 가끔씩 기수(汽水)조건이 성립하여, 그 직후에 재첩이 폭발적으로 어획된 사례가 있었다. 이런 점들로부터 일본의 기수역에서는 예로부터 야마토 재첩 등의 이매패를 중심으로 한 생태계가 존재하고 있는 것을 알 수 있으며, 서식조건이 갖추어지면 다시 재첩어장을 부활시킴과 동시에, 수질정화를 도모하는 것도 가능하지 않을까 기대된다.

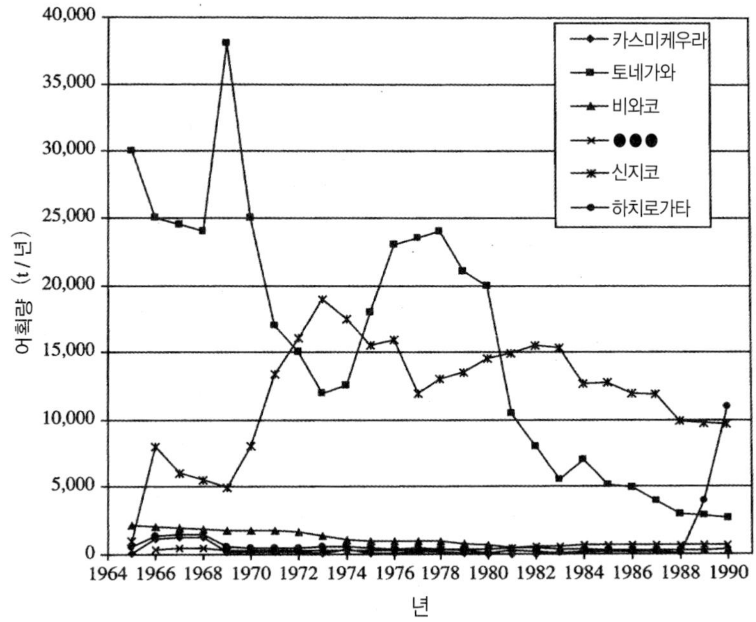

그림 10.1. 일본 국내의 주요 호소에 있어서의 야마토 재첩의 생산량 추이.

야마토 재첩도 바지락도 영양단계, 즉 먹이연쇄에 있어서의 일차소비자라고 하는 공통점을 가진다. 일차생산자는 모든 먹이연쇄 중의 기본이 되는 위치를 점하고 있기 때문에 그 주된 구성요원인 식물플랑크톤의 생산량과 각 영양단계에 있어서의 소비자에 이용되는 유기물의 흐름은 대략 비례관계에 있다. 예로부터 기수역이나 연안 천해역에서는 식물플랑크톤에 의해 생산된 유기물이 일차소비자인 이매패를 통하여 고차의 소비자(어류나 새 등)에 유효하게 이용되고 있다고 생각된다. 그러나 근년의 과도한 부영양화 진행이나 이매패 서식장이 개발에 의해 소실되는 등, 일차생산자로부터 일차소비자로의 물질변환의 과정이 끊겨, 적조 발생 등과 같은 유기오탁이 진행하는 상황이 되고 있다.

야마토 재첩은 식용이 되기 때문에 성장에 사용된 질소나 인 등 유기물이 어획에 의해 확실하게 호소계 밖으로 잡혀나가게 되어, 어업생산활동이 그대로 정화 시스템으로서도 기능하고 있다. 야마무로(山室)는 하계 신지코에 유입하는 질소부하의 약 15%가 야마토 재첩의 성장에 사용되고 있다고 추산하고 있다. 또한, 나카무라(中村)는 유입부하 중 어류를 포함하여 신지코에서 어획에 의해 제거되는 비율이 질소로 9.5%, 인으로 14%에 달한다고 추정하고 있다. 이와 같은 높은 제거율은 주된 어획대상종인 야마토 재첩이 일차소비자인 것에 기인할 가능성이 있다. 야마무로(山室)는 신지코에 있어서의 일차생산량이나 어획량을 다른 대표적인 부영양화 호소인 카스미케우라(霞ケ浦), 슈와코(諏訪湖)와 비교하고 있다(표 10.1). 이에 따르면, 호소 면적당의 일차생산량은 이들 호소간에 큰 차이가 없는데 대하여, 면적당의 어획량은 신지코에서는 슈와코 및 카스미케우라의 각각 약 10배와 5배이다.

야마무로는 이러한 차이는 슈와코와 카스미케우라에서는 어획대상이 어류이며, 주로 영양단계에서 말하는 이차소비자 이상인 것에 의한 것은 아닌가 추정하고 있다. 더욱이 일차소비자 중에서도 야마토 재첩과 같은 높은 여과능력을 가진 현탁물 식자가 주체가 되는 장에서는 일차생산된 유기물이 효율 좋게 전송될 가능성이 있다. 여과속도는 하계에 높아져서, 1개체당 평균 크기의 약 $460ml/h$에 달하는데, 그 여과량은 재첩의 자원량을 고려하면 4-5일로 신지코의 물 전부를 여과할 정도의 속도에 필적한다.

표 10.1. 주요 호소에 있어서의 일차생산량과 어획량의 비교

호소명	연간어획량 (t)	면적 (km^2)	최대수심 (m)	단위면적당 어획량 (t/km^2)	연간 일차생산량 (gC/m^2)
슈와코	167	12.9	7.6	12.9	770
카스미케우라	4,331	167.6	7.3	25.8	750
신지코	10,165	79.2	6.0	128.0	730~1,100

신지코는 근년 조금 어획량이 감소하는 경향을 보이지만, 장년에 걸쳐 일본 국내 최고의 야마토 재첩의 어획량을 계속 유지해 오고 있으며, 전술한 먹이연쇄가 유효하게 기능하고 있는 장이라고 생각된다. 이 신지코를 대상으로 현지조사를 주체로 하여 자연의 물질순환의 섭리를 배워, 더욱이 그 정화능력을 높이는 수법을 고찰하는 것을 목표로 한 프로젝트가 1994년도부터 5개년 계획으로 행해졌다. 이 프로젝트에서는 야마토 재첩 이외의 어개류나 해조류를 포함하여, 생물을 호소로부터 채집하거나 이용하는 것에 의한 수질정화효과가 검토되었다. 같은 프로젝트 중에서 필자는 특히 야마토 재첩에 착목하여 그 작용에 의한 자연정화의 기구를 이해하고, 물질순환과정을 파악하는 것을 목표로 하였다. 본 장은 필자가 직접 관계한 본 프로젝트의 성과나 환경성에 의한 호소 종합리뷰조사 등, 관련한 조사결과를 개설한 것이다.

10.2. 신지코의 수질환경과 생태계의 변천

가. 신지코의 지리적 개요

신지코는 시마네현 동부에 위치하며, 호의 면적 $80km^2$, 평균수심 4.5m의 얕은 기수 호소이다(그림 10.2). 평면적으로는 동서 16km, 남북 6.2km의 동서로 긴 사각형이다. 또한 호의 모습은 단순한 단지 모양의 형상을 하고 있다. 신지코는 거의 같은 정도의 면적을 가지는 나카우미와의 연성호소(連成湖沼)이며, 신지코의 동부에서 오하시가와(大橋川)가 나

카우미로 통하고, 또한 나카우미는 사카이수도(境水道)를 통해 일본해(동해)로 이어져 있다. 일본해에서 해수가 나카우미, 오하시가와를 통해 신지코로 간헐적으로 유입하는 것에 의해, 신지코의 기수 조건이 유되고 있다. 나카우미의 조위변동에 비해 신지코에서의 조위변동은 극히 미약하며, 통상의 조석(천문조)에서는 신지코에서의 염수는 소상(遡上)하지 않지만, 동해(일본해)측에서의 저기압 통과 등, 기상요소에 의한 조위 상승에 의해 간헐적인 소상이 나타난다.

염분은 이와 같은 기상조건이나 히이가와(斐伊川) 유량의 영향을 반영하여 변동하는데, 평균적으로는 신지코에서 해수의 약 1/10 정도, 나카우미의 표층에서 해수의 약 절반 정도의 염분을 보인다. 나카우미에서는 강한 염분성층이 연중 보이며, 하계에는 빈산소수괴가 장기에 걸쳐 계속되는 데 대하여, 신지코에서는 염분소상이 간헐적이며, 염분의 성층화(약층의 위치는 호저로부터 수십 cm~1m 정도)와 바람에 의한 혼합(거의 전수심이 균일화한다)이 교대로 반복되고 있다.

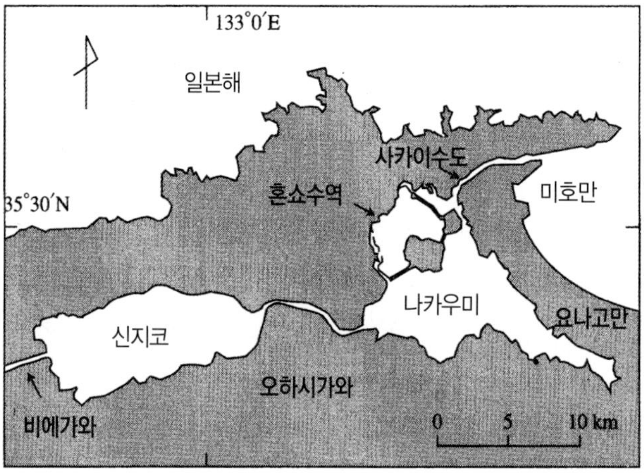

그림 10.2. 신지코, 나카우미 수계의 위치.

나. 신지코의 수질환경의 변천

신지코는 홍적세 이후의 해수면의 변동, 유입하는 히이가와 하도의 변천에 의해 염분환경이 역사적으로 크게 변했다고 알려져 있으나, 호저에 퇴적한 유황성분의 분석결과 등으로부터 볼 때, 완전한 담수호가 된 적은 없는 듯하다. 근년의 히이가와 하도의 고정화에 의해, 근세 이후는 호소 서부의 간척을 제외하고 큰 지형 변화는 보이지 않는다. 다만, 1910년대의 오하시가와의 개삭에 의해 염수가 소상하기 쉬워져서, 고염분화나 거기에 따른 야마토 재첩 서식역의 확대가 있었다고 전해진다. 한편, 나카우미에서는 전후에 일부가 대규모적인 간척이 행해져, 간척이 행해지지 않은 장소에서도 체절 제방의 건설에 의해 크게 지형조건과 유동 환경이 변화하였다. 나카우미의 간척은 사실상 중지되어, 체절 제방 등의 금후의 활용이 의론되고 있다. 또한 신지코에 있어서도 오하시가와가 홍수 소통능력의 면에서 한계가 있기 때문에 오하시가와의 폭 확대 등 히이가와의 방수로와 합쳐서 홍수대책사업이 검토되고 있어서, 재해대책과 자연환경의 보전, 자연을 이용한 수산과의 공존이나 금후의 환경수복의 필요성 등, 오래되었지만 새로운 과제가 여전히 남아 있다.

신지코에 대한 외부 부하의 변천을 더듬어 보는 것은 반드시 용이하지는 않다. 호소 보전계획이 세워지기 시작한 1984년 이후는 계속 수질조사가 이루어지고 있지만, 집수역의 개발이 가장 많이 진행된 전후직후부터의 변천은 명확치 않다. 전후는 화학비료의 진전에 어울려서 재이용이 없어졌다고 가정하고, 부하량의 장기적인 변화를 추정하고 있다. 즉, 논, 밭에 대한 비료에 대해서는 농작물을 짓는 면적에 관한 자료로부터 필요한 비료의 양을 미리 추정해 두고, 화학비료의 투입량과 생활계의 농지 환원량을 주로 하고, 부족분을 축산계의 농지환원으로 메우는 것으로 가정하여 추정하였다.

그 결과를 그림 10.3에 나타내었다. 신지코, 나카우미 유역에 있어서의 COD 배출부하량은 1945-1965년대에 완만하게 증가하였으나, 1985년대 이후는 감소경향에 있으며, 근년은 생활계, 사업장계의 부하량이 감소하고 있는 듯하다.

TN 배출부하량은 1945-1955년대에 증가하고, 이후는 감소경향이 보인다. 1945-1955년대에 생활계가 대폭 증가한 것으로 추정되었으나, 이것은 논, 밭에 있어서의 화학비료소비량의 증가와 함께 사람의 분뇨의 농지환원량이 감소한 때문이다. TP 배출부하량은 1945-1965년대에 대폭 증가하고 있고, 이 원인에는 합성세제 사용량의 증가나 사람의 분뇨의 농지환원량의 감소가 생각되었다. 이와 같이 신지코, 나카우미 유역의 부하량의 증감에는 생활계 등의 인위적인 부하의 변화에 의해 비료가 전후 화학비료로 전환한 영향이 크다고 생각되었다.

부하의 변화를 받아 호소에서의 수질이나 생태계는 어떻게 응답해 왔을까? 호소의 리뷰조사보고서는 시마네현 보건환경과학연구소의 조사자료를 기초로, 이하와 같이 수질의 변동특성을 정리하고 있다. 즉, 근년의 부하량의 감소경향에도 불구하고 신지코 호심 상층의 연평균 COD농도는 1984년 이후 장기적인 변화의 경향은 보이지 않는다. 연도에 따라 그 농도변화는 있으나, 대개 4-5mg/l의 범위에서 변동하고 있으며, 1995년 이후는 4mg/l를 조금 상회하는 값에서 추이하고 있다. 전COD에 점하는 용존태와 현탁태의 비율을 보면 표층 및 하층 모두 60-70%가 용존태이며, 현탁태가 점하는 비율은 30-40%에 지나지 않는다. 즉, 현재의 신지코에서는 용존태COD의 거동해명이 중요하며, 현탁태COD의 영향은 상대적으로 낮다. 이것은 종래의 부영양화방지를 목적으로 한 질소, 인의 삭감대책에 더하여, 용존태COD에 대해서도 대책을 생각할 필요성을 나타내고 있다. 신지코에 있어서의 용존태COD의 생물분해성에 대하여는 거의 해명되어 있지 않지만, 다른 호소의 예에서 보면 그 태반은 생물학적으로 난분해성인 것으로 보는 것이 자연스러울 것이다. 생물학적으로 난분해성이라고 하는 것은 농도변동이 적은 것을 나타내고 있어서, 다른 시각으로 말하면 COD를 지표로 한 수질평가는 대단히 감도가 낮다는 것을 의미한다. COD를 중심으로 한 현재의 호소수질평가가 어느 정도 호소의 환경변화를 표현할 수 있을까는 생태계의 변화 등과 관련하여 명확히 할 필요가 있다. 또한 TN, TP에 대하여도 1984년 이후 장기적인 변화 경향은 보이지 않는다. TP의 단기적인 변동에 대하여는 빈산소화의 영향이 강하다. 하계에는 현저히 저층의 TP가 증가하면 특히 빈산소가 계속된 경우에 그 경향이 강하므로 호소퇴적물로부터의 내부부하의 영향을 강하게 받아서 변동하고 있는 것을 알 수 있다.

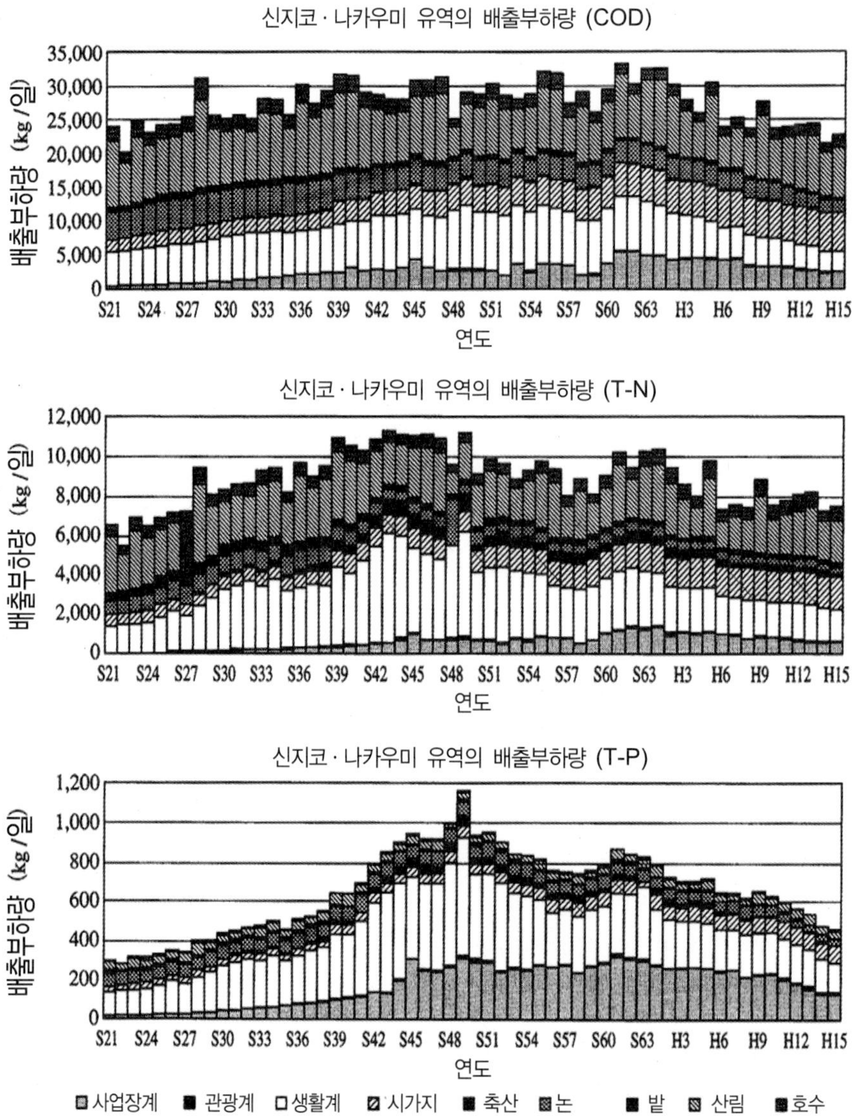

그림 10.3. 신지코에 있어서의 전후로부터의 COD, TN, TP 부하량의 추이.

다. 생태계의 변천

전후에 있어서의 부영양화 이전부터의 장기에 걸친 신지코의 생태계의 변천을 포괄적으로 나타내는 지표는 보이지 않으나, 어획량자료 등으로부터 그 모습을 추정해 보고자 한다. 어획량자료만으로 생태계를 추정하는 것은 당연히 한계가 있다. 즉, 어획량자료 그것의 신뢰성의 문제 이외에 어획량의 동향은 자원량과는 반드시 일치하지 않고, 그때의 사회경제적 조건(전국적인 수요와 공급의 균형이나 그것을 조달하는 유통의 조건 등)에 지배되기 때문이다. 야마토 재첩에 대하여도 토네가와(利根川)의 재첩어획량의 대폭적인 감소나 냉동차에 의한 전국규모에서의 유통이 가능하게 된 것 등이 당시의 수요의 신장에 연결되고 있다. 그러나 그 후의 어획량의 증감은 자원량을 상당히 반영하고 있는 것으로 생각된다.

최근 히라쯔카(平塚) 등의 조사에 의해, 나카우미에서는 1955년경까지 대규모적인 잘피장이 넓게 차지하고 있어서, 이들은 대량으로 베어내어 비료로 이용되고 있었다는 것이 밝혀졌다. 잘피를 베어 내는 것에 의한 질소, 인의 회수량은 현재의 나카우미에 대한 부하의 각각 5.3%, 11%가 되기 때문에, 대규모적인 회수시스템이 사회적으로 기능하고 있었다는 것을 나타내고 있다. 한편, 신지코에서는 추수식물(抽水植物)이 역시 호소를 덮을 정도로 번무하고 있었는데, 1955년대 초에는 급격히 소멸한 것으로 보인다. 그 원인에 대하여는 부영양화에 의한 것(영양염의 유입에 의해 점차 일차생산자의 주체가 식물플랑크톤으로 교체되었다), 농업이나 제초제의 유입에 의한 고사, 재첩잡이의 확대에 따른 해조장의 쇠퇴 등으로 추정되고 있다.

10.3. 신지코에 있어서의 수질, 물질순환에 관한 관측

가. 야마토 재첩과 식물플랑크톤의 분포

신지코에 있어서의 식물플랑크톤의 현존량은 야마토 재첩의 포식압에 의해 소위 top-down적으로 정해지고 있는 것으로 생각되며, 공간적·시간적인 변동에 대해서도 그런 특징이 나타난다. 우선 공간적으로는 연안부의 클로로필_a농도는 호심부에 비해 언제나 낮다고 알려져 있다. 이것은 야마토 재첩이 연안부에만 집중하여 서식하고 있어서, 그 포식압을 반영하고 있기 때문으로 생각된다(그림 10.4). 야마토 재첩은 사질이나 사니질을 좋아하기 때문에 그 서식역은 호의 바닥의 저질에 의해 거의 규정되고 있다. 신지코의 경우 수심 약 4m이심의 저질은 실트분의 비율이 높고 게다가 하계에는 빈산소화가 진행하기 쉽기 때문에 야마토 재첩이 거의 서식하고 있지 않다. 다음으로 시간적 변동의 특징인데, 연안부의 클로로필_a 농도는 가끔 명료하게 일주변동을 한다. 특히 바람이 약해지는 야간부터 이른 아침에는 클로로필_a 농도가 낮고, 역으로 낮부터 저녁에 걸쳐 높다고 알려져 있다. 이러한 현상의 배경에는 야간의 수면냉각에 따른 자연대류에 의한 연직혼합이 관계하고 있으며, 연직혼합이 강해지면 야마토 재첩에 의한 미세 해조류의 포식이 효율 좋게 일어나기 때문으로 생각된다.

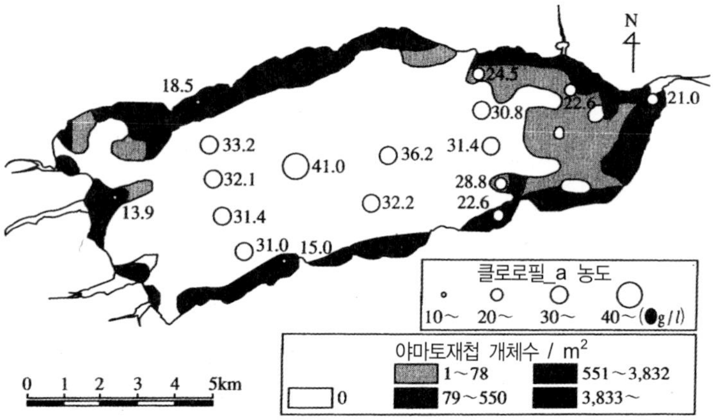

그림 10.4. 신지코에 있어서의 야마토 재첩의 서식밀도분포와 표층수중의 클로로필_a 농도의 분포예.

나. 수질의 수평분포에 관한 관측

야마토 재첩의 생물대사의 영향을 받은 수질 구조를 조사하기 위하여 연구자 등은 하천 유입이나 유출의 직접적 영향이 거의 없는 호소 중앙부에서 호소 물가에 직각인 남북 방향의 단면에서 관측을 행해 왔다. 여기서는 1997년 하계에 실시한 관측결과의 개략을 기술한다.

야마토 재첩의 서식역이 호안부에 한정되어 있다는 점을 생각하여, 그림 10.5에 나타내듯이 호안 가까이서는 특히 간격이 밀하게 되도록 하여, 합계 9개의 측점을 설정하였다. 관측기간은 1997년 8월 6일 18시부터 8월 8일 12시까지의 42시간이며, 약 6시간 간격으로 합계 8회 단면의 계측을 행하였다. 관측항목은 수온, 용존산소농도, 영양염(NH_4-N, NO_3-N, NO_2-N, PO_4-P)농도, 클로로필(Chl_a) 농도, SS이며, 낮에는 이 외에 수중조도를 계측하였다. 또한 그림의 Stn.2, 3, 5의 측점의 각각 3층의 수심에 있어서 일차 생산속도의 현장측정(24시간 산소법)을, 8월 7일 6시부터, 그리고 같은 8일 6시부터의 2회 행하였다. 관측기간 중의 8월 6일부터 8일 미명까지 흐린 날 또는 일시적으로 강우가 보였으나, 최종일인 8일 오전 중부터 맑았다. 바람은 8일 11시 이후를 제외하고는 2-3m/s 정도의 미풍이었다. 관측기간 중 명료한 염분 약층은 나타나지 않았다.

그림 10.6에 관측기간 후반에 해당하는 8월 8일 6시에 있어서의 클로로필_a, 용존산소, 암모니아 및 인산태 인 농도의 연직단면분포를 나타내었다. 관측결과, 남북횡단방향의 분포에 대하여 몇 가지 눈에 띄는 특징이 관측되었다.

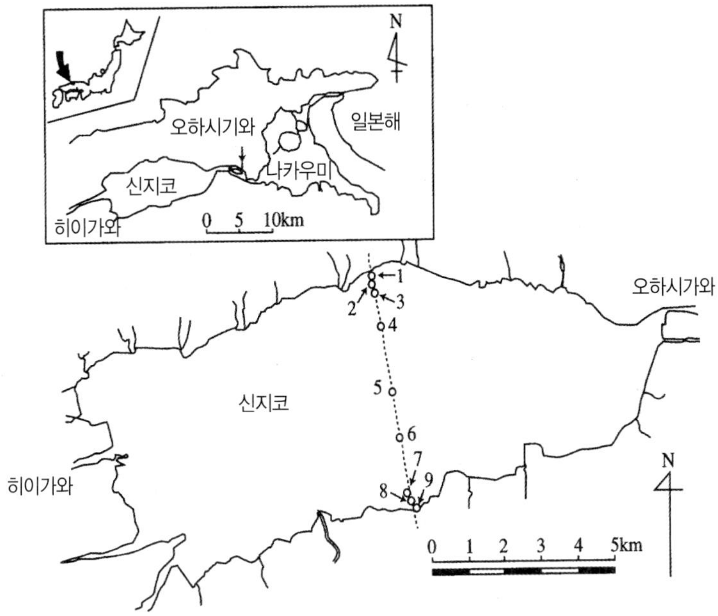

그림 10.5. 신지코에 있어서의 현장관측지점.

우선, 클로로필_a(그림 10.6a)는 연안부에서 값이 현저히 낮고, 호소의 안쪽이 높은 특징적 분포를 보였다. 연안의 저농도역은 분명하게 야마토 재첩에 의한 포식을 반영하고 있는 것으로 생각된다. 이것을 더욱 더 상세하게 검토하면 클로로필_a의 극대는 호심부가 아닌 호안에서 1.5 내지 2km 떨어진 지점의 아표층에서 관측되었다. 호심부에서의 값은 그들 지점에서의 값보다도 약간 낮았고, 극소값을 가졌다. 또한 남쪽 호안부의 농도 저하는 북쪽 호안부에 비하여 그렇게 현저하지는 않았다.

용존산소 농도분포(그림 10.6b)는 클로로필_a의 분포와 유사하며, 연안부일수록 저농도, 호소 안쪽일수록 고농도로, 농도의 극대역은 호심부와 호안부의 중간적인 지점에 존재하였다. 또한 완전하지는 않지만, 클로로필_a의 분포보다도 남북의 대칭성이 더 명료하였다. 연안부의 저농도역의 형성에는 야마토 재첩의 호흡이 반영하고 있는 것으로 생각되었다.

암모니아 및 인산태 인의 농도분포(그림 10.6c, d)는 서로 극히 유사하며, 또한 클로로필_a나 용존산소농도분포를 반영한 것 같은 분포를 보였다. 즉, 연안부일수록 농도가 현저히 높고, 호소 안쪽에서 낮은 분포를 나타내었다. 또한 그들의 영양염 농도의 극소역은 호심부가 아니라, 클로로필_a나 용존산소농도의 극대역과 거의 일치하였다. 분포는 남북방향으로 완전한 대칭은 아니고, 남쪽 호안에서는 수심 약 4m의 지점에서 극대역이 인정되었다. 연안부의 고농도역은 야마토 재첩의 배설을 반영하고 있는 것으로 생각되었다.

8일 6시부터 다음 날 6시까지 측정한 일차생산속도는 호안에서 약간 떨어진(약 600m) Stn.3에서 최대, 가장 호안쪽의 St.2에서 가장 최저였다. 호안 근방에서 극소가 되는 것은 야마토 재첩의 포식활동에 의해 원래 클로로필_a 농도가 낮은 것을 반영하고 있는 것으로 생각된다. 또한 Stn.3은 클로로필_a 농도나 영양염 농도가 수평방향으로 급변하는 농도 front와 같은 위치에 있으며, 연안부의 물과 호소 안쪽의 물이 접하는 지점이라고 말할 수 있다. 이것은 식물플랑크톤에 있어서는 야마토 재첩이 배설한 영양염류를 섭취하기 쉬운 위치에 있다고 생각되며, 영양염 이용성이 광합성속도를 높이는 원인이 아닐까 추찰되었다.

이상 기술한 수질의 공간분포의 관측결과를 종합하면 야마토 재첩의 현탁물 포식 작용 및 영양염의 배설작용에 의해 연안부에는 식물플랑크톤(클로로필_a)이 저농도로, 또한 영양염이 고농도인 영역이 형성되고 있다는 것을 알 수 있었다. 또한 연안부와 호소 안쪽에 있어서 야마토 재첩의 먹이가 되는 식물플랑크톤 농도가 현저히 다르며, 게다가 야마토 재첩이 배설한 영양염은 식물플랑크톤에 재이용되고 있다는 점에서, 수평방향의 이류, 혼합이 호소의 물질변환과 먹이연쇄에 깊이 관여하고 있는 것으로 시사되었다.

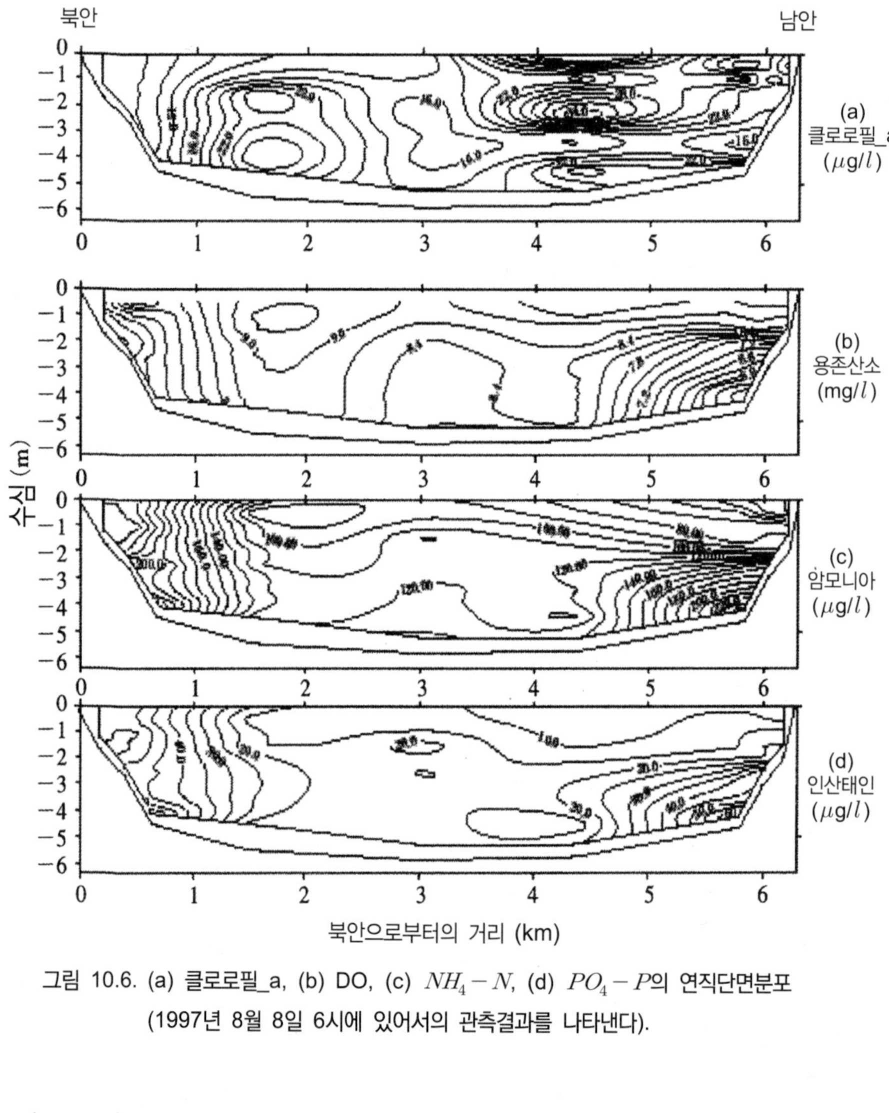

그림 10.6. (a) 클로로필_a, (b) DO, (c) NH_4-N, (d) PO_4-P의 연직단면분포 (1997년 8월 8일 6시에 있어서의 관측결과를 나타낸다).

다. 수질의 일주변동에 관한 관측-순환류와 먹이연쇄-

수평 방향의 이류나 물질수송을 주로 담당하고 있는 것은 무엇일까? 풍파가 발달했을 때의 신지코의 물은 현탁물로 탁해지고, 활발한 물질수송이 있다고 생각된다. 그러면 바람이 없는 정온한 시기에는 수평방향의 물질의 수송은 생기지 않는 것일까? 이것을 확인하기 위해서는 연구자 등은 전형적인 여름의 기상조건하에 관측을 실시하였다. 여기서는 그 결과의 개략을 기술한다.

관측지점은 그림 8.5에 나타낸 수평분포관측에 있어서의 관측지점과 거의 겹치지만, 북쪽 호안에서부터 약 2km까지의 북안부 주변에서 조사를 실시하였다. 관측일은 1996년 8월 1일 18시부터 8월 3일 13시까지 거의 6시간 간격으로 수질의 수평, 연직분포를 조사하였다. 측정항목은 수온, 염분, 수심, 클로로필_a 및 용존산소 농도이다. 또한 일부의 샘플에 대하여는 식물플랑크톤의 종과 개체수를 계측하였다.

그림 10.7에 관측후기의 수온, 클로로필_a, 용존산소 농도의 결과를 나타낸다. 우선 수온의 분포를 보면(그림 10.7a), 주간에는 약한 수온약층이 형성되지만 저녁부터 점차 1일 성층이 해소된다. 야간 냉각과 함께 수심방향으로 수온이 균일해지면서 수온이 저하하는데, 수온저하는 연안부일수록 빠르다. 이것은 지형성 저열효과의 하나이며, 수심의 대소가 겉보기 수괴의 열용량의 대소에 이어지기 때문에 생기는 것이다. 일출 이후 다시 점심때까지 약한 수온 약층이 형성되며, 수온의 수평분포는 균일한 상태에 가까운 패턴이 반복된다. 밤 0시 및 아침 6시의 수온분포를 보면 연안부의 저온역은 저면을 따라서 호소 안쪽에 관입하고 있는 것을 알 수 있다. 이것은 convection circulation(대류적 순환류)이라 불리는 대류를 동반한 연직순환류를 나타내고 있다. 수심 약 4.5m부근에는 염분차가 큰 밀도 약층이 있고, 냉수괴는 이 약층부근까지 침입하고 있다. 표층수는 냉수괴의 흐름을 보상하여 호소 안쪽에서 호안 방향으로 흐른다.

그림 10.7b에 클로로필_a농도의 분포를 나타낸다. 일중은 표층 클로로필_a농도는 수평방향으로 그다지 현저한 차가 없고, 가장 호안쪽의 지점을 제외하고 15$\mu g/l$이상으로, 높은 값을 나타내고 있다. 그 후 저녁부터 야간에 걸쳐 낮은 클로로필_a농도의 영역이 호안쪽에서 발달한다. 5$\mu g/l$이하의 저농도영역은 심야에 최대가 된다. 이 저농도영역의 형성과 확대는 냉수괴의 형성, 확대의 패턴에 따르고 있으며, 냉수괴의 확장과 마찬가지로 클로로필_a농도가 낮은 수괴가 저면을 따라 호소 안쪽으로 넓어지고 있다.

용존산소 농도분포(그림 10.7c)는 클로로필_a농도의 분포와 기본적으로 유사하다. 주간은 광합성 때문에 특히 호소 안쪽에서 고농도로 과포화가 되는데, 야간은 호흡 때문에 저하한다. 클로로필_a농도 분포를 반영하여 호소 안쪽에서는 고농도, 호안쪽에서는 저농도를 보인다. 재첩의 서식역의 용존산소 농도는 상대적으로는 저농도이지만, 최저 농도인 경우에도 $5mg/l$ 존재하여, 재첩의 생리활성에 악영향이 생길 정도는 아닌 것으로 생각된다.

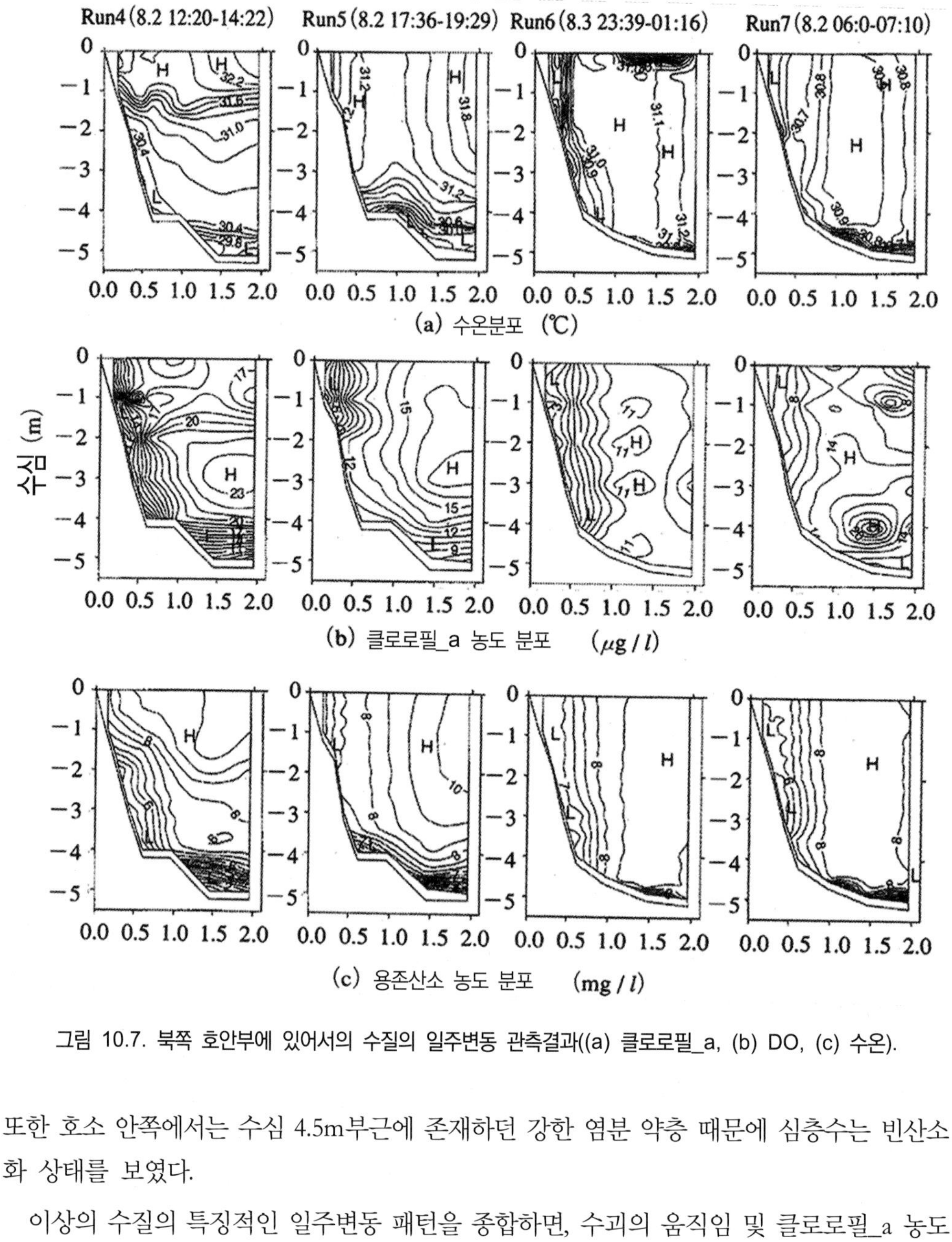

그림 10.7. 북쪽 호안부에 있어서의 수질의 일주변동 관측결과((a) 클로로필_a, (b) DO, (c) 수온).

또한 호소 안쪽에서는 수심 4.5m부근에 존재하던 강한 염분 약층 때문에 심층수는 빈산소화 상태를 보였다.

이상의 수질의 특징적인 일주변동 패턴을 종합하면, 수괴의 움직임 및 클로로필_a 농도의 감소 기구를 이하와 같이 정리할 수 있다. 우선, 주간 일사에 의해 수온이 상승하지만 등온선은 표층에서 거의 수평이며, 광합성에 의해 클로로필_a농도, 용존산소 농도 모두 높아진다. 야간 냉각에 의해 연직혼합이 서서히 활발하면, 연안부의 클로로필_a농도가 현저히 감소하기 시작한다. 이것은 식물플랑크톤이나 현탁물이 수심방향으로 잘 혼합되어, 야마토 재첩에 섭식되는 효율이 높아지기 때문이라고 생각된다. 또한, 수심이 얕은 연안부일수록 빨리 냉각되기 때문에 수평방향으로 수온차에 기인하는 압력차가 생겨, 저층수는 호소 안쪽으로 표층수는 호안쪽으로 향하는 순환류가 생긴다. 순환류에 의해 재첩의 섭식이나 배설의 영향이 있는 낮은 클로로필_a농도, 영양염 농도가 높은 수괴가 호소 안쪽으로 침입하고, 역으로 호소 안쪽의 높은 클로로필_a농도, 영양염 농도가 낮은 수괴가 호안쪽으로 유입한다. 이와 같은 연직순환류는 먹이가 되는 클로로필_a를 재첩이 서식하는 연안부로 수송함과 동시에 재첩이 배설한 영양염을 호소 안쪽으로 수송하여 식물플랑크톤의 성장을 촉진하는 역할을 하는 것으로 생각된다. 그림 10.8에 모식적으로 대류적 순환류와 이들 먹이연쇄의 관련을 정리하였다.

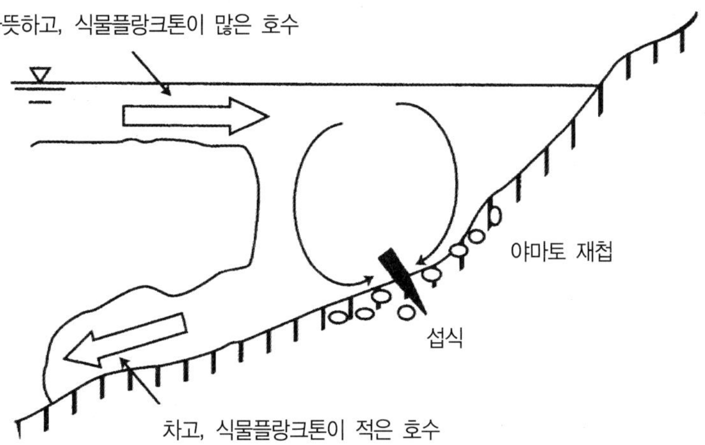

그림 10.8. 대류적 순환류와 식물플랑크톤, 야마토 재첩의 상호작용의 관련성.

관측된 야간의 클로로필_a농도의 저하속도로부터 야마토 재첩의 섭식속도 및 여과속도를 추정하였다. 그 결과, 얻어진 여과속도가 실내실험계에서 측정된 값에 대단히 가깝다는 것이 밝혀졌다. 이것으로부터도 수온분포로부터 추정된 순환류가 식물플랑크톤과 야마토 재첩의 상호작용에 깊이 관여하고 있는 것으로 결론지을 수 있다. 연구자 등은 신지코의 수평 및 호소 바닥지형을 충실히 재현한 3차원 유체역학 모형에 의해 흐름을 일으키는 외력으로서 호소 표면으로부터의 열수지만을 준 수치계산을 행하여 야간의 열방사에 기인하는 상술한 순환류가 형성, 유지되는 것을 나타내었다. 북쪽 호안의 호소 바닥지형은 남쪽 호안보다도 완경사로 되어 있어서 그것이 흐름이나 수온, 수질을 남북 방향으로 약간 비대칭적 분포를 생기게 하고 있다는 것을 수치해석에 의해 재현하였다.

10.4. 모형에 의한 해석

가. 1차원 간이수리모형에 의한 수질해석

1) 모형의 개요

신지코는 평균 수심이 약 4.5m의 얕은 호수이며, 염수의 대규모적인 침입 후의 염분성층화를 제외하면 수심방향으로 수질은 거의 균일하지만, 야마토 재첩에 의한 대사의 영향을 받아 연안부의 수질은 호소 안쪽과는 두드러지게 다른 특성을 가지고 있다. 필자 등은 이 특성을 이용하여 연안에서 호소 안쪽방향의 수질의 변화를 기술할 수 있는 수평-1차원 모형을 생각하였다. 상술한 현지관측의 경우와 마찬가지로 호안에서 호의 안쪽 방향(남북방향)의 수질분포나 그것이 관계하는 식물플랑크톤과 야마토 재첩의 상호작용을 고려한다. 모형의 변수는 식물플랑크톤(P), 암모니아(A) 및 야마토 재첩(B) 등 세 개의 변수이다. 소과정(素過程)으로서는 식물플랑크톤의 일차생산, 야마토 재첩에 의한 식물플랑크톤의 포식, 식물플랑크톤의 고사, 침강, 재첩의 사망, 어획에 의한 제거, 재첩에 의한 암모니아의 배설, 저니로부터의 용출, 수평방향의 분산 및 하천으로부터의 유입, 유출을 고려하였다. 모형 변수와 소과정과의 관계를 그림 10.9에 나타내었다.

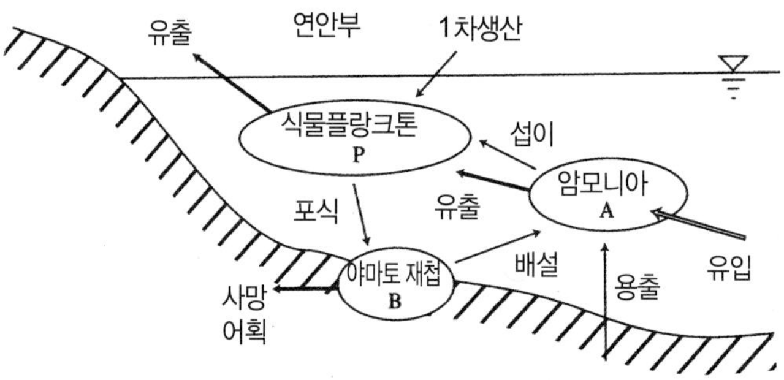

그림 10.9. 모형의 변수와 소과정.

식물플랑크톤(클로로필_a) 농도(P), 암모니아태 질소(A), 야마토 재첩의 생물량 밀도(B)에 대한 보존식 및 식 중의 매개변수의 의미와 계산에 사용한 값을 표 10.2 및 10.3에 나타내었다. 이들의 값은 가능한 한 신지코에서 관측되고 있는 값(일정치)을 사용하였다. 단, 재첩의 여과속도(F), 배설속도(E) 및 식물플랑크톤의 증식속도(P_{max})의 세 가지의 매개변수에 대하여는 그들의 수온의존성이 보고되어 있기 때문에 수온에 의존한 함수형으로 주었다. 수온에 대하여는 과거 5년간 시마네현 보건환경과학연구소에서 매월 정점 관측한 값을 토대로, 1년 주기의 정현함수(sine curve)로 근사하여 입력자료로서 주었다. 또한, 유입유량 및 암모니아의 부하는 Ishitobi 등을 기본으로 일정치를 주었다.

표 10.2. 1차원 모형의 기초식

$$\frac{\partial P}{\partial t}=\frac{1}{h}\frac{\partial}{\partial x}(hD_x\frac{\partial P}{\partial x})+\frac{A}{K_m+A}P_{\max}P-k_dP-(\gamma F/h)PB-P/\tau \qquad (1)$$

$$\frac{\partial A}{\partial t}=\frac{1}{h}\frac{\partial}{\partial x}(hD_x\frac{\partial A}{\partial x})+\alpha\frac{A}{K_m+A}P_{\max}P+(\gamma E/h)B+R/h+(A_{\in}-A)/\tau \qquad (2)$$

$$\frac{\partial B}{\partial t}=k_bB+(\alpha\beta_1\beta_2\gamma F)BP \qquad (3)$$

표 10.3. 모형 매개변수의 의미와 계산에 사용한 수치

$P_{\max}$	식물플랑크톤 일차생산속도 정수$=0.2/$일
K_m	NH_4에 대한 반포화정수$=0.014g/m^3$
k_d	식물플랑크톤 사망정수$=0.08/$일
γ	재첩 연체부 중량비$=0.0223g\ dry\ flesh/g\ wwt$
F	재첩 여과속도$=0.12m^3 \cdot g\ dry/flesh/$일
E	NH_4 배설속도$=0.003g\,N \cdot g\ dry/flesh/$일
k_b	재첩 사망(+제거) 속도 정수$=3.0\times10^{-3}/$일
α	식물플랑크톤 질소/Chl_a의 비$=6.3gN/g\ Chl_{-a}$
β_1	재첩의 질소동화효율$=0.45$
β_2	재첩의 질소함유비$=0.46\times10^3g\ wwt/gN$
R	NH_4 용출속도$=0.04g/m^2/$일
$A_{\in}$	하천으로부터의 유입 NH_4 농도$=0.0035g/m^3$
D_x	수평방향의 분산계수$=8.6\times10^4m^2/$일
τ	하천수의 체류시간$=103$일

2) 해석 결과와 고찰

신지코에서 관측되고 있는 매개변수의 대표적인 값을 사용하여 수리모형결과를 검증하였다. 비교를 위한 자료로서는 야마토 재첩의 서식밀도에 관해서는 Nakamura 등이 신지코 전역에서 상세히 조사한 서식분포조사결과가 있어서, 수심별로 평균화된 서식밀도의 값을 사용하였다. 클로로필_a 및 암모니아 농도에 관해서는 3절에서 기술한 호의 횡단면연속관측의 결과 중 호심으로부터 북쪽 호안의 관측치를 측점마다 평균화하여 사용하였다.

모형에 의한 계산결과를 그림 10.10에 나타내었다. 매개변수의 값을 계절적으로 변화시키면 해(解)는 1년 주기의 주기해를 나타내며, 계산결과는 이 호의 수질의 특징을 나타낸

다. 연안부 클로로필_a 농도가 호소 안쪽의 그것에 비해 낮은 것과, 영양염 농도는 연안부 쪽이 높은 등 사실을 잘 설명하고 있지만, 특히 하계 쪽이 수평방향의 농도차는 현저하다. 호심부의 플랑크톤 농도가 연안부의 농도의 2-4배라고 하는 결과는 3절에서 기술한 관측결과에 거의 일치한다. 또한 하계에는 클로로필_a농도가 호심부와 호안의 중간 부근에서 극대를 취하고 있는 관측사실을 잘 재현하고 있다. 이상의 사실은 재첩에 의한 여과작용이 식물플랑크톤의 농도를 낮추고 있다는 사실과 함께 재첩의 배설에 의해 공급된 영양염이 식물플랑크톤의 일차생산을 촉진하고 있다는 것을 시사한다. 동계에는 클로로필_a농도의

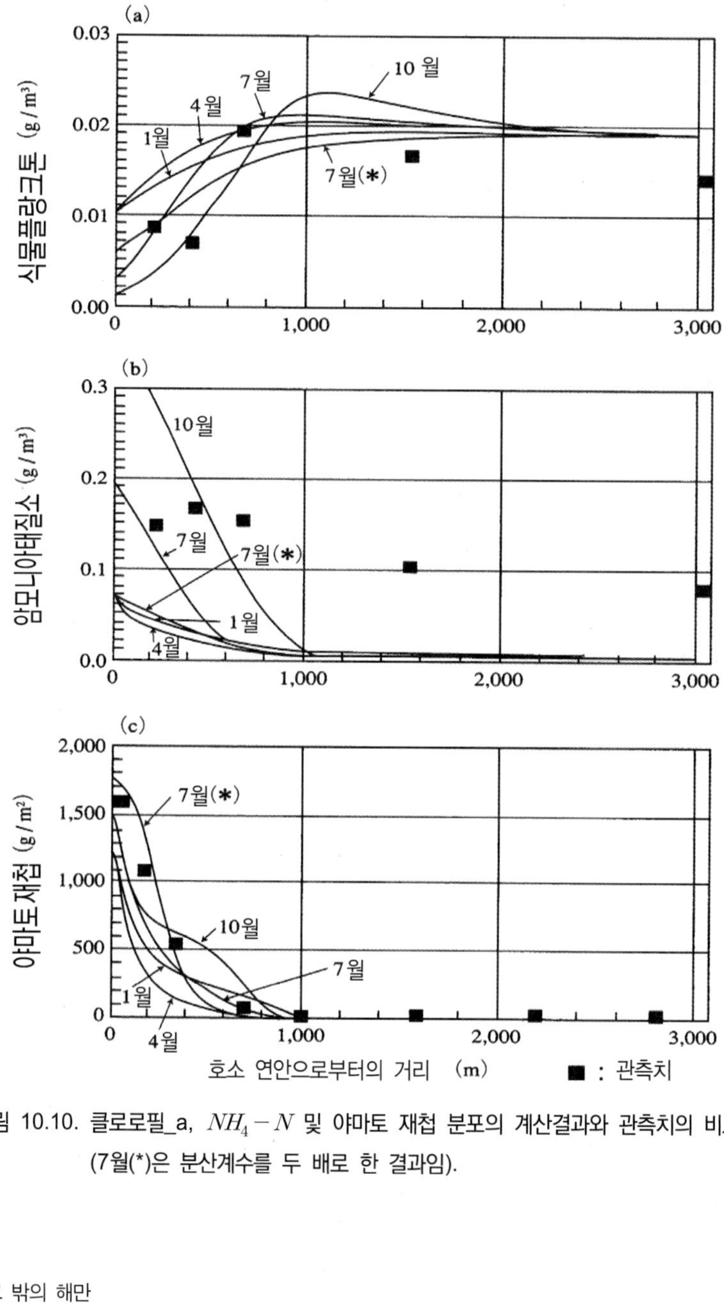

그림 10.10. 클로로필_a, NH_4-N 및 야마토 재첩 분포의 계산결과와 관측치의 비교 (7월(*)은 분산계수를 두 배로 한 결과임).

극대역은 나타나지 않기 때문에 특히 생물대사속도가 높은 하계에 있어서 식물플랑크톤과 야마토 재첩의 상호작용에 기초하는 영양염의 순환이 연안부에 근접한 영역을 중심으로 하여 빠른 속도로 회전하고 있는 것을 알 수 있다. 암모니아 농도는 재첩에 의한 배설의 영향을 받아 연안부에서 현저히 높다. 계산결과는 호심부에서의 관측치를 과소평가하는 경향이 있는데, 작년도의 현지관측시는 통상의 하계보다도 하천유량이 상당히 많고, 암모니아 농도가 상당히 높았다는 점을 고려하면 결과는 합리적인 범위내에 있다고 생각된다.

이상의 수치해의 결과로부터 식물플랑크톤 및 이매패가 일차, 이차생산을 지배하는 수역의 특성은 이와 같은 간이 모형에서도 기본적으로 표현되는 것으로 생각된다.

나. 생태계 모형에 의한 해석

전절에서는 간이 1차원 모형의 해석에 의해 호안방향의 수질분포의 형성에 야마토 재첩이 어떻게 관여하고 있는가를 나타내었다. 거기에는 물질순환과정을 극히 단순화하고 있어서, 면적인 수질분포를 취급할 수는 없다. 또한 부하량이나 기상, 유동 등 외적 요인에 의해 호소의 시스템이 어떻게 응답하는가 또는 인접하는 나카우미의 생태계와의 물질순환 구조의 차이는 무엇인가 등의 과제에 대해서도 답할 수가 없다. 이 과제에 대하여 나카타 등은 신지코, 나카우미 연성계의 유동장과 생태계 시뮬레이션을 행하였다. 모형 변수는 식물플랑크톤, 동물플랑크톤, detritus(유기쇄설물) 및 용존태 유기탄소로 이루어진 저차생태계 모형이며, 산소, 탄소, 질소 및 인의 순환을 조사하였다. 본 모형에서는 더욱이 각각의 호소에 우점적으로 서식하는 이매패(야마토 재첩 및 두견새조개)의 효과를 조사하기 위해 그 현존량의 계절변화 측정치, 및 수온에 의존한 대사속도(여과속도, 호흡속도, 배설속도)의 실측치를 입력치로 하고 있다. 모형의 수평분해능은 250-500m격자, 연직방향으로는 5개층의 분할을 행하였다. 계산의 대상으로 한 것은 프로젝트에 의한 관측이나 측정을 세밀하게 행한 1995년이며, 3월부터 9월말까지의 계산을 실행하였다. 상세한 모형의 구조나 매개변수의 설정에 대하여는 나카타(中田) 등을 참조하기 바란다.

1) 주요 결과와 고찰

모형에 의한 계산결과가 실측의 수질을 거의 양호하게 재현하고 있는 것을 확인한 후 이매패의 대사의 영향을 평가할 목적으로, 전술한 이미패가 존재하는 경우와 존재하지 않는 경우의 비교해석을 행하였다. 그 결과를 클로로필_a, DO, 암모니아태 질소, 인산태 인으로 비교하였다. 이에 따르면, 이매패의 존재에 의해 양쪽 호안에서 클로로필_a농도가 현저히 감소하였다. DO에 대하여는 신지코의 경우는 야마토 재첩의 호흡이 더해짐에도 불구하고 호심에서의 용존산소농도에 미치는 영향은 보이지 않았다. 한편, 암모니아태 질소나 인산태 인에 대하여는 이매패가 존재하면 이매패의 배설에 의한 영양염 공급이 늘어나지만, 클로로필_a농도가 감소하기 때문에 식물플랑크톤이나 detritus의 분해에서 공급되는 영양염 양의 감소가 훨씬 컸기 때문이다. 이러한 결과로부터 이매패를 중심으로 한 저서생태계의 활성화에 의해 호소의 영양이 고차의 생물로 이행해 가기 용이한 시스템을 만들고 있는 것을 알 수 있다.

10.5. 연안해역의 수복을 위한 제언

본 장은 기수 호소인 신지코에 대량으로 서식하는 야마토 재첩이 어떻게 호내의 수질분포나 물질순환기구를 변화시키고 있는가에 관하여, 현지관측이나 수리모형에 의해 조사한 성과를 기보의 문헌을 재정리하여 모은 것이다. 야마토 재첩은 신지코의 얕은 연안부에만 서식하고 있기 때문에 호내 수질의 수평분포에는 현저한 특징이 나타난다. 즉, 클로로필_a 농도로 대표되는 식물플랑크톤이나 현탁물질농도는 연안부에서 적고 호소 안쪽에서 고농도이다. 이것은 야마토 재첩의 활발한 여과작용에 의한 것이다. 역으로 영양염 농도는 연안부에서 높고, 호소 안쪽에서 낮은데, 이것은 연안부에 있어서의 야마토 재첩의 배설과 호소 안쪽에서의 식물플랑크톤에 의한 영양염 섭취의 영향이다. 더욱이 비교적 정온한 기상조건하에서는 연안부의 수질은 명료한 일주변동을 나타내며, 야간부터 이른 아침에 걸쳐 클로로필_a농도가 감소하고 투명도가 증가하지만, 낮 동안은 다시 현탁물질 농도가 증가한다. 호안부의 연속관측으로부터 야간의 냉각에 따른 연직대류가 식물플랑크톤이나 현탁물을 야마토 재첩에 효율 좋게 공급하고 있다는 것, 더욱이 지형성 저열효과에 의해 연안부와 호소 안쪽 사이에 순환류가 발생하고, 식물플랑크톤이 야마토 재첩이 서식하는 연안에 공급됨과 동시에 야마토 재첩이 배설한 영양염이 호소 안쪽으로 운반되어 식물플랑크톤의 성장을 촉진하고 있는 것 등이 밝혀졌다. 이상으로부터 호내의 흐름과 먹이연쇄를 통한 물질순환이 밀접하게 서로 관련하여 자연의 정화작용이 기능하고 있는 등, 흥미 깊은 지견이 얻어졌다.

야마토 재첩의 서식장으로서의 많은 기수 호소와 바지락의 서식장으로서의 연안해역에는 염분 환경의 차이로 인한 주요 구성생물의 차이는 있으나, 생태계 전체에 있어서 이매패를 중심으로 한 저서생태계가 중요한 위치를 점하고 있다는 것, 근년 부영양화나 서식장의 상실에 의해 서식환경이 나빠지고, 어획량의 감소라고 하는 문제를 안고 있는 등, 공통의 특성과 과제가 있다. 따라서 본 연구와 같은 신지코의 개별연구도 보다 폭 넓게 연안해역의 생태계의 악화 기구를 이해하고, 더욱이 생태계의 수복을 생각하는 데 있어서 참고가 되는 정보를 포함하고 있는 것으로 생각된다. 예를 들면, 빈산소수괴의 발달은 생물서식장을 좁히고, 생태계 열화(劣化)와 같은 부정적인 spiral (연속적 변동)이라고 일컬어지는 일련의 과정, 즉, 영양염 공급의 증대, 그에 따른 식물플랑크톤의 증식, 그들 사해(死骸)의 침강 등에 의한 산소소비의 증대, 저층수의 빈산소화, 빈산소환경에서의 퇴적물로부터의 영양염 용출의 증대, 부유생태계에 대한 영양염 공급에 의한 다양한 식물플랑크톤의 증대를 야기해 왔다. 역으로 유광층보다 얕은 수역을 양적으로 확대하고, 질적으로 수복하는 것은 이매패 등의 저서생태계에 의한 정화를 촉진하여, 식물플랑크톤의 이상증식을 억제하고, 호소나 연안해역의 깊은 영역으로의 유기물 침강 flux를 감소시켜, 빈산소의 확대를 억제하고, 양호한 생물서식장을 유지, 확대하는 것과 같은 건전한 생태계 회복의 spiral로 전환시키는 작용이 기대된다.

참고문헌

中村幹雄, 汽水域の生物と漁業. アーバンクボダ, 32, 14-23, 1993.

山室真澄, 感潮域の底生動物. 西條八束·奥田節夫編 "河川感潮域". 名古屋大学出版会, 151-172, 1996.

山室真澄, 食物連鎖を利用した水質浄化技術. 化学工学, 58, 217-220, 1994.

M. Nakamura, M. Yamamoto, M. Ishikawa, H. Nishimura, Role of bivalve Corbicula japonica in the nitrogen cycle in a mesohaline lagoon. *Mar. Biol.,* 99, 369, 374, 1988.

山室真澄外, 富栄養化湖沼における食物連鎖を利用した水質浄化技術に関する研究. 平成10年度国立機関公害防止等試験研究成果報告書, 49-1, 49-31, 1999.

湖沼総合レビュー調査宍道湖·中海班(代表: 相崎守弘), 平成16年度湖沼水質保全対策·総合レビュー検討調査報告書, 1-408, 2005.

藤井智康·奥田節夫, 中海·宍道湖における連係振動一解析解に基づく理論的考察. 陸水学雑誌, 56, 291-296, 1995.

Y. Sampei, E. Matsumoto, T. Kamei, T. Tokuoka, Sulfur and organic carbon relationship in sediments from coastal brackish lakes in the Shimane peninsula district, southwest Japan. *Geochem. J.,* 31, 245-262, 1997.

中村由行·石野 哲·高尾 彰, 宍道湖·中海水系への汚濁負荷量の長期的な変動について. 第40回日本環境学会年会講演集, 1-117, 2006.

平塚純一·山室真澄·石飛 裕, アマモ場利用法の再発見から見直される沿岸海草藻場の機能と修復·再生. 土木学会誌, 88, 79-82, 2005.

M. Yamamoto, J. Hiratsuka, Y. Ishitobi, S. Hosokawa, Y. Nakamura, Ecosystem shift resulting from loss of eelgrass and other submerged aquatic vegetation in two estuarine lagoons, Lake Nakaumi and Lake Shinji. *J. Oceanogr.,* 62, 551-558, 2006.

作野裕司·高安克已·松永恒雄·中村幹雄·國井秀伸, 宍道湖における衛星同期水質調査. LAGUNA, 3, 57, 72, 1996.

中村由行·F. Kerciku·井上徹教·柳町武志·石飛 裕·神谷 宏·嘉藤健二·山室真澄, 汽水湖沼沿岸部における水温·水質構造の日中変化. 水工学論文集, 41, 469-474, 1997.

M. Yamamuro, M. Nakamura, H. Nishimura, A method for detecting and identifying the lethal environmental factor on a dominant macrobenthos and its application to Lake Shinji, *Japan. Mar. Biol.*, 107, 479, 483, 1990.

M. Yamamuro, I. Koike, Diel changes of nitrogen species in surface and overlying water of an estuarine lake in summer: Evidence for benthic-pelagic coupling. *Limnol. Oceanogr.*, 39, 1726-1733, 1994.

中村由行·F. Kerciku·二家本晃造·井上徹教·山室真澄·石飛 裕·嘉藤健二, 二枚貝が優占する汽水湖沼水質モデル化. 海岸工学論文集, 45, 1046-1050, 1998.

中村由行·F. Kerciku·井上徹教·二家本晃造, 汽水湖沼におけるヤマトシジミの水質浄化機能に関するボッスモデル解析 用水と廃水, 40, 18-26, 1998.

中村由行·奥宮英治·中山恵介, 湖沼の平面的な水塊分布構造に及ぼす水表面熱収支の影響. 海岸工学論文集, 48, 1051-1055, 2001.

嘉藤健二·神門利之·景山明彦·芦矢 亮·石飛 裕, 宍道湖·中海水質調査結果(平成8年度). 島根衛生公害年報, 38, 111-114, 1996.

Y. Ishitobi, M. Kawatsu, H. Kamiya, K. Hayashi, H. Esumi, Estimation of water quality and nutrient loads in the Hii River by semi-daily sampling. *Jap. J. Limnol.,* 49, 11-17, 1988.

K. Nakata, F. Horiguchi, M. Yamamuro, Model study of Lakes Shinji and Nakaumi-a coupled coastal lagoon system. *J. Mar. Sys.*, 26, 145-169, 2000.

中田喜三郎·山室真澄, 閉鎖性沿岸域の生態系と物質循環[最終回]宍道湖·中海を対象とした生態系モデル一懸濁物食性二枚貝の効果. 海洋と生物, 26, 267-278, 2004.

井上徹教·山室真澄, 閉鎖性沿岸域の生態系と物質循環[9]濾過食性二枚貝ホトトギズガイの呼吸及び懸濁物摂取速度. 海洋と生物, 26, 62-68, 2004.

Y. Nakamura·F. Kerciku, Effects of filter-feeding bivalves on the distribution of water quality and nutrient cycling in a euphotic coastal lagoons. *J. Mar. Sys.,* 26, 209-221, 2000.

中村由行, 汽水域における自然浄化機能について一宍道湖を例に一. 水環境学会誌, 22, 19-22, 1999.

中村由行, 閉鎖性沿岸域の生態系と物質循環[10]富栄養化した汽水湖における栄養塩循環と水質分布に関わる懸濁物食性二枚貝の効果. 海洋と生物, 26, 168-176, 2004.

제11장__아고만(英虞湾) 재생 프로젝트의 전개와 장래전망

11.1. 프로젝트의 전체모습과 그 배경

가. 지금 아고만에서 무엇이 일어나고 있는가?

이세(伊勢) 시마(志摩)반도의 아고만을 실험해역으로 하여 대단히 유니크한 자연재생의 시도가 진행되고 있다. 통칭, 아고만 재생프로젝트라 불리고 있는데, 중심은 산·학·관과 지역이 연계한 미에현 지역결집형 공동연구사업인 폐쇄성 해역에 있어서의 환경재생 프로젝트이지만, 그 배경으로서는 국립공원 중에 있으면서도 쇠퇴하는 아고만의 자연환경을 보전하기 위해서이며, 또한 이 프로젝트에 선행한 지역에서의 대처가 있었다. 이 프로젝트에서는 연구활동이 기술개발이나 행정, 지역의 활동 모두 밀접하게 연관되어 아고만의 현재상황의 파악, 육역 및 해역을 일체화한 천해영역 재생의 시도 등이 진행되고 있다. 또한 차세대의 육성을 고려한 환경교육에의 대처나 지역 시마시와의 협동 등, 종래의 연구 스타일에 비하면 훨씬 폭넓고 실제적인 활동이 전개되고 있어서, 소규모 폐쇄성 해역에 있어서의 환경재생의 모형이 될 것이다.

아고만은 이세 시마 국립공원의 중심부에 위치하며, 진주양식으로 이름이 높고, 리아스식의 내만이 만든 온화한 경관은 풍광명미(風光明媚)로, 주변에는 리조트시설도 많고, 방문하는 관광객도 적지 않다. 그러나 실제는 이 폐쇄성이 강한 내만에서는 현저히 오염이 진행하여 구체적으로는 빈산소수괴나 *Heterocapsa* 등의 유해적조의 발생, 저질의 악화 등이 큰 문제가 되고 있어서 양식진주의 생산량이나 생산액도 근년 저감경향에 있다.

화학적산소요구량(COD)의 값을 지표로 하여 저질의 경년변화를 보면 지난 약 25년간에 걸쳐 저질이 점차 악화해 온 것은 분명하며, 실제로 만 안쪽의 깊은 곳은 소위 유기오염물 형태의 뻘이 축적하고 있다. 준설제거의 대책이 되는 COD값인 $30mg/g-dry$이상인 오염유기물의 분포역은 약 800ha에 이르고, 이것은 아고만의 전면적인 2,600ha의 약 30%를 점한다. 저질오염의 원인으로서는 정량적으로는 반드시 명확치 않으나 유입부하나 진주양식의 영향, 얕은 곳의 상실에 따른 자연정화기능의 저하와 해수유동상황의 변화가 주요한 요인으로 거론되고 있다. 좌우간 전체의 구도로서는 유기물의 부하가 분해정화능을 상회하고 있어서 따라서 유기물의 분해를 짊어지고 있는 자연정화능의 회복이나 과대한 부하의 삭감이 필요한 것을 나타내고 있다.

아고만에 있어서의 얕은 곳의 상실이나 환경개변의 영향은 지금까지 거의 연구대상이 되지 않았으나, 리아스식의 수심이 깊은 소내만의 안쪽에서는 매립이나 환경개변의 영향이 크다고 추정된다. 실제로 아고만을 육안을 따라 돌아보면서 또한 소내만의 하나하나에 배로 들어가 보면 거의 소내만의 안쪽에서 자연 해안선이 상실된 것을 보고 놀라게 된다. 소내만의 안쪽은 역사적으로 매립되어 농지로 전용되고 또는 조수제(潮受堤)에 의해 체절되어 그 내부가 습지나 황무지가 되어 있는 경우도 적지 않다.

장년에 걸친 진주양식이 아고만의 환경에 준 영향도 바르게 평가되지 않으면 안 된다. 진주양식이 없었던 시대와 비교하면 진주조개의 똥 등이 저질에 미치는 영향이나 대량의 양식시설이 해수유동에 미치는 영향을 무시할 수 없기 때문이다. 진주조개의 양식관리상 빈번히 행해지는 조개 청소는 일면 진주조개로부터 제거되는 부착유기물에 의해 해저로의 부하를 증가시키고 있다.

나. 아고만의 건강진단 결과

전술한 바와 같은 상황에 있는 아고만의 보다 객관적인 건강진단결과는 어떠한 것일까? 바다의 건강진단 제1차 검사를 아고만에 적용한 경우의 진단결과를 보자. 여기서 바다의 건강진단은 인간의 건강진단과 마찬가지로 정기 건강진단에 해당하는 1차 검사와, 1차 검사에서 의심스러운 징조가 나온 경우에 실시하는 정밀검사에 해당하는 2차 검사로 구성된다. 1차 검사는 생태계의 안정성과 물질순환의 원활성 등 두 가지 범주의 검사로 이루어져 있으며, 전자를 생물조성, 서식공간, 서식환경의 세 가지 시점에서, 후자를 기초생산, 부하, 해수교환, 퇴적, 분해, 제거의 네 가지 시점에서 검사·진단하여, 우선 1차 진단카드가 작성된다.

진단결과의 개요를 1차 진단 차트(그림 11.1)에서 보면 검사대상이 된 6개의 평가 축 중에 서식공간의 B 등급을 제외하고 다른 5개 항목에서 모두 C 등급으로, 문제가 큰 것을 알 수 있다. 모두가 C 등급의 토쿄만에 비하여 다소는 괜찮지만, 일견, 풍광명미로 국립공원내에 위치하는 아고만의 건강상태가 전국 88개 폐쇄성 해역 중에서도 낮은 위치에 있는 것은 이 건강진단수법에 검토의 여지가 있다고 하더라도, 대단히 중요한 지적임을 알 필요가 있다.

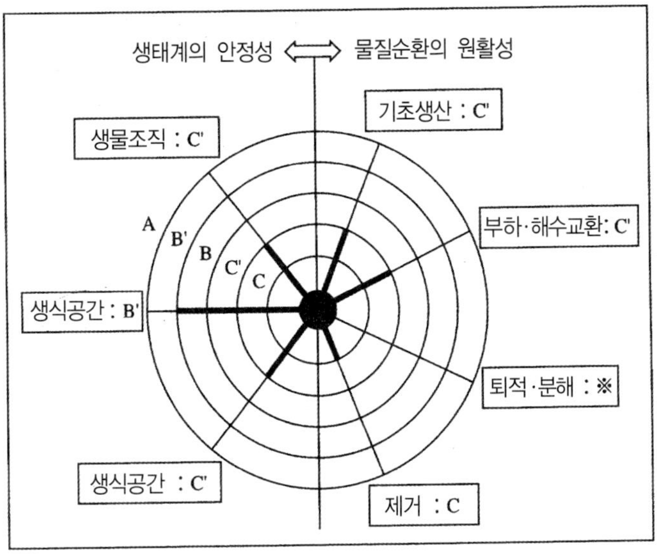

그림 11.1. 아고만의 건강진단결과를 나타내는 1차진단 차트.

다. 폐쇄성 해역에 있어서의 환경창생 프로젝트란?

이와 같은 아고만의 상황을 배경으로 하여, 전술한 폐쇄성 해역에 있어서의 환경창생 프로젝트(2003-2007)가 개시되었다. 이 프로젝트는 과학기술진흥기구의 공모형 사업으로 지역의 대학, 연구개발형 기업, 공설시험연구기관 등의 연구 능력을 결집하여 공동연구를 통해 독창적인 신기술이나 신산업의 창출을 도모하는 것을 목적으로 하고 있다. 예산은 국가와 지역이 반씩 부담하고, 지역에는 현이나 기업이 포함된다. 프로젝트 종료 후에는 지역의 연구개발거점과 인재육성의 장으로서의 지역 COE(Center of Excellence)의 형성이 지향되고 있어서 프로젝트의 성과를 지역에서 지속적으로 살려나가려고 하는 구상을 가지고 있다. 이 프로젝트에서는 장년에 걸쳐 해저에 퇴적한 소위 유기퇴적물의 유효이용과 간석지, 해조장을 일체화한 얕은 곳 조성에 의해 자연정화력의 향상을 도모함과 동시에 환경조화형 양식시스템을 확립하고 해역의 환경보전과 진주의 생산 활동이 양립하는 새로운 환경창생을 목표로 하고 있다. 장기적으로는 기술개발의 성과를, 내외의 폐쇄성 해역의 문제해결을 위해 이전할 계획이다. 또한 연구자 등은 이 프로젝트에서 신기술 에이전트라 불리는 연구기술계의 조정자 역할을 맡고 있다.

본 프로젝트의 주제구성은 연구주제 I (새로운 마을바다의 창생)과, 연구주제 II (아고만의 환경동태예측)의 두 가지로 되어 있다. 연구주제 I (새로운 마을바다의 창생)의 구체적인 내용은 간석지, 해조장 등이 가진 자연정화력과 생물생산능력을 정량적으로 평가하고, 정화능력을 최대한 발휘시키기 위하여 육역으로부터 얕은 곳까지 일관된 시스템으로서 자연재생을 꾀하는 기술을 개발하는 것이다. 여기에 더하여 환경을 배려한 환경조화형 진주

양식기술의 개발을 행하고, 또한 준설 유기퇴적물을 유기물을 다량으로 포함하는 미이용 자원으로 생각하여 다른 산업에서 발생하는 소각회(燒却灰) 등 불요물의 유효이용과 합하여 고화조립(固化造粒)하여 새로운 얕은 곳 조성자재로서 그 활용과 재이용을 도모하는 기술을 개발하였다. 한편, 연구주제 II (아고만의 환경동태예측)에서는 시시각각 변화는 아고만내의 수질을 상시 감시하는 자동모니터링 시스템의 개발과 환경예측모형의 개발을 행한다. 자동모니터링 시스템은 이미 설치를 완료하고 연속적으로 가동하고 있기 때문에 이 시스템을 이용한 시뮬레이션 모형의 개발이 이루어지고 있다. 모형의 완성 후는 물질순환의 해석, 수질예측 등의 환경동태의 예측이나 해조장, 간석지 조성 등의 환경개선기술의 평가에 이용된다. 더 나아가 이들 성과의 정보발신 시스템을 구축할 예정이다.

11.2. 새로운 마을바다(里海)에 어울리는 간석지 조성법

가. 지향해야 할 새로운 마을바다의 개념

이 프로젝트에서는 연안해역이 지향해야 할 새로운 마을바다의 개념으로서 사람의 손을 더하는 것에 의해 생물생산성과 생물다양성의 양쪽을 높게 유지하는 것을 제안하고 있다. 또한 바다의 건강진단에서는 생태계의 안정성과 물질순환의 원활함의 중요성을 지적하였다. 이에 관하여 아고만에서는 일견 경관의 아름다움에도 불구하고 적조 발생으로 인해 생태계의 안정성이 손상되고 있는 것을 시사하고 있으며, 많은 소내만의 만 안쪽이 조수제(潮受堤)로 분단되어 있는 것은 물질순환의 원활성을 잃어 가고 있는 상황을 나타내고 있다. 손상된 아고만의 건강을 회복하기 위해 생태계의 안정성과 물질순환의 원활성을 되돌리기 위해서는 어떻게 하면 좋을까? 여기에는 얕은 곳을 중심으로 한 생태계의 안정성과 물질순환의 원활성을 되돌리는 수법을 소개하고, 구체적 사례로서 간석지에 사람의 손을 더하는 것에 의해 간석지 생물의 생산성과 다양성의 양쪽을 높일 수 있다는 사실을 나타내려고 한다.

나. 잃어버린 간석지와 분단된 생태계

1) 조수제방(潮受堤防)에 의한 간석지의 상실

리아스식 해안으로 이름 높은 아고만에는 가늘게 깊숙이 파고들어간 수많은 소내만(후미)이 있다. 인공위성화상으로 보는 아고만은 가늘게 분지하여 그 말단부는 흡사 모세혈관 같다(그림 11.2). 그러나 이 모세혈관의 말단은 많은 경우 조수제방으로 체절되어 기능적으로는 괴사한 상태에 있는 것을 알았다. 구체적인 자료로 살펴보자.

쿠니와케(國分)는 아고만 전역의 간석지 면적을 파악하기 위하여 항공기에 탑재한 multi-spectral scanner(MSS)를 사용하여 2004년 7월의 만조시와 간조시에 관측을 행하였다. 각각의 MSS의 근적외(756.2-770.7 nm, 919.0-976.0 nm, 993.0-1081.0 nm) 화상에 의해 해역과 육역을 구별하고 그 차분으로부터 간석지 면적을 추출하였다. 간석지 형태에 대하여는 MSS화상해석과 현지조사에 의해 하구 간석지, 만 안쪽 등의 전빈 간석지, 제방내 습지(후배습지)로 분류하고 이에 인공 간석지를 더하여 각각의 면적을 산출하였다. 분류한 각 간석지에 대하여는 대표적인 장소에 관측점을 설정하고, 계절마다 통년의 저질, 즉 입도분석, 함수율, 강열감량(IL), 산화환원전위(ORP), pH, COD, 전황화물(TS), 전질소(TN)와 저서생물(개체수, 종류수, 습중량)의 변화를 조사하였다.

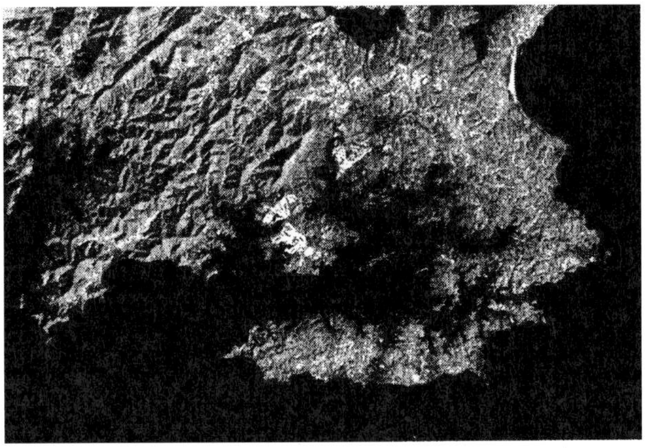

그림 11.2. 인공위성화상으로 본 아고만과 리아스식 해안선.

그 결과, 아고만내에 현존하는 전체 간석지 면적은 약 0.84km^2이며, 그 중에서 하구 간석지가 0.03km^2, 전빈 간석지는 0.81km^2이었다. 또한 과거에 간석지였던 제방내 습지 면적은 1.85km^2로, 그 중 현재 농경지로서 이용되고 있는 면적이 0.31km^2, 황무지로서 방치되고 있는 면적이 1.54km^2로 견적하였다. 아고만의 해역면적이 27.1km^2이므로 현존하는 간석지는 해역면적의 약 3%, 과거에 존재한 간석지는 약 10%이며, 지금까지 아고만내에서 약 70%의 간석지가 소실한 것으로 추정되었다. 예를 들면 전술한 모세혈관의 70%까지가 괴사하고 있는 상태이다(그림 11.3). 덧붙여 해역면적의 10%에 이르는 옛날의 아고만의 간석지 면적비는 광대한 간석지로 유명한 아리아케해의 그것(12%)에 필적하는 것으로, 토코만의 약 1%, 이세만의 약 0.8%를 훨씬 능가하며, 아고만에서는 간석지가 중요한 역할을 하고 있음이 시사된다.

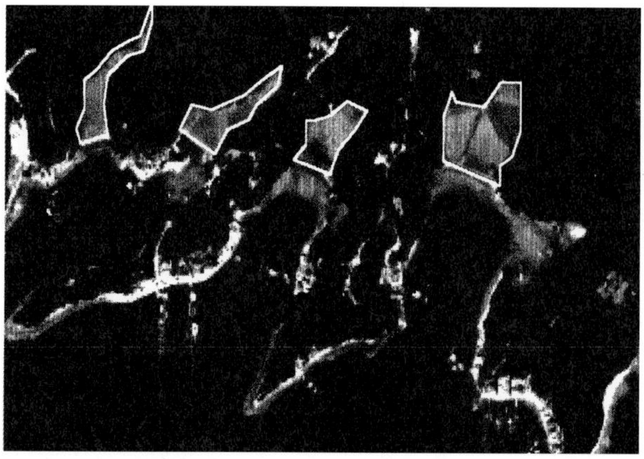

그림 11.3. 매립이나 조수제방(潮受堤防)에 의해 소내만 안쪽의 환경개변상황(흰 선으로 둘러싸인 부분은 예전에 소내만의 일부였다).

2) 조수제방(潮受堤防)에 의한 생물상의 빈약화

전술한 바와 같이 분류된 간석지의 형태별로 서식하는 저서생물을 식성별로, 현탁물 식성, 표층 퇴적물 식성, 내층 퇴적물 식성, 부식성, 육식성의 5종류로 나누어 그림 11.4에, 또한 각각의 간석지의 저질을 표 11.1에 각각 나타내었다. 하구 간석지에서는 하천으로부터의 토사나 영양물질의 유입을 반영하여, 사니질로 유기물 함유량이 많고, 그 때문에 현탁물 식성에서부터 육식성까지의 풍부한 생물상이 정착하여 개체수도 가장 많았다. 아고만내에 가장 많은 만 안쪽의 전빈 간석지는 사력질로 유기물 함유량이 적기 때문에 정착하는 생물은 해수 중에서 영양을 얻는 현탁물 식자가 주체이며, 개체수도 적었다. 또한 제방내 습지에서는 물의 교환도 나쁘기 때문에 저질은 환원적이며, 서식하는 저서생물은 가장 적었다. 한편, 준설토를 더한 인공 간석지에 있어서는 니분을 혼합하는 것으로 저질의 유기물 함유량이 증가하고, 현탁물 식성에 더하여 표층 퇴적물 식성의 생물이 증가하는 것을 알았다. 이들은 쿠니와케 등의 연구에 의해 밝혀진 사실이다.

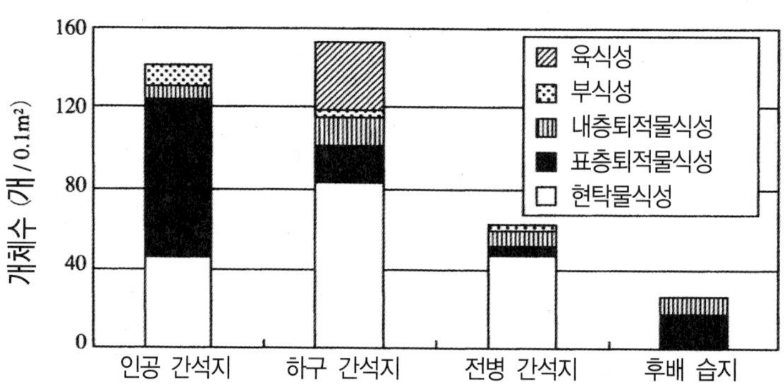

그림 11.4. 형태별 간석지에 서식하는 식성별 저서생물의 개체수.

표 11.1. 형태별 간석지에 있어서의 저질환경의 특징

	인공간석지	현존간석		소실간석지
	준설토 30%	하구간석지	전빈간석지	제방내 습지
외관 성상	사니질	사니질	사력질	니질
함니율(%)	47.3	46.3	13.4	74.2
COD(mg/g)	13.9	24.5	6.8	47.8
AVS(mg/g)	0.05	0.15	0.11	0.34

이상으로부터 조수제방내의 후배습지에서는 COD와 AVS(산휘발성황화물)이 대단히 높고, 과영양으로 환원적인 저질환경이 되어 있기 때문에 생물상은 현저히 빈약한 것을 알 수 있다. 이에 대하여 조수제방 전면의 전빈 간석지에서는 유입영양물질이 조수제방내에 갇혀 있기 때문에 상대적인 빈영양화의 양상을 띠며, COD나 AVS가 낮은 수준임에도 불구하고 생물 개체수는 하구 간석지에 비하여 확실히 적은 상태였다. 즉, 조수제방 안과 밖의 폐쇄성이 끊겨 안에서는 과영양, 밖에서는 빈영양적 상황에 의해 쌍방의 생물상이 함께 빈약화하고 있는 것을 알 수 있다. 이 현상은 조수제방에 의한 생태계와 물질순환계의 분단에 의한 것으로 생각해도 지장이 없다.

다. 전빈 간석지의 생물상을 인위적으로 풍요롭게 하기 위한 시도

1) 실험적으로 생물의 개체수와 종류수를 늘이는 방법

아고만 재생 프로젝트에서는 전술한 바와 같이 분단된 물질순환계를 회복하여 풍요로운 마을바다를 만들어내려고 생각하고 있다. 그를 위한 하나의 방법은 불필요한 조수제방을 장차 철거하여 환경수복을 꾀하는 것으로서 조수제방내 환수실험(換水實驗)은 이 방법의 초기단계이다. 조수제방내 환수실험이란 조수제방이 주변환경에 미치는 영향을 실증하기 위한 유니크한 현장실험으로서, 2005년 개시되었다. 해수 교환이 상실되어 있는 조수제방내의 내부에 외부의 조석에 따라 해수를 인위적으로 도입하고 또한 배출하려고 하는 실험이다. 실험결과는 해석중이지만, 조수제방내의 환경과 생물상이 해수도입에 의해 개선되는 모습이 밝혀지고 있다.

한편, 조금 난바다쪽의 해저에는 소위 유기퇴적물상의 부영양으로 환원적인 오니가 쌓여 있다. 즉, 조수제방 전면의 전빈 간석지와, 난바다 측의 깊은 곳과의 사이에 머무는 양극 분화가 일어나고 있다. 따라서 두 번째 방법은 이 깊은 곳의 부영양적인 오니를 준설로 제거함과 동시에 이 유기물이 풍부한 퇴적물을 상대적인 빈영양화가 생기고 있는 전빈 간석지에 첨가하여 인위적으로 생물상을 풍요롭게 하려고 하는 시도이다.

그림 11.4에 나타낸 인공 간석지의 자료는 이와 같이 상대적으로 영양분이 적은 간석지에 준설토를 첨가한 경우의 변화를 나타내고 있다. 이 그림에서 준설니의 첨가에 의해 생물의 개체수가 천연의 영양이 풍부한 하구 간석지와 등등한 수준까지 증대한 것을 알 수 있다. 쿠니와케 등은 전빈 간석지의 사력질의 현재의 지반토에 준설니를 적절한 비율로 혼입하면 단위면적당의 저서생물의 개체수와 종류수가 모두 증가하는 것을 현장실험으로 실증하였다. 즉, 저서생물(macro-benthos)의 정착에 적합한 저질조건은 COD가 3-10 $mg/g-day$, 점토, 실트함유량이 15-35%인 것을 알았다. COD와 점토, 실트 함유량과의 관계는 대단히 상관이 높아서 간석지 조성 때는 어느 쪽인가의 한 쪽을 설정하는 것에 의해, 적정한 간석지의 조성이 가능하다. 상기한 적정치로부터 아고만의 준설니를 써서 인공 간석지를 조성하는 경우의 준설니의 최적혼합비율은 약 20-30%이다.

간석지 조성수법과 함께 어업자나 주민이 참가하기 쉬운 잘피장 조성기술의 개발도 이루어졌으며, 잘피장은 다양한 생물의 서식환경을 만들어낸다는 것이 밝혀졌다.

2) 아고만 방식의 환경재생

지금까지 밝혀진 점을 기초로 하여, 아고만방식의 환경재생수법의 요점을 열거하고 싶다. 이들은 어느 것도 새로운 마을바다의 창출에 이용할 수 있는 것이다.

① 만 안쪽 조수제방의 내부에서는 과영양이 진행하고, 생물 생산기능이나 분해정화능이 감퇴하고 있다.

② 조수제방 전면(바다측)의 전빈 간석지는 제방내에 물질이 쌓이기 때문에 상대적으로 빈영양화하고 있다.

③ 조수제방의 구축에 의한 해수유동과 유입부하구조의 변화로 인하여 조금 난바다 쪽의 깊은 곳에는 유기오염물상의 영양이 풍부한 오니가 퇴적하고 있다.

④ 깊은 곳에 쌓여 있는 오니가 준설되는 경우 자원으로서 유효이용하면, 깊은 곳의 환경개선과 합쳐서 상대적으로 빈영양화하고 있는 간석지의 생물활성을 높일 수 있다.

⑤ 이와 같이 하여 간석지의 생물생산성과 생물다양성의 양쪽을 높이는 것은 풍요로운 마을바다의 창생에 이어진다.

⑥ 조수제방에 의해 저해되고 있는 해수유동을 회복하여 조수제방의 내부에 간석지나 해조장을 재생할 수 있다면, 조수제방의 안과 밖의 환경과 생태계의 개선을 동시에 실현하는 것이 가능하다.

⑦ 이와 같은 환경개선에 의해 육역으로부터 바다의 깊은 곳까지의 연속성, 구체적으로는 물질의 이동, 물의 흐름, 생태계의 연결, 생물의 이동 등이 부드러워지고, 원활한 물질순환의 재생을 기대할 수 있다.

⑧ 더욱이 얕은 곳에서의 정화능의 증대, 유동상황의 개선에 의해 깊은 곳에서의 침강물

질량의 삭감도 기대할 수 있다.

⑨ 이상의 환경재생수법에는 육역으로부터 대량의 자재나 에너지 등을 해역으로 들여올 필요가 없다.

또한 ④의 오니준설은 극히 대증요법적인 환경개선수법이며, 해저가 유기오염물화하는 원인을 끊는 것은 아니고 또한 비용도 높기 때문에 연구자 등이 이것을 전면적으로 지지하고 있는 것은 아니다. 그러나 현실적으로 준설은 아고만 뿐만 아니라 공공사업으로서 넓게 행해지고 있기 때문에 현재 상황에서는 오히려 이것을 유효이용하는 편이 좋다고 하는 입장이다.

이상의 요점을 모식적인 개념도로서 그림 11.5와 11.6에 나타내었다. 그림 11.6은 개념도인데 자료 분포는 대략 실제로 계산된 다양성지수의 분포에 대응하고 있다. 이 그림에서 유기물이 적은 제방 전 간석지에 유기물을 더하여 생물다양성을 늘일 수 있는 상황과, 또한 유기물이 너무 많고 조석이 멈춘 제방내 후배지의 영양분을 줄이는 것에 의해 생물다양성을 늘이는 것이 가능하다는 것을 알 수 있다. 즉, 이 그림의 자료 분포로부터 간석지에 적절히 사람의 손을 더하는 것에 의해 간석지 생물의 생산성과 다양성의 양쪽을 높일 수 있다는 것을 원리적으로 이해할 수 있다. 풍요로운 생물상을 갖춘 간석지에서는 생물학적인 정화능도 높이는 것이 충분히 기대되며, 실제로 준설니를 첨가한 인공 간석지에서는 기초생산속도나 산소소비속도가 대조 간석지에 비하여 증가하였다. 즉, 적절히 사람의 손을 더하는 것에 의해 생태계의 안정성과 물질순환의 원활성을 증대시키는 방향으로 풍요로운 마을바다를 만들 수 있다는 것이 적어도 실험적으로 실증되었다고 말할 수 있다.

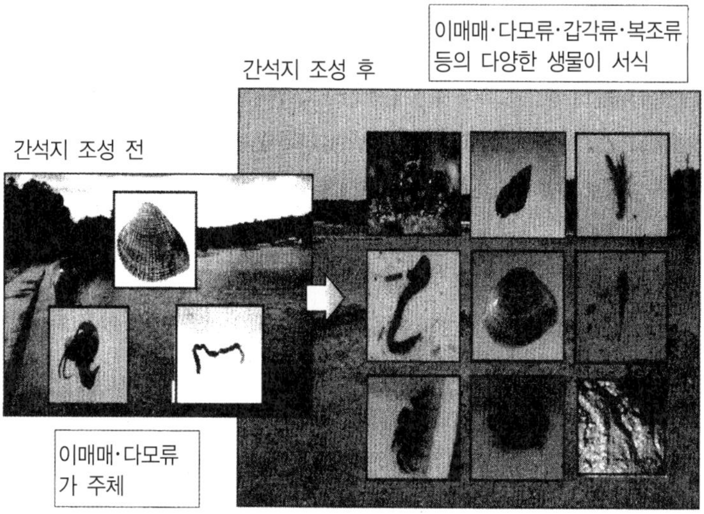

그림 11.5. 준설니를 더하는 것에 의해 간석지의 저서생물의 종류수가 늘어나는 상황을 모식적으로 나타낸 것.

11.3. 환경모니터링으로부터 환경동태예측을 향해

가. 아고만 재생 프로젝트에 있어서의 환경모니터링의 위상

아고만의 환경동태예측(주제 II)은 아고만 재생 프로젝트 중에서 새로운 마을바다의 창생(주제 I)과 병행하는 주요 주제이다. 여기서는 이 중에서 이미 설정을 완료하고 수질과 해수의 유동상황을 연속적으로 감시하고 있는 자동환경모니터링 시스템과 개발 중인 환경동태예측 시스템에 대하여 소개한다. 전자의 자동관측 시스템에서는 아고만내의 5개 지점에서 상시 수질(수온, 염분, 용존산소, 탁도, 클로로필_a)을 관측하는 자동관측 시스템과, 2개 지점에서 유향유속을 상시 관측하는 시스템이 가동 중이며, 1시간간격으로 1m 수심마다의 자료를 취득하고 있기 때문에 관측사례도 소개한다. 관측자료는 인터넷 등을 통해 공개되고 있기 때문에 진주의 양식관리에 이미 이용되고 있는 것뿐만 아니라 연구면·응용면을 포함하여 다양한 유효이용을 기대할 수 있다.

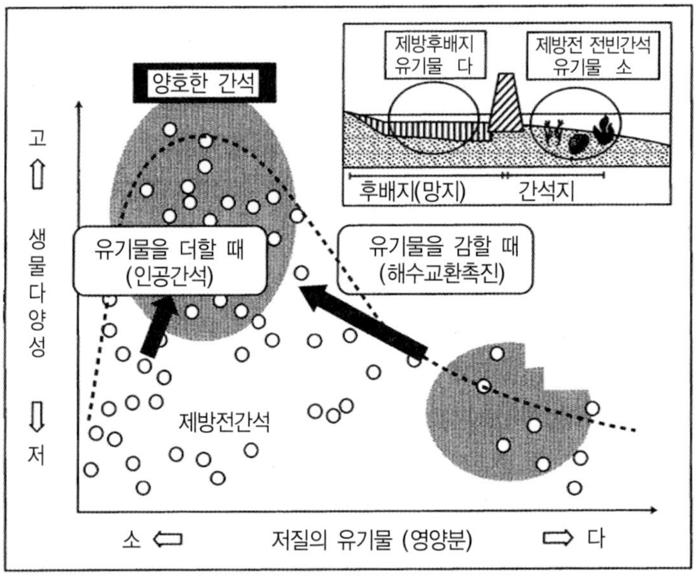

그림 11.6. 아고만의 간석지, 해조장의 개선책 개념도.

나. 자동관측 시스템의 개요

가동 중인 자동수질관측국은 만구부의 관측 부이, 만 중앙(타코노보리), 만 안쪽(타케가미(立神), 신메이(神明), 후나코시(船越)의 관측 벌(筏)로 이루어진 5개국이다. 만구부의 관측국 만이 부이 형식인 것은 만구의 파랑조건이 만내에 비해서 현저히 엄하기 때문이다. 또한, 만 중앙부의 해저에는 유황을 모니터링하기 위한 초음파유속계가 2기 설치되어 있다.

자동관측 시스템의 전체 개념도를 그림 11.7에 나타내었다. 5개소의 관측국의 관측 자료와 기기운용정보(문제의 발생 등)는 DoPa망을 통해 NTT로 보내어져 인터넷을 경유하여 코어연구실의 관측 PC에 송신된다. 코어연구실에서는 PC에서 수신한 자료를 database로서 축적 관리하고, 이것을 가공하여 인터넷상에서 real time으로 공개하고 있다. 자동관측 시스템에 의한 real time의 관측자료를 공개하고 있는 홈페이지에 PC로부터 access하는 경우의 URL은 http://www.agabay.jp/agoweb/index.jsp로, 휴대(i mode)로 access하는 경우의 URL은 http://www.agabay.jp/agaweb_i/index.jsp이다.

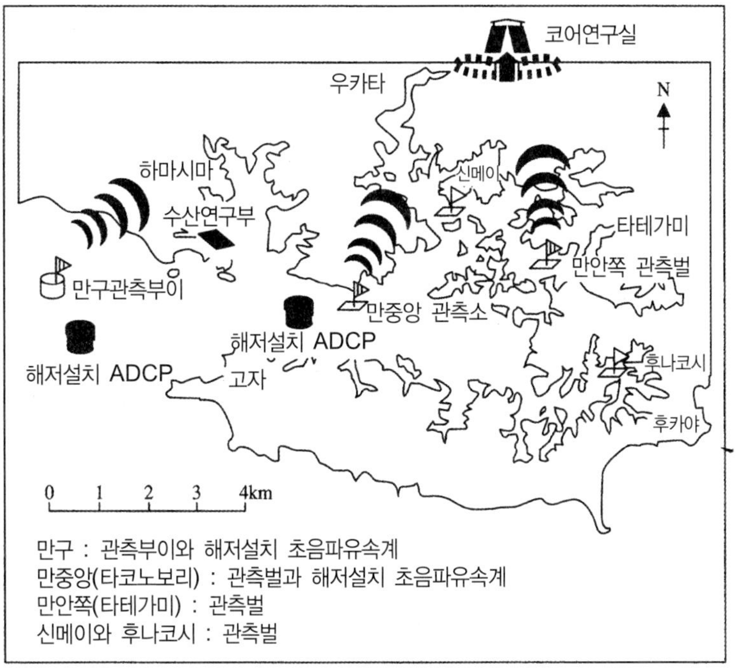

그림 11.7. 자동환경관측 시스템의 전체 개념도.

다. 모니터링에 의해 밝혀진 아고만의 환경특성

자동관측 시스템에 의한 3년 이상에 걸친 모니터링 자료로부터 밝혀진 아고만의 주된 해양환경특성을 소개하고 싶다. 이 중 해수교환의 특징은 주로 해수유동의 관측결과로부터 유도된 것이다. 모니터링 자료 표시의 예를 그림 11.8에 나타내었다.

1) 수온·염분·밀도구조

① 하계는 만 안쪽일수록 수온이 높고, 염분은 낮다. 이 시기의 만 안쪽에 있어서의 저염분화 경향은 우카타우라(鵜方浦)와 신메이우라(神明浦)에서 가장 강하다. 동계에는 만 안쪽일수록 수온이 낮고, 타테가미우라(立神浦)에서는 만구부보다 5℃정도 낮아진다.

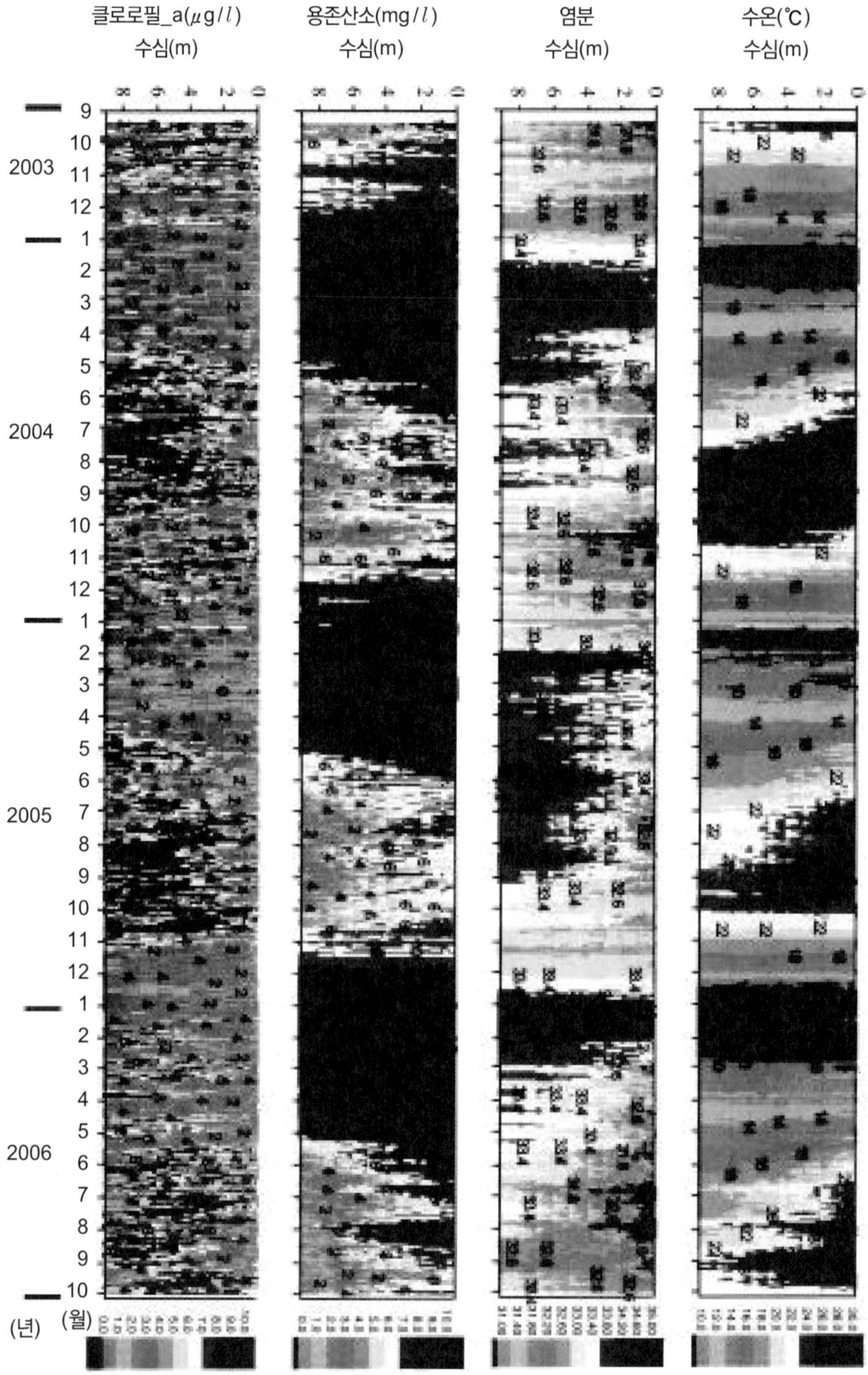

그림 11.8. 아고만의 만안쪽 수질관측국에 있어서의 자동환경모니터링 시스템에 의한 관측자료의 표시 예 (2003-2006년)

② 수온성층(표층과 저층의 수온차 1℃ 이상)은 대개 5월부터 10월 초순까지 형성되며, 염분성층(표층과 저층의 염분차 1psu 이상)은 대개 4월부터 11월까지의 기간에 생긴다. 따라서 염분성층 기간이 수온성층 기간보다도 길다.

③ 해수밀도의 연직구조와 계절변화는 염분의 경우와 유사하며, 아고만의 밀도구조에 미치는 영향은 수온보다도 염분 쪽이 강하다고 말할 수 있다.

④ 엄동기(1, 2월)에는 만구부에서 만중앙부에 걸쳐 밀도 전선이 형성되어, 그 지점의 밀도가 극대가 된다.

2) 빈산소수괴의 발생

① 강우에 의한 담수유입과 상관하여 만 안쪽의 중·저층에서 빈산소화 현상이 관측되었다. 이 현상은 식물플랑크톤의 증식 후의 침강과 염분 성층에 의한 연직혼합의 약체화에 기인하는 것으로 보인다.

② 2005년의 만 안쪽 중·저층의 빈산소화는 장마기(6월), 태풍시기(8월), 가을비 시기(10월)의 3회 발생하였다.

3) 식물플랑크톤의 증식

① 만 안쪽에서는 식물플랑크톤의 증식은 고수온기의 5-10월에 생기며, 동계에는 거의 생기지 않는다. 한편, 만구에서는 2월 하순에 규조류의 bloom이 발생하고, 하계의 증식은 동계만큼 명료하지 않다. 만 중앙은 양자의 중간적인 특성을 가진다.

② 하계의 만 안쪽 중·저층에서 와편모조류의 대증식과 명료한 일주연직이동이 관찰되었다. 와편모조류는 빈산소수괴의 주변부(DO농도 4mg/l)에 고밀도로 분포하고 있었다.

③ 만 안쪽 관측국의 관측자료로부터는 강우에 의한 담수유입시의 식물플랑크톤의 증식, 증식한 식물플랑크톤의 광합성에 따른 산소농도의 증대, 그 후의 플랑크톤의 침강이 수차례 확인되었다.

4) 탁도

① 하계의 만 중앙과 만 안쪽의 저층에서 탁도가 증가하는 경향이 관찰되었다. 이 경향은 식물플랑크톤의 증식시기와 일치하고 있으며, 식물플랑크톤의 증식에 의한 탁도의 증대로 추정되었다.

② 강풍 등으로 바다가 황량해진 때의 탁도의 급증과 그 후의 감쇄가 명료하게 기록되었다.

③ 만 중앙과 만 안쪽에서는 대조기에 해저로부터의 퇴적물의 감아올림이 강해져서, 재현탁에 의해 저층의 탁도가 증대한다. 또한 만 중앙에서는 창조시부터 만조시에 걸쳐

만 안쪽에서는 낙조시부터 간조시에 걸쳐 감아올림이 강하게 생기는 현상이 관찰되었다.

5) 해수교환

① 엄동기(1, 2월)에는 북서풍에 의한 취송순환이 탁월하고, 표층유입과 저층유출에 의한 강한 해수교환이 이루어진다.

② 춘계(3-4월)에는 북서풍이 약해지고, 기온상승과 담수류에 의해 약한 성층 형성과 저염분수의 표층유출에 따른 해수순환이 시작된다.

③ 초여름(5-6월)에는 이세만계로 추정되는 저염분수가 만구에 집적하고, 만구의 염분의 연직경사가 최대로 된다. 이 영향으로 저염분수의 표층유입, 고염분수의 저층유입, 만내수의 중층유출의 형태가 된다.

④ 하계(7-9월)에는 바람에 의한 표층수의 에크만수송 작용으로, 만구 표층으로의 저염분수의 집적과 만구 저층의 고염분수의 용승이 반복하여 교대로 발생한다. 만구 저층의 고염분수의 용승시에 만내의 저층에 고염분의 무거운 해수가 침입하고 비교적 강한 해수교환이 이루어진다.

⑤ 추계부터 동계(10-12월)에는 기온저하에 의한 해면의 표층 냉각효과로 성층이 붕괴하고 연직혼합이 진행된다. 그 결과, 만 밖의 염분이 만내에 비하여 높아져서 저층유입, 표층유출의 형태의 해수교환이 진행된다. 북서풍은 취송작용으로 이 중력 순환을 약하게 하기 때문에 해수교환은 주로 북서풍이 약한 휴식 시기에 이루어진다.

라. 환경동태예측 시스템의 개발

여기까지 주로 자동모니터링 시스템과 그 관측결과에 대하여 소개하였으나, 프로젝트 전체로서는 수질과 해수유동의 자동관측과 합하여 환경동태 시뮬레이션을 위해 물리적인 유동 모형과 생태계 모형의 개발이 진행되고 있다(그림 11.9). 이 중에 3차원 유동모형에서는 물질순환의 해명에 필요한 아고만내의 유동특성이 상당히 정도 높게 파악되고 있으며, 한편, 생태계 모형에서는 아고만내의 탄소, 질소, 인(C, N, P)의 순환양식의 파악과, 아고만에 특유한 진주조개의 양식이 물질순환에 미치는 영향이 정량적으로 파악되고 있다.

이들 모형은 물질순환의 검토나 환경개선수법의 평가, 예를 들면 인공 간석지나 잘피장 조성의 효과판정이나 진주의 적정 양식량의 추정 등에 사용되는 것 외에, 최종적으로는 수질예측에 이용될 계획이다. 구체적으로는 환경 모니터링 시스템의 관측자료를 입력자료로 하여, 당면 수일 앞까지의 유동과 수질의 예측이 행해질 예정이다. 예측내용으로서는 외양수의 침입, 이에 따른 빈산소수괴의 이동, 적조의 확산 등을 상정하고 있으며, 이와 같은 예측이 실현되면, 아고만의 진주 양식장관리에도 매우 유익하다.

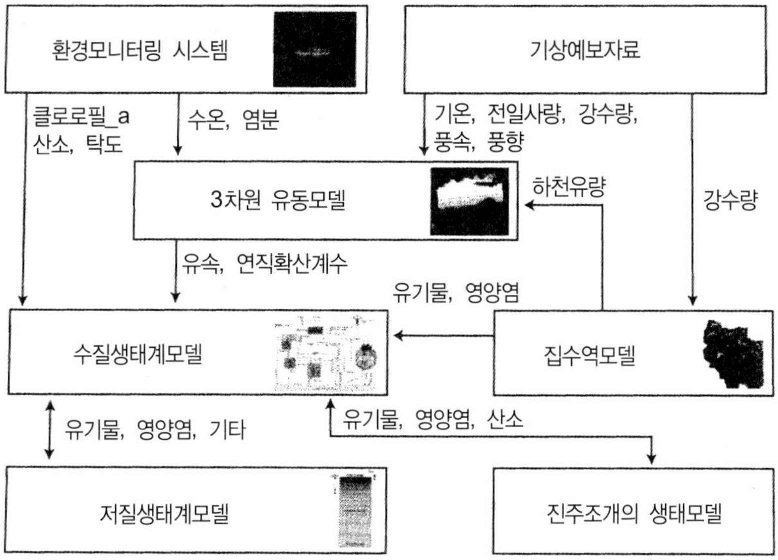

그림 11.9. 아고만 환경동태예측 시스템의 개념도.

11.4. 다양한 그룹의 연계

가. 다양한 연계의 중요성

지역의 자연재생을 진행함에 있어서 다양한 그룹의 연계는 필요불가결하다고 자주 말한다. 그래서 우리는 자연재생추진법을 시초로 하는 많은 새로운 제도나 다양한 그룹의 연계를 조건으로 한다든지 추천한다든지 한다. 그러나 다양한 그룹의 연계가 실제로는 그렇게 간단치 않다. 연계의 진행방법에 정해진 노하우가 없기 때문에 실행단계에서 앞이 막혀버려 그냥 제목으로 끝나버리는 연계도 적지 않다. 아고만의 자연재생에 있어서도 다양한 그룹의 연계는 최종적으로 가장 큰 과제라고 말할 수 있다.

아고만 재생 프로젝트는 원래 산·관·학·민의 다양한 조직을 묶은 연계 프로젝트이며, 직접적인 연구 구성원으로서 대학, 국가, 현의 연구기관, 민간기업 등이 포함되는 외에, 조언이나 교류촉진 등의 다양한 지지 시스템에는 환경성, 미에현이나 지역 시마(志摩)시 등의 행정기관, 어업협동조합 관계자나 민간 그룹이 더해져 있다. 따라서 종래의 조직에 비하면 훨씬 다양한 그룹이 프로젝트의 추진력이 되어 있다. 그럼에도 불구하고 공동연구사업이기 때문에 산학연 특히 연구자 중심의 색채가 강한 것 또한 사실이다. 솔직히 말해 지역의 주민이나 지역의 활동과의 연계성은 아직 충분치 않다.

나. 연계의 무대 [아고만의 재생을 생각하는 심포지엄]

1) "알린다"에서 "의견을 나누며 생각한다" 심포지엄으로

아고만에 있어서 이전부터 가장 다양한 연계를 진행해 온 것은 아고만 재생 컨소시엄이라 불리는 NGO적인 그룹이다. 이 그룹은 지역의 진주양식업자로 이루어진 타테가미(立神) 진주연구회가 핵이 되어, 이에 다양한 구성원이 더해져 형성되었다. 이 그룹의 가장 현저한 활동은 해에 한 번씩의 아고만의 재생을 생각하는 심포지엄을 매년 개최하여 온 것으로서, 2007년 2월로 제7회를 맞았다. 이 활동을 반복해 오면서 같은 심포지엄을 통해 연계의 고리가 어떻게 넓혀져 왔는가를 찾아볼 수 있다.

예를 들면 심포지엄 주최자는 제1회(2001)에는 타테가미 진주연구회뿐이었으나, 아고만 재생 컨소시엄이 결성되면서, 제2회부터는 이것이 주최자가 되었고, 제4회부터는 미에현이나 과학기술진흥기구가 거기에 더해졌다. 더욱이 제6회에서는 공동개최에 시마시나 수산청이 더해져, 환경성이 후원을 시작하고 있는 상황이다.

심포지엄의 내용도 회를 쫓아 변해 왔다. 제3회까지는 조사보고와 강연이 중심이었으나, 제4회부터는 매회 패널 토론도 행해졌다. 이 변화는 "알리는 활동"에서 "의견을 나누고 생각하는 활동"으로의 변화라고 말할 수 있다. 또한 토론의 주제는 차례로 "아고만의 재생을 향한 행정과의 연계"(2004), "아고만의 환경재생을 위한 주민과 행정의 협동"(2005), "자연재생의 모습과 지역의 대처"(2006), "아고만 자연재생협의회의 설립을 향해"(2007) 등이며, 이들 주제로부터도 연계나 협동, 지역의 대처가 얼마나 중시되어 왔는가를 알 수 있다. 패널도 주제에 따라 행정담당자, 의원, 시장에서부터 연구자, 진주양식관계자, 지역의 NGO까지 다지에 걸쳐 있다.

2) 자연재생협의회의 설치를 향해

2003년에 발족한 지역결집 프로젝트도 제3회 이후의 같은 심포지엄 실시에 깊이 관련되어 왔다. 민을 중심으로 한 아고만 재생 컨소시엄과 산·관·학 중심의 지역결집 프로젝트의 융합이 이룬 역할은 대단히 크다. 왜냐하면 이 심포지엄 이외에, 아고만에 대하여 포괄적으로 생각하고, 의론하는 조직이 없었기 때문이다. 그리고 2007년의 주제에서 알 수 있듯이 아고만의 재생을 생각하는 심포지엄은 실태로서 아고만의 재생을 실현하는 심포지엄으로 자세를 바꾸어 왔다. 더욱이 이러한 경위를 근거로 하여 시마시를 중심으로 한 아고만 자연재생협의회(가칭)가 가까운 장래에 설치될 가능성이 있다.

다. 아고만 재생 프로젝트와 지역 시마시의 연계

행정적으로는 지역의 시마시가 지역결집 프로젝트의 성과를 보다 광범위한 아고만 재생으로 살려나가는 활동을 진행하고 있다. 같은 프로젝트와 시마시는 지금까지 다양한 연계

협력관계를 심화시켜 왔지만, 그 성과는 시마시가 2005년 말에 제정하고 공표한 시마시 종합계획(2006-2015)에서 한층 명확해졌다.

이 기본계획의 제1장(환경의 시마-자연과 함께 살아간다)에서는 자연보호, 재생의 추진의 중요성을 구사하고, 아름다운 자연환경 속에서 계속 생활함과 동시에 바다·산의 자원을 지속적으로 활용해 갈 수 있도록 주변의 자연에 대하여 시민 한 사람 한 사람의 관심을 더욱 높여 가기 위한 대처를 추진하며 동시에 시마시 자연보호관사무소를 비롯하여 각 관계기관과의 연계를 도모하면서 자연보호·재생에 힘쓰는 것이 필요하다고 하여 모두에서 연계의 추진이 모색되고 있다. 뿐만 아니라 현재, (재)미에현 산업기술지원센터가 중핵이 되어 아고만 재생 프로젝트를 전개하고 있으나, 금후는 지역의 다양한 주체가 연계하여, 자연 재생에 대처하지 않으면 안 된다고 선언하고 있다.

또한 이들 이후의 시책으로서는 아고만 재생 프로젝트의 대처성과를 유효 이용해 가기 위해 지역조직 및 관계기관과 연계를 도모하면서 자연재생추진법에 기초한 지역자연재생 협의회의 설립을 추진하고 자연환경의 보전에 힘쓴다고 명기되어 있다. 시의 종합계획은 시의회의 논의를 거친 공적인 것이기 때문에 이것은 실로 큰 진일보라고 할 수 있다.

라. 지역의 환경교육과 연구사업의 연계

아고만 재생 프로젝트에서는 강사의 파견 등 다양한 형태로 아고만의 환경교육에 관계하여 왔으나, 여기서는 타테가미초등학교에서의 대처를 중심으로, 지역의 환경교육과 연구사업의 연계상황을 소개한다. 시마시립 타테가미초등학교는 2000년도부터 종합적인 학습 시간에 지역주민의 협력하에 진주나 굴양식을 배우는 양식체험수업을 도입하고, 이것을 계기로 하여 바다의 환경학습이 시작되었다. 한편, 2000년도부터 타테가미 진주연구회는 타테가미초등학교에 준설니를 이용한 조성 간석지에 대한 바지락 방류시험에의 참가를 요청하여 당시의 4학년은 방류한 바지락 종묘를 6학년생까지의 2년에 걸쳐서 추적 조사하였다. 지역결집 프로젝트가 시작되고부터는 간석지나 플랑크톤의 관찰을 통해 연안환경에 대하여 생각하는 등, 다양한 환경교육이 진행되고 있다. 환경교육을 진행하고 싶은 학교 측의 의향과 연구성과를 지역에 환원하고 싶은 프로젝트 측의 생각이 서로 이어진 형태이다.

2005년의 7월과 9월에는 환경성 주최의 "아동(어린이) park ranger(공원경비원사업"이 타테가미지구에서 실시되어, 당 프로젝트도 이 활동에 참가하였다. 행정, 학교관계자, 전문가부터 지역의 자원봉사자까지 실로 다양한 관계자가 각각의 특징을 살리면서 역할 분담하여 하나의 사업을 실행한 경험은 정말로 환경교육에 있어서의 다양한 그룹 연계의 모범 사례라고 말할 수 있다.

그러나 차제에 이와 같은 환경교육을 아고만 전역에 넓히기 위한 실천 매뉴얼의 필요성을 느끼게 되었다. 개개의 실천 현장에의 연구자 파견 등에는 자연히 한계가 있기 때문이다. 마침 미에현 환경삼림부가 2005년 미에현 환경교육실천 프로그램집을 작성하는 것에 의해 모형지구의 하나로서 타테가미초등학교가 선발되었다. 시마시의 교육위원회 아래에 프로그램책정위원회가 조직되고, 당 프로젝트에서도 위원이 참가하여 지금까지의 실천사례에 범용성을 가지도록 한 형태의 매뉴얼이 정리되었다. 완성한 매뉴얼은 현하의 초중등학교로 배포되어 다양하게 이용되고 있다.

덧붙여서 타테가미초등학교는 지금까지의 환경학습에의 대처가 높게 평가되어, 2006년도 "녹색의 날"에는 자연환경공로자로서 교장이 환경장관표창을 받기에 이르렀다.

마. 국내외의 연계의 확대

1) 제16회 연환련(沿環連) joint symposium과 아고만 재생 프로젝트

연환련(沿環連)의 이름으로 열려진 연안환경관련학회연락협의회의 표기 심포지엄이 2007년 1월 13일에 토쿄의 일본대학 이공학부에서 행해졌다. 심포지엄의 직접적인 주제는 아고만 재생프로젝트였지만, 부주제에 "-지역연계형의 연구개발사업은 환경문제를 해결할 수 있을까-"로 되어 있듯이 문제해결에 투자하는 연구개발이 환경문제를 어떻게 실제의 환경제생에 연결될 수 있을까가 큰 논점이었다. 아고만 재생프로젝트는 광범위한 분야를 포함하기 때문에 특정의 학회에 기울지 않는다. 이와 같은 장에서 다각적인 의론의 대상이 된 것은 프로젝트로서도 대단히 다행이었다.

2) 제7회 세계 폐쇄성 해역환경보전회의에의 조직적 참가

프랑스의 노르망디 지방, 칸 시에서 2006년 5월에 개최된 제7회 세계 폐쇄성 해역 환경보전회의(EMECS7)에서는 아고만 재생프로젝트로부터 카토(加藤) 연구총괄이하, 십 수 명이 조직적으로 참가하여 많은 연구발표를 행하고 시마시로부터도 다케우찌(竹內) 시장과 담당관이 출석하였다. 아고만 프로젝트는 최종일의 종랍토론에서도 거론되어, "마을바다(里海)"의 개념도 지역사회와 연안환경의 공생관계의 새로운 모습으로서 예상외로 긍정적으로 평가되었다.

3) 일본-미국 UJNR 심포지엄과의 연계

UJNR은 US-Japan_Natural-Resource의 머리글자로, 일본-미국 2개국간의 천연자원에 관련한 정부간 협정에 기초하는 합동회의이다. 이 수산증양식전문회의(패널)의 제35회 UJNR 일본-미국합동 심포지엄이 2006년 11월에 아고만에 가까운 (독)수산종합연구센터, 양식연구소에서 행해졌다. 본 연구자는 이 심포지엄에 초대받아, 아고만 재생프로젝트에 대하여 마을바다의 개념을 의견교환하고 기조강연을 행하였다. 강연 후에는 많은 질의응

답도 있었고, 미국측의 관심이 궁금해졌다. 미국측 전부회장인 마크베이 박사들은 미국의 수산양식도 생태계 관리형(ecosystem-based management)으로 전환할 필요가 있다고 하는 견해와 함께, 생물다양성과 생물생산성의 양자를 배려한 마을바다의 개념에 대한 견해를 받았다. 환경보전과 환경수복기술을 주제로 한 세션에서는 프로젝트로부터 온 쿠니와케(国分) 연구원(미에현)과 이시토이바 연구원(양식연)이 연구발표와 토론을 행하였다. 다음날에는 일행이 시마시장을 방문하고, 또한 프로젝트의 핵심 연구실이나 해조장의 실험현장에서 의견교환을 행하였다.

4) 한국에서의 국제 워크샵

한국 최대의 정부계 해양연구기관인 한국해양연구원(KORDI)으로부터 워크샵에의 초빙이 있었다. 하구연안역의 기능수복과 관리에 관한 국제 워크샵이 2006년 11월-12월에 한국 안산시의 KORDI에서 개최되어, 아고만 재생프로젝트로부터 본 연구자와 쿠니와케 연구원이 초대되어 보고를 하였다. 한국측으로부터도 KORDI가 추진 중인 하구연안역의 환경수복 프로젝트의 소개 등이 있었고, 양 프로젝트의 공통점이 확인되었기 때문에 앞으로의 연계에 대하여도 서로 의견을 교환하였다. 워크샵 2일째에는 자주 이사하야만(諫早湾)과 비교되는 시화호나 간석지 실험현장, 환경교육시설 등의 견학도 이루어져 많은 힌트를 얻을 수 있었다.

5) 쿠웨이트 환경청과의 연계

쿠웨이트 정부 환경청(EPA)과 JETRO의 joint project로서 쿠웨이트만의 환경개선이 진행되고 있다. 주제는 간석지 조성, 자동환경 모니터링, 인재육성으로, 아고만 재생프로젝트에 대단히 가까운 것도 있어서 2007년 2월에 쿠웨이트에서 개최된 세미나에 초대되었다. 아고만의 자동 모니터링 시스템에 대하여 소개하고 정보교환을 행하였는데, 같은 해 4월, 8월에는 EPA의 장관 대행이하 7명이 아고만을 현지연수를 위해 방문하여, 양 프로젝트의 관계자가 공통과제에 관하여 인식을 깊게 하였다.

금후 다양한 그룹의 연계는 국경을 넘어 넓어질 것이 예상된다. 즉 폐쇄성 해역의 환경재생과 기능회복은 세계 각지에서 공통의 중요한 주제가 되어 있기 때문에 국제적인 정보교환이나 상호검증을 추진하면서 연구나 기술이전을 할 필요가 있을 것이다.

11.5. 가일층의 연계 심화와 지역 결집을 향하여

지역과 연계하는 COE의 구축을 향해서는 다양한 그룹과의 연계강화, 환경교육의 시스템 만들기의 참가기획, 국제적인 정보발신 등에 대처하여 왔다. 본 프로젝트는 장래의 시마시를 핵으로 한 아고만 재생을 향해 지역 시마시와 적극적으로 협의를 진행하고 있으며,

진주양식업자와도 진주 패각의 유효이용이나 잘피장 조성 등을 통해 연계를 깊게 하고 있다. 최근의 앙케이트에서는 자동환경 모니터링 시스템의 자료를 진주 양식업자가 양식관리에 유효하게 이용하고 있는 것이 밝혀졌다.

시마시에서는 자연재생협의회의 설립을 향한 준비가 진행되고 있다. 자연재생추진법에 기초하는 자연재생협의회에는 다양한 주체의 참여가 요청되고 있는데, 시마시 지역에는 현, 대학이나 민간의 시험연구기관 이외에 이세 시마국립공원의 자연보호관리사무소가 있으며, 또한 아고만을 일망하는 요코야마(横山)에는 비즈니스 센터가 있어서 많은 공원 자원 봉사자의 활동거점이 되고 있다. 관설민영의 시마 자연학교가 기획하는 sea kayak을 사용하여 아고만 eco tour등도 인기가 높고, 그 외에도 아고만 주변에는 환경보전활동이나 자연관찰 등을 하는 다양한 그룹이 있다. 그런 의미에서 아고만 주변은 다양한 그룹에 의한 자연재생의 잠재력이 대단히 높은 지역이다.

따라서 이들의 다양한 활동과 전술한 환경교육이나 지역결집 프로젝트의 성과를 유기적으로 연계하는 것에 의해 다양한 그룹의 연계가 진정한 의미로 지역을 결집하는 것이 될 수 있게 하여야 할 것이다. 아고만의 자연재생이 민의를 충분히 반영하면서 지역주도형으로 장기적으로 전개되어 가기를 기대한다.

참고문헌

シップ·アンド·オーシャン財団, 平成16年度全国閉塞性海域の海の健康診断調査報告書. 1-383, 2005.

海洋研究政策財団, 海の健康診断, 考え方と方法. 1-59, 2006.

(独)科学技術振興機構, 閉塞性海域における環境創生プロジェット. CREATE·研究結集型研究開発プログラム, 地域結集型共同研究事業平成18年度版, 26-27, 2006.

松田 治, 英虞湾の再生③－浚渫泥を再資源化して利用する技術－. アクアネット, 5, 54-59, 2006.

国分秀樹, 英虞湾における干潟·藻場の消失と浅場再生へのとりくみ. (財)三重県産業支援センター編「英虞湾の再生を考えるシンポジウム2006」 講演集, 15-23, 2006.

国分秀樹·奥村宏征·上野成三·高山百合子·湯浅城之, 英虞湾における浚渫ヘドロを用いた干潟造成実験から得られた干潟底質の最適条件. 海岸工学論文集, 51, 1191-1195, 2004.

千葉 賢, 英虞湾の海水交換に関する研究I－走行型ADCPを用いた流動観測－四日市大学環境情報論集, 8, 39-60, 2004.

千葉 賢·山形陽一, 英虞湾の海底設置型ADCPのオンライン化に関する有効性の研究－三重県地域結合型共同研究事業 「閉塞性海域の環境創生プロジェクト」に関連して－. 四日市大学環境情報論集, 8, 163-174, 2005.

千葉 賢·山形陽一·渥美貴史·加藤忠哉, 環境モニタリングによる環境問題解決への貢献. 第16回沿環連ジョイントシンポジウム 「英虞湾再生プロジェクト－地域連携型の研究開発事業は環境問題を解決できるか－」. 72-79, 2007.

上野成三・高橋正昭・原条誠也・高山百合子・国分秀樹, 浚渫ヘドロを用いた資源循環型人工干潟造成実験. 海岸工学論文集, 48, 1306-1310, 2001.

奥村宏征・国分秀樹・坂田広峰・浦中秀人, 地域の小学校が展開する環境教育. 第16回沿環連ジョイントシンポジウム「英虞湾再生プロジェクト－地域連携型の研究開発事業は環境問題を解決できるか－」. 20-24, 2007.

松田 治, 閉塞性海域の環境保全をめぐる国際的な動き. アクアネット, 7, 60-64, 2006.

O. Matsuda, Overview of Ago Bay restoration project based on the new concept of "Sato Umi": A case of environmental restoration of enclosed coastal seas in Japan. Proceedings of 1st International Workshop on Management and Function Restoration Technologies for Estuaries and Coastal Seas. (ed. by K.J. Jung), *KORDI*, 1-6, 2006.

H. Kokubu, H. Okumura, New technology for developing biologically productive shallow area in Ago Bay. Proceedings of 1st International Workshop on Management and Function Restoration Technologies for Estuaries and Coastal Seas (ed. by K.J. Jung), *KORDI*, 49-55, 2006.

제12장__환경평가의 척도와 기준

해역 환경에 대한 수요가 변화하고, 자연 재생이라고 하는 말이 행동목표로서 나타나게 된 지금, 어떤 척도로 어떤 기준을 따라 환경을 평가할 것인가 하는 것이 중요한 과제가 되고 있다. 여기서는 연안 해역의 환경에 관한 몇 가지 기준을 나타냄과 동시에 오사카만 재생을 진행하는 데 있어서의 환경평가의 척도. 나아가 목표설정의 사고방식에 대하여 예를 들어 논한다.

12.1. 해역의 환경기준

우리들이 바다 환경을 평가·진단하는 경우 참조하는 것으로서 환경기준, 수산용수기준이 있다. 이하에 그 개요를 나타낸다.

가. 환경기준

사람의 건강 보호 및 생활환경을 보전하는 데 있어서 유지되는 것이 바람직한 기준으로서, 대기, 수질, 토양, 소음을 어느 정도로 지킬까 하는 목표를 정하는 것이 환경기준이다. 환경기준은 "유지되는 것이 바람직한 기준"이며, 행정상의 정책목표이다. 수질오탁에 관련한 환경기준으로서 "생활환경의 보전에 관한 환경기준"(표 12.1, 12.2)과 "사람의 건강에 관한 환경기준"(표 12.3)의 두 가지 기준이 설정되어 있다. 그들 기준이 수역마다 설정된 유형에 따라 적용된다. 오사카만에서는 그림 12.1과 같이 유형·기준이 설정되어 있다.

나. 수산용수기준

수역을 어장으로 본 기준으로서, 일본수산자원보호협회가 간행하고 있는 수산용수기준이 있다. 이 기준에서는 수산의 생산기반으로서 수역의 바람직한 수질조건이 나타나 있다. 또한, 수산용수기준은 1965년의 수산용수기준, 1972년의 수산환경수질기준, 이들을 종합한 1983년의 수산용수기준(개정판)을 거쳐 현재의 수산용수기준(2000년판), 수산용수기준

(2005년판)이 되었다. 이 중에서 해역을 대상으로 한 주된 항목을 표 12.4에 나타내었다.

표 12.1 환경기준(생활환경의 보전에 관한 기준 : 해역)

항 목		기 준 치					해당 수역
유형	이용목적의 적응성	수소이온 농도(pH)	화학적 산소 요구량(COD)	용존산소량 (DO)	대장균 군수	n-헥산 추출물질 (유성분 등)	
A	수산1급, 해수욕, 자연환경보전 및 B이하의 난에 열거한 것	7.8이상 8.3이하	$2mg/l$ 이하	$7.5mg/l$ 이상	1,000 $MPN/$ 100 ml 이하	검출되지 않을 것	유형마다 지정하는 수역
B	수산2급, 공업용수 및 C란에 열거한것	7.8이상 8.3이하	$3mg/l$ 이하	$5mg/l$ 이상	–	검출되지 않을 것	
C	환경보전	7.0이상 8.3이하	$8mg/l$ 이하	$2mg/l$ 이상	–	–	

주 1. 수산1급 중 생음료 원료 굴의 양식에 이용하는 물에 대하여는 대장균군수 70 MPN / 100 ml 이하로 한다.
2. 자연환경보전 : 자연탐방 등의 환경보전
3. 수산1급 : 참돔, 방어, 미역 등의 수산생물용 및 수산2급의 수산생물용
수산2급 : 숭어, 김 등의 수산생물용
4. 환경보전 : 국민의 일상생활(연안에서의 놀이, 산보 등을 포함한다)에 대하여는 불쾌감을 생기게 하지 않는 한도.

표 12.2. 환경기준(생활환경의 보전에 관한 기준 : 해역)

항 목		기 준 치		해당수역
유형	이용목적의 적응성	전질소	전 인	용존산소량(DO)
I	자연환경보전 및 II이하의 난에 열거하는 것 (수산2종 및 3종을 제외함)	$0.2mg/l$ 이하	$0.02mg/l$ 이하	$7.5mg/l$ 이상 $5mg/l$ 이상 $2mg/l$ 이상
II	수산1급, 해수욕 및 III이하의 난에 열거하는 것 (수산 2종 및 3종을 제외함)	$0.3mg/l$ 이하	$0.03mg/l$ 이하	
III	수산2종 및 IV의 난에 열거하는 것 (수산3종을 제외함)	$0.6mg/l$ 이하	$0.05mg/l$ 이하	
IV	수산3종, 공업용수, 생물서식환경보전	$1mg/l$ 이하	$0.09mg/l$ 이하	

주 1. 기준치는 연간평균치로 한다.
2. 수역유형의 지정은 해양생물 플랑크톤의 현저한 증식을 생기게 할 우려가 있는 해역에 대하여 행하는 것으로 한다.
3. 자연환경보전 : 자연탐방 등의 환경보전
4. 수산1종 : 저서어개류를 포함하여 다양한 수산생물이 균형있고 또한 안정하여 어획된다.
수산2종 : 일부의 저서어개류를 제외하고, 어류를 중심으로 한 수산생물이 많이 어획된다.
수산3종 : 오염에 강한 특정의 수산생물이 주로 어획된다.
5. 생물서식환경보전 : 연간을 통하여 저서생물이 서식할 수 있는 한도.

표 12.3. 환경기준(사람의 건강 보호에 관한 환경기준 : 해역)

항 목
카드뮴, 전 시안, 납, 6가 크롬, 비소, 총 수은, 알킬 수은, PCB, 지클로로메탄, 4염화탄소, 1,2-지클로로에탄, 1,1-지클로로에틸렌, 시스-1,2-지클로로에틸렌, 1,1,1-트리클로로에탄, 1,1,2-트리클로로에탄, 트리클로로에틸렌, 테트라클로로에틸렌, 1,3-지클로로프로판, 튜람(thiuram), 시마진, 티오벤갑(benthiocab), 벤젠, 세렌, 질산성 질소 및 아질산성 질소, 불소(플루오르), 붕소

주 1. 여기서는 항목만을 나타내며, 기준치는 생략함.

표 12.4. 수산용수기준에 정해진 수질 및 저질의 기준치(해역)

항 목		기 준 치	
수질	COD_{OH}	· 일반해역 : 1mg/l이하 · 김양식장이나 폐쇄성 내만의 연안역 : 2mg/l	
	전 질소 전 인	수산1종	전 질소 : 0.3mg/l이하, 전 인 : 0.03mg/l이하
		수산2종	전 질소 : 0.6mg/l이하, 전 인 : 0.05mg/l이하
		수산3종	전 질소 : 1.0mg/l이하, 전 인 : 0.09mg/l이하
		김양식에 최저한 필요한 영양염농도	전 질소 : 0.07-0.1mg/l 전 인 : 0.007-0.014mg/l
	용존산소(DO)	· 6mg/l이상 · 내만 어장의 하계 저층에 있어서 최저한 유지하지 않으면 안 되는 값 : 4.3mg/l (3.0mg/l)	
	수소이온농도(pH)	· 7.8-8.4 · 서식하는 생물에 악영향을 미칠 만큼 pH의 급격한 변화가 없을 것	
	현탁물질(SS)	· 인위적으로 가해지는 현탁물질 2mg/l이하	
	착색	· 해조류의 번식에 적합한 수심에 있어서 필요한 조도가 유지되고, 그 번식과 생장에 영향을 미치지 않을 것	
	수온	· 광합성에 필요한 빛의 투과가 방해되지 않을 것 · 기피행동의 원인이 되지 않을 것	
	대장균 군수	· 대장균 군수(MPN)가 100ml당 1,000이하	
	유분(기름성분)	· 수중에 유분(기름성분)이 검출되지 않을 것 · 수면에 유막이 인정되지 않을 것	
저질	COD_{OH}	20mg/g 건니(乾泥) 이하	
	황화물	0.2mg/g 건니 이하	
	normal hexane	0.1%이하	
	· 미세한 현탁물이 바위, 돌 또는 자갈 등에 부착하여, 종묘의 착생, 발생 또는 그 발육을 방해하지 않을 것		
	· 용출시험에 의해 얻어진 검사액의 유해물질이 수산용수기준의 기준치의 10배 이하일 것		
	· 다이옥신류의 농도는 150$pg\,TEQ/g$ 이하일 것		

참고문헌 : 수산용수기준((사)일본수산자원보호협회, 2000, 2005)

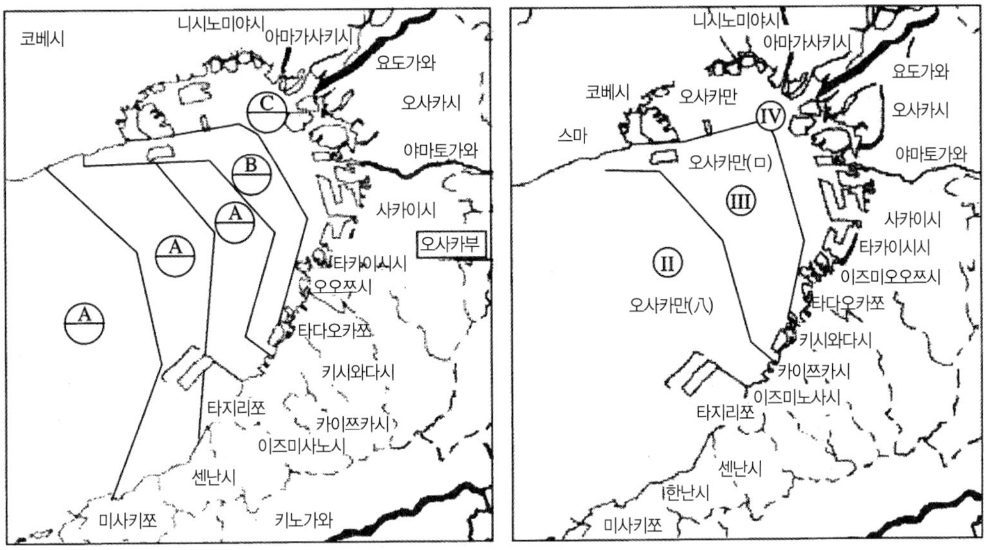

그림 12.1. 오사카만에 있어서의 환경기준의 유형(좌 : COD등, 우 : 질소, 인).

12.2. 환경평가의 척도

가. 현재 상태 평가와 재생 목표의 설정

연안환경에 관한 가치관이나 수요가 변화하고, 이에 따라 이용, 수복, 재생으로의 환경에 관한 말도 변화해 왔다. 어떤 척도로 어떤 기준에 의해 환경을 평가하고, 수복, 재생의 목표를 설정할까가 중요한 과제가 되고 있다.

연안 해역을 레크리에이션의 장으로서 이용하는 시민의 척도, 취로, 생산의 장으로서 이용하는 어업자의 척도, 여기에 더하여 생물, 생태계, 물질순환의 각 척도로 연안 해역을 평가하고, 목표설정을 행하기 위한 참고 예를 이하에 나타낸다.

나. 시민의 척도 : 레크리에이션, 쾌적성

행정이 작성하는 계획 등에 있어서 수질의 회복목표가 의론되는 경우, 그 척도로서는 전술한 바와 같은 법으로 정해진 환경기준이나 참고로 하는 수산용수기준이 사용되는 경우가 많다. 한편, 시민이 참여 기획한 수변 가꾸기의 장에서는 이들 값이 실감나지 않고 오히려 이해하기 어렵기 때문에 지표로서는 표 12.5-12.7에 나타내는 것과 같은 쾌적성에 관련된 것이 사용되는 경우가 있다. 단, 이들 지표는 어디까지나 감각적인 것이며, 지역의 환경특성이나 역사적 배경, 주민의 가치관 등에 의해 그 평가가 크게 다르다. 이와 같은 지표를 사용하는 데 있어서는 많은 시민에 의한 의론과 계속적인 수정이 중요하다.

예를 들면 오사카만 안쪽 해역에 있어서 "헤엄칠 수 있는 바다"를 목표로 거론한 경우, 목표가 되는 수질을 수치로 나타내든지 해수욕장의 개폐 시기나 현재 해수욕장의 개설 장소를 척도로 할 수 있다. 구체적으로는 오사카만의 만 안쪽에서 헤엄칠 수 있는 바다를 달성하기 위해서는 "만 안쪽의 환경을 1955년대 전반 이전의 상태로 되돌린다" 또는 "만 안쪽의 환경을 현재 두 가지 색의 모래사장, 스마(須磨)해안의 상태로 한다"는 것이 공통인식, 공유하는 목표가 될 것이다(표 12.2).

표 12.5. 쾌적성에 관한 지표(사람마다의 해역 이용에 있어서의 목표치(COD)

수환경의 이용상태	바림직한 수질	
주된 행동	수준	COD농도
전망	본다	$5mg/l$이하
산책	본다	$5mg/l$이하
조간대 생물채취·바다낚시	만진다	$5mg/l$이하
보트타기·요트	만진다	$4mg/l$이하
해수욕	헤엄친다	$3mg/l$이하
수중전망·다이빙	헤엄친다	$2mg/l$이하

주 : 운수성제3항만건설국 자료

표 12.6. 쾌적성의 수준으로부터 본 투명도

목표치	쾌적성의 수준
2m이상	만진다
1m이상	본다

주 : Sea blue technology연구위원회(1989)

표 12.7. 앙케이트 조사에 의한 해역의 분류

투명도	외관	자주 잡히는 수산물의 종류
10m이상	대단히 깨끗하다	고기는 그다지 잡히지 않는다
5-10m	깨끗하다	돔, 넙치, 소라고둥, 전복
3-5m	보통~다소 더럽다	보리멸, 새우, 낚지, 오징어, 미역
1-3m	더러워져 있다	가자미, 정어리, 숭어, 바지락
0-1m	대단히 더러워져 있다	문절망둑, 갯지렁이, 적조

주 : 우키다(浮田, 1985)

다. 어업자의 척도 : 어장, 취로의 장으로서의 생산성

오사카만(오사카 부)의 어획량의 추이를 그림 12.3에 나타내었다. 어획량의 다수는 식물플랑크톤 식성어(정어리)로 차지되고 있으며, 이들은 수질(영양염, COD)의 변동, 먹이가 되는 플랑크톤의 양에 좌우되어 왔다. 단, 정어리류에 대하여는 어종 자체의 자원변동이 영향을 준다. 식물플랑크톤 식성어를 제외한 어종(저어나 갑각류, 패류)의 어획은 매립에 의한 얕은 곳의 소실, 저층의 빈산소화의 영향을 강하게 받고 있는 것으로 생각된다. 이와 같이 어업은 환경의 영향을 강하게 받는다.

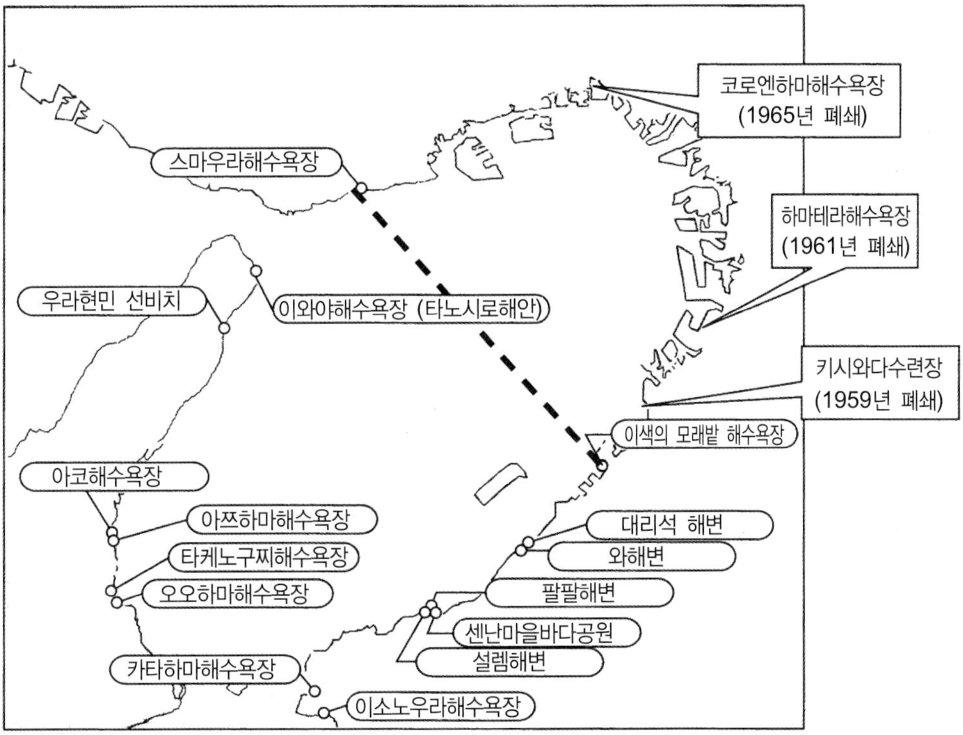

그림 12.2. 오사카만내의 해수욕장.

해역을 취로의 장으로 하는 어업자의 시점으로부터 바람직한 어장을 재생 목표로 한 경우, 그 상태는 "저어나 갑각류, 패류가 잡힘(그림 12.3중의 A)과 함께, 식물플랑크톤 식성어가 잡히는 바다(그림 12.3중의 B)"가 된다. 이 상태는 환언하면 "저서생물의 서식장이 되는 얕은 곳이 남게 됨과 동시에 대규모적인 빈산소수괴가 발생하지 않을 정도로 영양염이 풍부한 바다"가 된다.

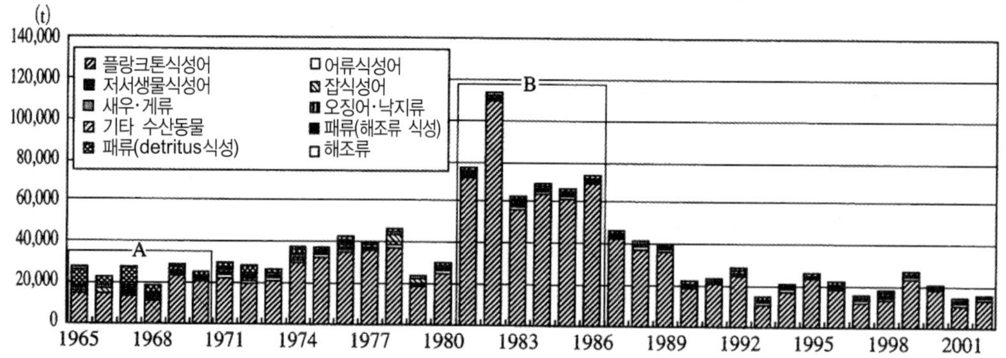

그림 12.3. 오사카만에 있어서의 어획량의 추이.

라. 생물의 척도 : 생산성과 다양성

영양염과 부어, 해조장, 저서생물, 저어(底魚)의 생산량과의 관계가 "오사카만에 있어서의 바람직한 어장환경"으로서 그림 12.4와 같이 정리되어 있다.

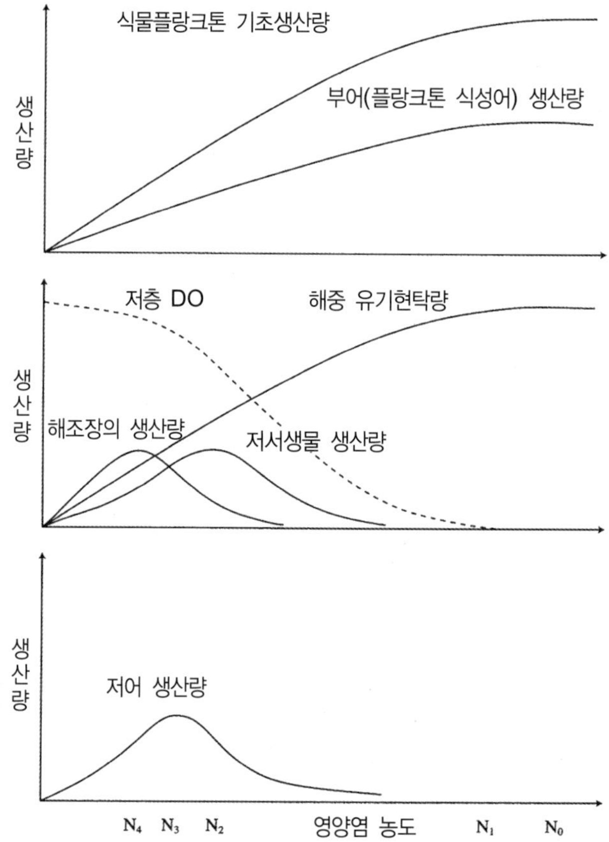

(사) 일본수산자원보호협회, 1987

그림 12.4. 영양염의 상태와 생물생산의 관계.

영양염 농도 N_4의 상태에서, 해조장의 생산성이 최대가 되고, N_3, N_2에서 저서생물의 생산량이 최대가 된다. 더욱이 영양염 농도가 높아져 N_1, N_0가 되고 부영양화가 진행되는 데 따라 식물플랑크톤, 부어(浮魚)(플랑크톤 식성어)의 생산량이 커지게 된다. 한편, 바다 속의 유기 현탁물량도 증대하게 되어 COD의 증대, 투명도의 저하 등 수질의 오탁이 진행하고, 저층의 DO가 저하한다.

전술한 바와 같이 어획 대상으로서 생물을 본 경우에는 특정종의 고기가 많이 잡히는 상태가 바람직하며, 재생 목표를 표현하기 쉽다. 그러나 여기에 다양성의 평가 축을 더하면 바람직한 상태를 표현하는 것은 어렵고. 평가, 목표설정에 대하여는 금후의 연구, 의론이 기다려진다.

마. 물질순환의 척도

부영양화가 현저히 진행한 상태의 먹이연쇄의 모식도는 그림 12.5와 같이 나타낼 수 있다. 식물플랑크톤의 과잉의 기초생산은 고차 생물에 섭식·이용되는 것 없이 침강·퇴적하여 유기오니가 된다. 해저의 유기오니는 다시 물질순환의 어긋남에 의해 생긴 부(負)의 유산이라고 말할 수 있다. 유기오니가 산소를 소비하는 것에 의해 해저부근이 빈산소상태가 되고, 생물이 서식할 수 없는 해저가 넓어진다. 또한, 유기오니로부터는 영양염이 용출하여 해수 중에 한층 더 부하로 작용하게 된다. 이 상태를 물질순환의 모식으로 나타내면 그림 12.6과 같은 악순환으로서 표현할 수 있다.

이와 같은 악순환에 대하여 재생해야 할 바람직한 순환(호순환)을 모식도로 나타내면 그림 12.7과 같이 된다. 부하의 삭감, 생물의 서식장의 창출, 생물에 의한 영양염이나 유기물의 흡수 고정과 먹이연쇄를 통한 고차생물에의 전환, 그리고 어획물로서의 양륙(揚陸), 먹이로서의 소비, 이들의 관계가 성립하는 것에 의해 해역의 물질순환이 보다 부드럽게 된다.

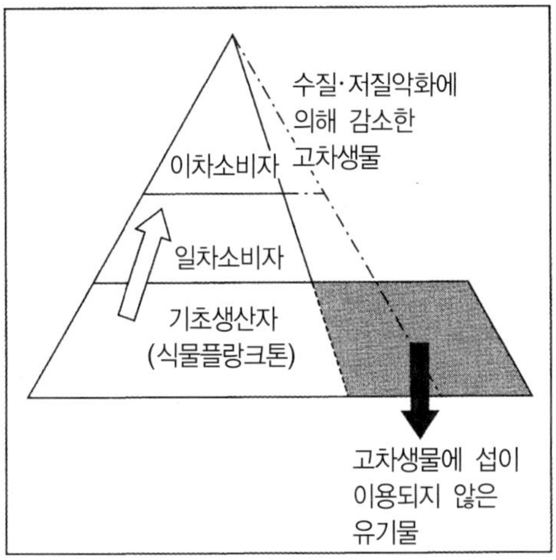

그림 12.5. 먹이연쇄의 피라미드 모식도.

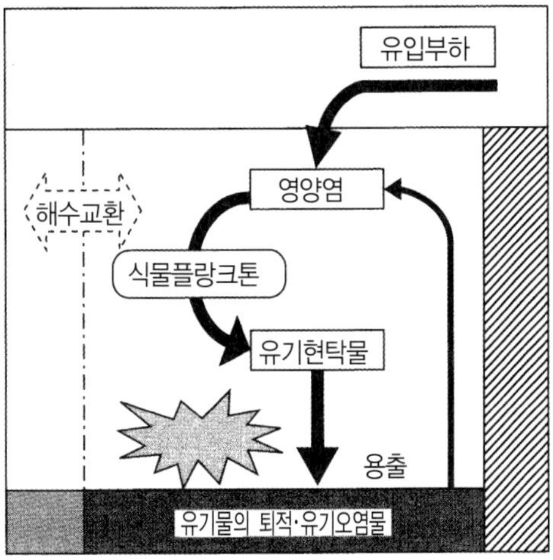

그림 12.6. 물질순환의 모식도.

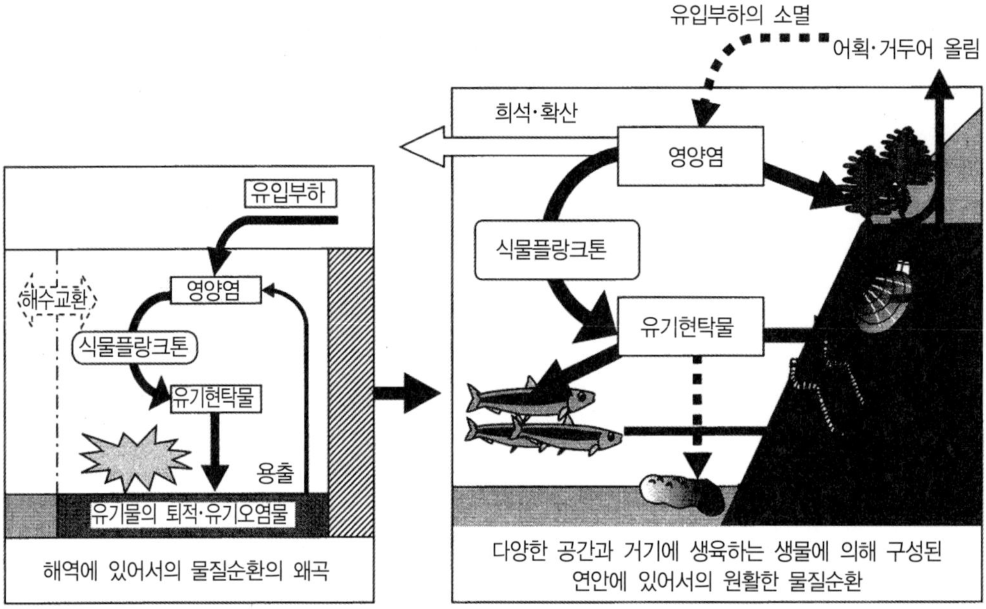

그림 12.7. 해역에 있어서의 원활한 물질순환의 상상도.

12.3. 맺는 말

이상과 같이 해역의 환경을 평가하고, 수복·재생 목표를 설정하기 위한 척도나 기준은 다양하다. 그러나 목표를 설정하기 위한 통일적인 방법은 없다. 지금까지 해역의 환경평가가 의론되는 장면의 다수는 개발행위에 의한 환경으로의 영향을 평가하는 평가이며, 이것은 환경이 악화하는 것을 전제로 한 절차라고 말할 수 있다. 금후는 악화한 환경을 수복·재생하기 위하여 예측평가를 행하는 "재생assessment"가 의론되어야 할 것이다. "나빠지는 정도"를 예측 평가하는 것이 아니라, "좋아지는 정도"를 예측평가하기 위한 기준이나 척도, 평가수법의 개발이 중요하다. 개발과 환경보전의 대립구조 속에서 바다의 환경문제가 의론되는 것이 아니라, 공공재인 바다의 환경을 좋게 하기 위한 환경이 의론될 때 처음으로 지속가능한 순환형 사회로의 형성으로 나아가게 되지 않을까?

참고문헌

環境省, 水質汚濁に係わる環境基準について. 環境省ホームページ.

中西　敬, 生物生産に係わる沿岸の環境修復技術. 水産業における水圏環境保全と修復機能·水産学シリーズ, 132(松田　治·古谷　研·谷口和也·日野明德編), 60-69, 2002.

大阪府環境農林水産部, 大阪府漁場環境保全方針, 31-34, 2005.

シーブルー·テクノロジー研究委員会, 快適な海域環境の創造に向けてシーブルー計画, 1-38, 1989.

(社)日本水産資源保護協会, 大阪湾における望ましい漁場環境, 94-99, 1987.

(社)日本水産資源保護協会, 水産用水基準, 2000, 2005.

浮田正夫, 臨海部における環境回復·創造事業に関する調査報告書. 財団法人エメッスセンターより転載, 2001.

運輸省第三港湾建設局, 人々の海域利用における目標値, 運輸省第三港湾建設局資料.

찾아보기

【 ㅇ 】

【 ㅈ 】

【 ㅊ 】

【 ㅋ 】

【 ㅌ 】

【 ㅍ 】

【 ㅎ 】

【 기 타 】